# 金剛般若波羅蜜經

법륜스님의 금강경 강의

법륜法輪

법륜 스님은 평화와 화해의 메시지를 전하는 평화운동가이자, 제3세계를 지원하는 활동가이며, 인류의 문명전환을 실현해 가는 사상가, 깨어 있는 수행자이다. 1988년 괴로움이 없고 자유로운 사람, 이웃과 세상에 보탬이 되는 보살의 삶을 서원으로 한 수행공동체(정토회)를 설립해 수행자들과 함께 생활하고 있다.

법륜 스님의 법문은 쉽고 명쾌하다. 언제나 현대인의 눈높이에 맞추어 깨달음과 수행을 이야기한다. 법륜 스님의 말과 글은 빙 돌려 말하지 않고 군더더기 없이 근본을 직시한다. 밖을 향해 있는 우리의 시선을 안으로 돌이킨다. 어렵고 난해한 경전 역시 법륜 스님을 만나면 스님의 지혜와 직관, 통찰의 힘으로 살아 숨쉬는 가르침이 된다.

지은 책으로는 직장인을 위한 〈행복한 출근길〉, 즐거운 가정을 위한 법문집 〈날마다 웃는집〉, 부처님의 교화사례 〈붓다, 나를 흔들다〉, 〈붓다에게 물들다〉, 불교 입문서 〈실천적 불교사상〉, 부처님의 일생을 다룬 〈인간 붓다〉, 즉문즉설 시리즈 〈답답하면 물어라〉, 〈스님, 마음이 불편해요〉, 〈행복하기 행복전하기〉, 수행지침서 〈기도-내려놓기〉, 〈깨달음-내 눈 뜨기〉, 젊은이들에게 꾸준히 사랑받고 있는 〈스님의 주례사〉, 자녀교육의 마음지침서 〈엄마수업〉, 청춘들을 위로하는 〈방황해도 괜찮아〉, 한반도의 평화와 통일의 비전을 제시하는 〈새로운 100년〉 등이 있다.

1998년 교보환경문화상 사회교육분야 본상, 2000년 만해상 포교상, 2002년 라몬 막사이사이상, 2007년 민족화해상, 2011년 포스코 청암봉사상, 통일문화대상 등을 수상했다.

법륜 스님의 금강경 강의

초판 1쇄 인쇄 | 2012년 11월 14일
초판 22쇄 발행 | 2025년 12월 5일

지은이 | 법륜

펴낸이 | 김정숙
기획 | 박석동, 임원영, 임혜진
편집 | 김인경, 남미영, 서예경, 이성민

펴낸곳 | 정토출판
등록 | 1996년 5월 17일 (제22-1008호)
주소 | 137-875 서울시 서초구 서초3동 1585-16
전화 | 02-587-8991
전송 | 02-6442-8993
이메일 | jungtobook@gmail.com

디자인 | 끄레 어소시에이츠

ISBN 978-89-85961-71-4 03220
ⓒ2012. 정토출판

이 책 내용의 일부 또는 전부를 재사용하려면 반드시 정토출판의 동의를 얻어야 합니다.

金剛般若波羅蜜經

법륜스님의 금강경 강의

정토출판

부처님 제자됨이 자랑스럽습니다.
이 땅에 고통 받는 모든 중생을 구원하는
보살이 되겠습니다.

머리말
# 열반과 해탈에 이르는 바른 가르침

『금강경 金剛經』은 대승불교를 대표하는 경전 중 하나로, 특히 선종禪宗에서는 육조六祖 혜능慧能 대사大師 이후 소의경전所依經典으로 중시되고 있습니다. 『반야심경般若心經』과 더불어 대중에게 널리 독송되고 있으나, 경전의 독특한 전개 방식과 사상적 깊이 때문에 그 뜻을 이해하기에는 어려움이 많습니다.

그래서 많은 이들이 『금강경』을 독송하면서도 그 뜻을 알지 못하고, 뜻을 알지 못하기에 부처님의 말씀을 그저 말씀으로만 듣고 넘길 뿐입니다. 부처님이 해주신 진리의 말씀은 진리의 말씀인 거고, 내 삶은 내 삶인 중생의 삶을 살아가고 있는 것이지요.

하지만 정말로 『금강경』을 읽고 이해하고 받아들였다면, 『금강경』의 마지막 장을 덮는 순간 나의 모습은 변해 있을 것입니다. 마치 혜능 대사가 '마땅히 머무는 바 없이 그 마음을 내라應無所住 而生其心'는 『금강경』 한 구절을 듣고 그 자리에서 바로 삶의 방향이 달라졌듯이 말입니다.

그렇다면 부처님은 『금강경』에서 무슨 말씀을 하신 걸까요?

부처님은 깨달음을 얻은 뒤 길에서 수많은 사람을 만납니다. 그들은 남녀노소 빈부귀천 할 것 없이 삶의 아픔과 고통을 부처님께 호소했고, 그러한 아픔과 고통을 해결할 방법을 물었습니다. 부처님은 그들에게 해탈과 열반으로 가는 길을 알려주었고, 그 내용은 모두 경전으로 전해져 내려옵니다.

『금강경』 역시 사위성 기원정사에서 수보리가 부처님께 한 질문과 부처님이 그에 답하신 내용으로 이루어진 경전입니다. 수보리는 그때 어떻게 하면 부처님처럼 모든 진리와 지혜를 깨쳐 완전한 행복과 자유를 얻을 수 있는지를 물었고, 부처님은 제자의 이와 같은 간곡한 질문에 답을 해주셨습니다.

그럼 부처님이 말씀하신 깨달음에 이르는 길에 대한 답은 무엇일까요? 그것은 아마도 이 『금강경』을 읽으면서 여러분 스스로가 깨칠 수 있을 것입니다. 왜냐하면 부처님께서 『금강경』을 설하시는 내내 오로지 한 가지 방법만을 말씀하셨기 때문입니다.

2500여 년 전 수보리가 묻고 부처님이 답해주신 이 길을 그저 읽는 데 그치지 말고 온전히 내 길이 되도록 해야 합니다. 이 길만이 지금 내 문제를 해결하는 길이고, 내 스스로 행복해지는 길입니다. 흔들림이 없는 최고의 행복인 열반涅槃에 이르는 길이고, 무엇에도 매이지 않는 자유인 해탈解脫에 이르는 길입니다. 부처님을 따라 깨달음에 이르는 길입니다.

1995년 『금강경 이야기』를 책으로 펴냈습니다. 그 뒤 지금껏 금강경을 주제로 몇 차례 더 기획 법문이 있었습니다. 그때마다 부처님의 말씀을 대중과 함께 읽고 이해하고 나누는 기쁨을 누렸습니다.

이제 그 동안의 법문을 모으고 간추리고 다듬어서 이렇게 또 다시 새로운 『금강경』을 펴내게 되었습니다. 부처님이 말씀하신 '금강경을 수지독송受持讀誦하고 위타인설爲他人說하는 큰 공덕과 기쁨'을 여러분과 함께 나누게 되길 바랍니다.

2012년 가을 정토수련원에서

법륜 합장

# 금강경에 대하여

『금강경』의 본래 이름은 『금강반야바라밀경金剛般若波羅蜜經』입니다. 금강은 다이아몬드를, 반야는 지혜를, 바라밀은 피안彼岸의 세계에 도달함을 가리킵니다. 『금강경』에 담긴 지혜가 다이아몬드처럼 가장 값지고 소중하고 견고하다는 뜻이기도 하고, 다이아몬드가 세상 모든 물질을 다 깨뜨리듯 『금강경』의 지혜로써 중생의 어리석음과 번뇌를 깨뜨린다는 뜻이기도 합니다.

부처님은 35세에 깨달음을 얻고 80세로 열반하실 때까지 45년의 긴 시간을 중생을 제도하기 위해 설법하셨습니다. 그리고 이는 『팔만대장경八萬大藏經』이라는 방대한 내용으로 지금껏 우리에게 전해져 내려옵니다.

부처님이 열반에 드신 뒤 제자들은 부처님의 말씀을 결집해 정리하는 작업을 시작합니다. 사리불과 목건련은 부처님보다 먼저 세상을 떠났으므로 상수제자 마하가섭이 경전 결집을 주도합니다.

마하가섭은 모든 번뇌를 끊고 아라한과를 증득한 500명의 장로를 마가다국 왕사성 부근의 칠엽굴로 소집합니다. 그곳에서 다문多聞 제일 아난다가 경經을 읊고, 지계持戒 제일 우팔리가 율律을 읊은 뒤, 500명의 장로가 그 내용을 검증하는 방식으로 부처님의 말씀을 결집합니다. 이것을 제1차 결집이라고 합니다.

그리고 부처님 입멸 100여 년 뒤 계율에 대한 해석을 놓고 원칙주의자와 현실주의자 사이에 견해가 갈리기 시작해 바이샬리에서 제2차 결집을 하게 됩니다. 하지만 그 뒤로도 승가는 상좌부上座部와 대중부大衆部로 갈라져 부처님 입멸 200년 후 파탈리푸트라에서 제3차 결집이 있었지만 승가는 계속 분열해 20여 개의 부파를 형성하게 됩니다. 이와 같이 부파 불교가 확대되면서 승가는 불교를 문자와 학문을 해석하는 데 집중하게 되었고, 결국 대중성을 잃게 되었습니다.

이에 재가 불자들이 중심이 되어 불교 본래의 정신으로 돌아가자는 불교 운동이 일어났습니다. 이들은 많은 사람을 구제하여 태우는 큰 수레라는 말로 자신들을 대승大乘이라 칭하였고, 개인 중심적인 수행을 중시하는 기존의 불교를 소승小乘이라 비판했습니다.

대승불교는 이렇게 자신뿐 아니라 남을 위해 불도를 닦는 자리이타自利利他의 행을 중시했고, 보디사트바bodhisattva 즉 보살이라는 새로운 수행자 상을 제시했습니다. 그리고 이러한 대승불교와 더불어 반야부 경전이 등장하게 됩니다. 우리가 익히 알고 있는 『금강경』, 『반야심경』 등이 이 반야부 경전에 속합니다.

### 금강경의 구성

중국 남북조시대의 위제가 스님들을 모신 법회에서 질문했습니다.

"공맹孔孟의 책을 보면 모두 장과 절로 나눠져 있습니다. 그런데 불경에는 왜 이러한 구분이 없습니까?"

위제의 질문에 좌중이 당혹해하던 차에 도안 법사가 답변을 했습니다.

"불경도 장과 절로 나눌 수 있습니다. 어떤 불경이든 서분序分·정종분正宗分·유통분流通分의 세 단락으로 구분할 수 있습니다."

이때부터 일반적으로 불교 경전을 서분·정종분·유통분으로 구분하기 시작했습니다. 서분은 경전을 기록한 이가 그 경이 설해진 연유 등을 기록한 부분입니다. 정종분은 부처님이 설하신 가르침을 기록한 부분으로 경전의 본론이자 핵심입니다. 마지막 유통분은 법문을 듣고 깨달음을 얻은 대중이 기뻐하는 모습을 묘사한 부분으로 결론에 해당됩니다.

이러한 경전의 구성 방식은 『금강경』도 마찬가지입니다. 그런데 이와 더불어 오늘날 우리가 보는 『금강경』은 32분으로 나뉘어 있습니다. 이것은 중국 양무제의 아들 소명태자昭明太子가 『금강경』을 편집해 출판하면서 전체 내용을 32개의 부분으로 나누고 각각에 제목을 붙인 데서 유래합니다. 물론 이와 다르게 구분하는 경우도 있습니다. 일례로 용성진종龍城震鍾 조사가 번역하고 해설한 『상역과해금강경詳譯科解金剛經』에서는 본문이 48과목으로 나누어져 있습니다.

### 금강경의 특징

다른 경전과 달리 『금강경』은 전편에 걸쳐서 매우 특이한 논법을 구사합니다. 긍정이 부정으로 바뀌었다가 다시 부정에서 긍정으로 변하는가 하면, 이것도 아니면서 동시에 저것도 아니라는 식입니다.

누구나 가끔씩은 언어를 통해 생각과 감정을 전달하는 데 한계가 있음을 느낍니다. 더구나 '진리란 무엇인가?' '부처란 무엇인가?'는 물음에 대한 답을 언어로 설명하기란 대단히 어려운 일입니다. 그래서 『금강경』은 생각이 그 어느 쪽으로도 고정되지 않게 하면서, 언어로는 도저히 전달할 수 없는 살아 있는 깨달음을 듣는 이 스스로 체득하도록 하기 위해 말 아닌 말, 말을 넘어서는 말로써 언어적 한계를 뛰어넘었습니다. 이는 존재의 실상인 공空에 대한 언어적 가르침을 넘어서려는 선종의 정신과도 흐름을 같이합니다.

『금강경』은 말씀의 어느 한 자락에 매달리는 것을 끊임없이 경계합니다. 또한 직접적인 언어로 지시하거나 표현하지 않으면서 수행자 스스로 깨달음을 성취할 수 있도록 이끌어줍니다. 정함이 있으면서도 정함이 없고, 정함이 없으면서도 정함이 있는 이치로 가는 길이 거기에서 열립니다.

### 금강경의 번역

우리나라에 『금강경』이 전래된 것은 삼국시대 불교가 유입되던 초기라고 알려져 있습니다. 고려 중기 보조국사普照國師 지눌知訥이 불법을 배우고자 하는 이들에게 반드시 『금강경』을 읽게 한 연유로 널리 유통되었다고 합니다. 『금강경』은 대여섯 종의 한문 번역본이 전해져 오는데, 가장 많이 사용하는 것은 구마라습鳩摩羅什의 번역본입니다.

이 책에서는 구마라습 대사가 번역한 한문본과 용성진종 조사가 번역한 한글본을 사용합니다. 구마라습은 인도의 승려로 수많은 불교 경전을 한문으로 번역해 중국에 불법을 퍼뜨리는 데 큰 역할을 했습니다.

용성진종 조사는 3·1운동 당시 만해 한용운 스님과 함께 민족대표 33인으로 참가하는 등 우리 민족의 독립을 위해 평생을 바치신 분입니다. 한국 불교의 지성화·대중화·생활화를 원으로 삼아 구한말 삼장역회三藏譯會를 설립해 『화엄경華嚴經』 『금강경』 등 30여 편의 경전을 한글로 번역해 보급했습니다. 훈민정음이 창제되고 15세기 세조 때 『금강경』 언해본이 있었다고는 하나 근대에 『금강경』을 한글로 번역한 사람은 용성진종 조사가 처음입니다.

### 금강경을 이해하려면

부처님과 수보리의 대화로 구성된 『금강경』을 이해하고 내 삶의 지침으로 삼고자 한다면 부처님의 삶을 알아야 합니다. 부처님의 위의는 어떠했고, 부처님이 어떤 말씀을 하셨고, 어떤 삶을 사셨는지 알게 된다면 『금강경』의 행간에 숨어 있는 참뜻을 더 잘 이해할 수 있게 될 것입니다. 그러한 연유로 부처님의 일생을 다룬 책 『인간 붓다 - 그 위대한 삶과 사상』을 함께 읽기를 권합니다.

## 차례

머리말 열반과 해탈에 이르는 바른 가르침 7
금강경에 대하여 10
용성진종 조사의 금강경 대의 금강마하반야바라밀경 제목을 해설함 18

### 금강반야바라밀경

제1  법회인유분 法會因由分 | 법회가 열리던 날  23
제2  선현기청분 善現起請分 | 수보리, 법을 청하다  39
제3  대승정종분 大乘正宗分 | 대승의 바른 가르침  53
제4  묘행무주분 妙行無住分 | 걸림 없이 베푸는 삶  73
제5  여리실견분 如理實見分 | 여래를 보다  93
제6  정신희유분 正信希有分 | 바른 믿음  111
제7  무득무설분 無得無說分 | 얻을 것도 말할 것도 없는 진리  133
제8  의법출생분 依法出生分 | 모든 법이 좇아 나온 진리  149
제9  일상무상분 一相無相分 | 일상도 본래 상이 없으니  161
제10 장엄정토분 莊嚴淨土分 | 정토를 장엄하다  183
제11 무위복승분 無爲福勝分 | 무위의 수승한 복  201
제12 존중정교분 尊重正敎分 | 바른 가르침을 존중하다  213
제13 여법수지분 如法受持分 | 여법하게 받아 지니다  221
제14 이상적멸분 離相寂滅分 | 상을 여의어 적멸함  235
제15 지경공덕분 持經功德分 | 경을 받아 가지는 공덕  259

제16  능정업장분 能淨業障分 | 업장을 맑히고  277
제17  구경무아분 究竟無我分 | 마침내 나도 없으니  289
제18  일체동관분 一體同觀分 | 일체를 하나로 보니  323
제19  법계통화분 法界通化分 | 법계를 교화하다  347
제20  이색이상분 離色離相分 | 색을 떠나고 상을 여의고  359
제21  비설소설분 非說所說分 | 설할 것이 없는 설법  371
제22  무법가득분 無法可得分 | 얻을 바 없으니  383
제23  정심행선분 淨心行善分 | 청정한 마음으로 선을 행하다  393
제24  복지무비분 福智無比分 | 복과 지혜는 비교할 수 없나니  401
제25  화무소화분 化無所化分 | 교화하여도 교화함이 없으니  409
제26  법신비상분 法身非相分 | 법신은 상이 아니니  421
제27  무단무멸분 無斷無滅分 | 끊어짐도 아니고 멸함도 아닌  431
제28  불수불탐분 不受不貪分 | 받지도 탐하지도 않는 복덕  439
제29  위의적정분 威儀寂靜分 | 위의가 적정하니  449
제30  일합이상분 一合理相分 | 하나로 합한 이치  457
제31  지견불생분 知見不生分 | 지견을 내지 아니하니  467
제32  응화비진분 應化非眞分 | 상을 취하지 않으면 여여부동이라  475

**부록** 금강반야바라밀경 전문  487

**용성진종 조사의 금강경 대의**
# 금강마하반야바라밀경 金剛摩訶般若波羅蜜經
## 제목을 해설함

'금강金剛'이란 사람 사람의 고유한 무위불심無爲佛心을 말하고, '마하摩訶'란 나의 자성이 광대무변하여 절대적으로 크다는 것을 말한다. '반야般若'란 근본 뿌리를 요달하는 지혜를 말하며, 또 밖으로 일체 차별의 일을 다 알아서 분명히 요달하는 것을 지혜라 말하는 것이다. '바라밀波羅密'이란 생사고해生死苦海를 초월하여 무상각안無上覺岸에 도달하는 것을 말한다. '경經'은 고기 잡는 통발과 같아서 이 일부 대의大義를 담아 후진의 길로 열어 깨달음으로 가는 길이다.

이 금강반야바라밀경의 대의는 아집我執과 법집法執을 파破하고 상相이 공空함을 나타냄이다. 대요大要는 무상無相으로 종宗을 삼고 무주無住로 체體를 삼고 묘행妙行으로 용用을 삼는다. 대개大

槪는 수보리 선현善現 존자가 내심으로 잠잠히 의심하고 세존께서 말씀으로 응답하시는 것인데, 이것은 부처님께서 타심통他心通이 있으므로 일체중생의 마음먹은 바를 다 알고 계시기 때문이다.

  금강경에서 부처님은 대승보살을 위하여 처음에 경계가 공함을 말씀하셨다. 사람의 몸과 생각은 누구나 다 태어나고 늙고 병들고 죽는 생로병사生老病死이고 한 생각이 나오고 잠시 이어지고 달라지고 없어지는 생주이멸生住異滅이며 이 세계와 우주는 생성되고 존속되고 무너지고 공이 되는 성주괴공成住壞空이다. 그다음 혜慧가 공함을 보이고 뒤에 보살공菩薩空을 밝히셨다. 그러기에 이 금강경은 공혜로써 체를 삼고 일체법무아一切法無我의 이치를 설하심을 요지로 하였다.

### 일러두기

1. 『금강경』 한문 번역본은 구마라습본을 사용하였다.
2. 『금강경』 우리말 번역본은 용성진종 조사가 1923년 번역하고 1926년 인쇄 발행한『상역과해 금강경』 3판(1937년) 영인본을 모본으로, 용성 조사의 뜻을 이어 경전 유포의 유훈을 실현하시는 불심도문佛心道文 스님이 구어체를 수정한 것을, 법륜 스님이 현대어에 맞게 재수정하였다.
3. 『상역과해금강경』 3판(1937년) 영인본은 현재 용성 조사 탄생성지 장수 죽림정사 용성기념관에 소장되어 있다.
4. 이 책 각 분의 첫 장에 실린 깨달음의 글은 용성진종 조사의『상역과해금강경』 해설 글 중 일부를 발췌해 실은 것이다.

금강반야바라밀경　金剛般若波羅蜜經

## 1  法會因由分
### 법회가 열리던 날

옷 입고 밥 먹고 자리 펴고 앉는 것이
세계 모든 대중이 다 일반이거늘,
이것을 한 사람도 아는 자가 없으니
참으로 애석하도다.

밝은 달은 소나무 사이로 비추고
맑은 물은 돌 위로 흘러가도다.

## 제일 법회인유분
## 第一 法會因由分

如是我聞 一時 佛 在舍衛國祇樹給孤獨園 與大比丘衆千二
여시아문 일시 불 재사위국기수급고독원 여대비구중천이

百五十人俱 爾時 世尊 食時 着衣持鉢 入舍衛大城 乞食於其
백오십인구 이시 세존 식시 착의지발 입사위대성 걸식어기

城中 次第乞已 還至本處 飯食訖 收衣鉢 洗足已 敷座而坐
성중 차제걸이 환지본처 반사흘 수의발 세족이 부좌이좌

이와 같음을 내가 들었사오니, 한때에 부처님께서 사위국 기수급고독원에서 비구 천이백오십 인과 함께 계셨습니다. 이때 세존께서는 공양 때가 되어 가사를 입으시고 발우를 들고 사위대성에 들어가셨습니다. 그 성안에서 차례로 걸식을 마치고 본래의 처소로 돌아와 공양을 드신 뒤 가사와 발우를 거두고 발을 씻으신 뒤 자리를 펴고 앉으셨습니다.

## 이와 같음을 내가 들었사오니

이와 같음을 내가 들었사오니, 한때에 부처님께서 사위국 기수 급고독원에서 비구 천이백오십 인과 함께 계셨습니다.
如是我聞 一時 佛 在舍衛國祇樹給孤獨園 與大比丘衆千二百五十人俱

　부처님은 29세에 출가해 6년의 수행 끝에 35세 깨달음을 얻고 80세 열반하실 때까지 45년간 중생을 제도하기 위해 쉼 없이 설법하셨습니다. 그리고 이런 부처님의 말씀은 '팔만대장경'이라는 방대한 내용으로 오늘날까지 전해져 내려옵니다. 이는 모두 부처님의 제자들이 부처님 말씀을 경전으로 집대성한 덕분입니다.

　부처님이 열반에 드신 뒤에 마하가섭의 주도로 부처님의 제자 중 깨달음을 얻은 아라한 500명이 왕사성 근처 칠엽굴에 모여 부처님의 말씀인 경전을 결집했습니다. 25년 동안 부처님의 시봉이었던 다문(多聞) 제일 아난다가 부처님이 하신 말씀을 하나하나 기억해 읊으면 500명의 제자들이 그 내용이 정확한지 검증하는 방식으로 결집은 진행되었습니다.

　그 경전 결집 자리에서 아난다가 말했습니다.

　"부처님께서 열반에 드시기 전에 부처님 말씀을 어떻게 기록해야 할지를 여쭈었습니다. 그때 부처님께서 모든 경전은 육사

六事를 성취하라고 하셨습니다."

육사란 '여시, 아문, 일시, 불, 재, 여구'를 말하는데, 이 여섯 가지가 합해져 부처님의 설법이 성립되므로 이를 육사성취라고 합니다.

'여시如是 – 이와 같이'는 신信 성취를 말합니다. 경전 내용이 이치에 맞고 그릇됨이 없으며 믿음이 확실해 의심할 바가 없음을 나타냅니다.

'아문我聞 – 나는 들었다'는 문聞 성취를 말합니다. 경전 내용이 부처님 말씀을 한 점 보태거나 빼지 않고 그대로 재현했음을 밝히는 것입니다. 금강경에서의 '나我'는 아난다를 말합니다.

'일시一時 – 한때'는 시時 성취로, 부처님이 설법하신 시간을 말합니다.

'불佛 – 부처님'은 법을 설한 분이 석가모니 부처님임을 밝혀 설법을 한 주主가 성취됩니다.

'재在 – 장소'는 법이 설해진 처處 성취입니다. 금강경에서는 그 장소가 사위국 기수급고독원입니다.

'여구與俱 – 이러한 대중과 함께'는 부처님이 누구에게 하신 설법인지를 밝혀 중衆 성취가 이루어집니다. 금강경에서는 비구 1250인이라고 밝히고 있습니다.

육사성취의 핵심은 부처님의 말씀을 조금도 틀림없이 당시 설법 현장 그대로 재현하라는 뜻입니다. 금강경 역시 '이와 같음을 내가 들었사오니 한때에 부처님께서 사위국 기수급고독원에서 비구 천이백오십 인과 함께 계셨습니다'라고, 그 원칙을 충실히 따르고 있습니다. 이렇게 아난다가 '내가 들었사오니'로 들음의 성취를 이루어 우리에게 금강경을 전해주니, 우리는 '이와 같이' 믿음의 성취를 이루어내야겠습니다.

이렇게 부처님이 정해주신 육사성취에 따라 아난다가 경을 읊고 500명의 제자들이 그것이 부처님의 말씀과 틀림없는지 꼼꼼하게 검증하고 나면, 그다음엔 그 자리에 있는 모든 사람이 경전을 암송해 외었습니다. 그 방대한 양의 경전을 통째로 외운다는 것이 우리 상식으로는 불가능해 보이지만, 그때 그렇게 외운 경전이 팔리Pali어의 곡조와 운율 그대로 2500여 년이 지난 지금까지 암송되어 전해져 옵니다. 지금도 남방 승려들은 이렇게 전해진 팔리어 경전을 암송하는 데 몰두합니다.


### 한때에


불교 경전은 그 경이 설해진 시간적 배경을 분명한 연월일로 밝히지 않고 '한때'라고 표현합니다. 이는 시간은 인간이 만들어낸 관념에 불과할 뿐, 시간이란 게 본래 없기 때문입니다.

명상법 가운데 시계를 보지 못하게 함으로써 일상 속에서 시간을 잊게 하는 방법이 있습니다. 이런 명상법은 나를 둘러싼 온갖 틀과 관념에서 벗어나 오롯이 나를 돌아보게 하는 효과가 있습니다. 그와 같이 한때는 시간이라는 관념에서 벗어나 부처님 말씀에 집중하게 하려는 뜻이 있습니다.

또한 시간은 절대적 기준이 아니라 상황에 따라 달라지는 상대적인 개념입니다. 같은 지구라도 아시아와 아메리카 대륙 사이에는 12시간이 넘는 시차가 있습니다. 또 수성, 금성, 지구, 화성 등 태양계 행성들은 모두 하루의 길이가 다르고 1년의 길이가 다릅니다. 그러니 우리가 무심코 사용하는 시간이란 개념은 객관적인 기준이 될 수 없습니다.

잠깐의 꿈이 일생이 될 수도 있고, 육십 평생을 살았다는 것이 잠깐의 꿈일 수도 있습니다. 하지만 부처님의 법은 이러한 시간 경계를 초월해 언제나 유효한 진리이므로 한때라고 말하는 것입니다.


### 부처님께서

불佛은 부처님의 여래십호如來十號 가운데 하나로 '깨달은 이'를 말합니다. 여래십호는 부처님의 공덕을 기리는 열 가지 칭호입니다. 살펴보면, 진리로부터 진리를 따라서 온 사람이라는 여래如來, 온갖 번뇌를 끊어서 인간과 천상의 모든 중생으로부터 공양 받을 만한 사람이라는 응공應供, 모든 지혜를 다 갖추어 세상 모든 일을 바로 안다는 정변지正遍知, 삼명三明의 신통한 지혜와 육도만행六度萬行을 갖추었다는 명행족明行足, 윤회하지 않고 잘 가신 분이라는 선서善逝, 일체 세간의 온갖 일을 다 안다는 세간해世間解, 정情을 가진 존재 가운데 가장 높아서 그 위가 없는 대사라는 무상사無上士, 중생을 잘 이끌어 가르치는 사람이라는 조어장부調御丈夫, 하늘과 인간 세상 모든 중생의 스승이라는 천인사天人師, 스스로 모든 법의 진리를 깨닫고 중생을 교화하는 세상에서 가장 존귀한 분이라는 불세존佛世尊이 그것입니다.

## 기수급고독원

부처님이 금강경을 설한 장소는 사위국의 기수급고독원입니다. 사위국은 나라 이름이 아니라 당시 인도 코살라국의 수도이므로 사위성이라고 부르는 게 더 정확한 표현입니다. 이 사위성 안의 기수급고독원이 금강경 설법의 무대입니다.

기수급고독원은 기원정사祇園精舍라고도 불리는데, 마가다국 왕사성의 죽림정사竹林精舍와 더불어 부처님이 가장 많이 머물렀던 곳입니다. 부처님은 성도成道 이후 45번의 안거 중 25번의 안거를 사위성에서 보냈고 그중 19번의 안거를 기원정사에서 보냈습니다.

기원정사가 만들어진 유래를 잠시 살펴보면, 사위성에 수닷타라는 장자가 살고 있었습니다. 장자는 덕 있고 나이 지긋한 사람을 높여 부르는 말이기도 하고 부자인 자산가를 뜻하기도 합니다. 수닷타는 급고독給孤獨 장자라는 별명이 붙을 만큼 가난하고 외로운 이를 도와주는 사람이었습니다. 어느 날 수닷타는 마가다국 왕사성에 갔다가 부처님을 뵙고는 그 자리에서 부처님께 귀의합니다. 그리고 부처님에게 사위성으로 오셔서 교화해 주시기를 간청했습니다. 부처님이 승낙하자 수닷타는 사위성으로 돌아와 부처님과 제자들이 머물 처소를 짓기 위해 적당한 장소를 물색했습니다.

수행처는 번잡한 성안을 벗어나 한적한 곳에 있는 것이 좋지만, 그렇다고 성에서 너무 멀리 떨어져 있으면 탁발하기가 곤란합니다. 그런 면에서 보면 사위성 서문 밖에서 500미터쯤 떨어진 기타祇陀 태자의 숲은 아주 안성맞춤이었습니다. 수닷타는 기타 태자를 찾아가 태자의 숲을 사고 싶다고 말했습니다. 그러나 기타 태자는 자신의 아름다운 숲을 팔지 않겠다고 거절했습니다. 그런데도 수닷타는 돈은 얼마라도 좋으니 숲을 팔아달라고 졸랐습니다.

그러자 기타 태자는 감히 코살라국의 왕자인 자신에게 숲을 팔라고 요구한 수닷타에게 화가 나, 숲 바닥을 모두 금화로 깔면 팔겠노라고 합니다. 수닷타는 그날부터 자신의 재산을 금화로 바꿔 기타 태자의 숲에 깔기 시작했습니다. 기타 태자는 결국 수닷타의 정성에 탄복해 숲을 기증했고, 이렇게 해서 기타 태자와 급고독 장자의 이름을 딴 기수급고독원祇樹給孤獨園이 생기게 된 것입니다. 기수급고독원은 그렇게 믿음의 힘이 이룩한 불사佛事였습니다.

## 1250명의 비구

비구比丘는 출가해 걸식으로 수행하는 남자 승려입니다. 걸식을 한다는 것은 위로는 법을 빌어 청정하게 생활하고, 아래로는 밥을 빌어 몸을 보호한다는 뜻입니다. 1250인의 비구 대중이 이루어진 과정에는 부처님이 깨달음을 이룬 뒤부터 불교 교단이 정착되기까지의 역사가 담겨 있습니다.

보드가야의 보리수 아래에서 깨달음을 이룬 부처님은 7주 동안 법열을 만끽한 뒤 도반이었던 다섯 비구에게 법을 전하기 위해 바라나시까지 260킬로미터가 넘는 먼 길을 찾아갑니다. 부처님이 바라나시의 녹야원에서 처음으로 법을 설하니, 이 다섯 비구가 부처님의 첫 번째 제자들입니다.

이어 바라나시의 구리가 장자의 아들 야사가 재가자로서 첫 출가자가 되고, 뒤를 이어 야사의 친구 54명이 모두 부처님의 제자가 됩니다.

부처님은 이들 60명의 제자들에게 전법 선언을 한 뒤, 마가다국의 우루벨라 촌에서 가섭 3형제가 이끄는 사화외도事火外道 1000여 명을 교화해 모두 제자로 받아들였습니다. 이후 사리불과 목건련이 200여 명의 대중과 함께 부처님께 귀의했고, 마하가섭이 부처님의 제자가 되어 성도 후 3년 만에 불교 교단은 수행공동체로 자리를 잡게 되었습니다. 이렇게 전법 초기에 부처님의 제자가 된 이분들은 이후 교단의 장로로서 대비구라 불리며 대중으로부터 존경을 받았습니다.

### 하루하루 일상이 그저 도이거늘…

이때 세존께서는 공양 때가 되어 가사를 입으시고 발우를 들고 사위대성에 들어가셨습니다.

爾時 世尊 食時 着衣持鉢 入舍衛大城

수행자가 입는 옷인 가사袈裟는 본래 시체를 버리거나 화장할 때 시체를 덮은 천 조각을 말합니다. 인도의 전통 장례법은 화장火葬입니다. 하지만 예나 지금이나 인도는 나무가 귀한 지역이라 가난한 천민들은 화장할 돈이 없으면 천으로 시체를 둘둘 말아 숲에 내버리는 것이 장례 절차의 전부였습니다. 이렇게 시체를 싸는 데 썼던 천 조각이 분소의糞掃衣고, 수행자라면 누구나 이 분소의를 주워 입었습니다.

하지만 부처님은 분소의를 구할 수 없으면 분소의를 입는 정신으로 다른 천을 사용해도 좋다고 허락하셨습니다. 분소의만 입어야 한다고 고집하면서 굳이 새 옷을 분소의로 만들어 입는 형식주의를 경계하신 것입니다.

발우鉢盂는 수행자가 걸식할 때 사용하는 그릇을 말합니다. 이 그릇을 가지고 돌아다니며 밥을 비는 것을 탁발托鉢이라고 합니다. 수행자는 맛으로 음식을 먹지 않으므로 몸을 유지할 수 있는 최소한의 양만을 걸식해 먹습니다.

이렇게 부처님 당시의 수행자는 가사 한 벌과 발우 한 개가 개인이 가진 전부였습니다. 그것은 부처님을 본받아 검소하게 살려는 의지의 표현이었고, 그래서 지금도 불가에서는 법을 계승하는 증표로 가사와 발우를 전하는 전통이 남아 있습니다.

그 성안에서 차례로 걸식을 마치고 본래의 처소로 돌아와 공양을 드신 뒤 가사와 발우를 거두고 발을 씻으신 뒤 자리를 펴고 앉으셨습니다.

乞食於其城中 次第乞已 還至本處 飯食訖 收衣鉢 洗足已 敷座而坐

    어느 날 걸식을 끝내고 돌아와 공양을 들면서 보니 아난다와 마하가섭의 공양물이 대조적이었습니다. 아난다의 발우에는 기름진 쌀밥에 좋은 반찬이 담겨 있는데, 마하가섭의 발우에는 먹다 버린 밥에 형편없는 반찬뿐이었습니다.

    부처님이 조용히 물었습니다.

    "아난다여, 그대는 어떻게 걸식을 하는가?"

    "예, 부처님. 저는 부잣집을 찾아가 걸식을 합니다. 가난한 집에 탁발을 나가면 그 사람들도 먹을 것이 모자라는데 나누어주기 어렵고, 그렇다고 시주를 안 하면 그 사람이 업을 짓게 될 테니까요. 그래서 이왕이면 넉넉한 집에 가서 걸식을 합니다."

    부처님은 마하가섭에게도 같은 질문을 했습니다.

    "예, 저는 가난한 집만 골라서 걸식을 합니다. 그들은 가난해서 시주하기 어렵지만, 그렇다고 가난하다고 시주를 하지 않으면 다음 생에도 가난해집니다. 비록 이생에는 가난하지만 복을 지어야 다음 생에는 복을 받을 수 있습니다. 그래서 저는 가난한 집에 가서 탁발을 함으로써 그들의 복전이 되고자 합니다."

    그러자 부처님이 말씀하셨습니다.

    "두 분 모두 훌륭합니다. 하지만 앞으로 수행자는 부자든 가난하든 가리지 말고 처음 탁발을 시작한 집에서부터 차례로 일곱 번째 집까지만 밥을 비십시오. 모름지기 수행자는 분별을 내서는 안 됩니다."

가난한 집에 폐를 끼치지 않겠다는 생각이나 복을 짓도록 해주겠다는 생각 모두 우리 마음이 짓는 분별심입니다. 부처님은 시비 분별을 떠나 무심으로 일곱 집을 차례로 걸식하라고 이르셨습니다. 이때부터 부처님의 가르침에 따라 아무 구별 없이 차례로 일곱 집을 걸식하는 차제걸이次第乞이가 시작되었습니다.

또한 차제걸이는 밥이 모자라면 모자란 대로 일곱 집 이상을 걸식하지 않도록 한 걸식의 지침이기도 했습니다. 만약 일곱 집을 돌고도 공양을 받지 못했다면 거기에는 두 가지 이유가 있을 것입니다. 기근으로 사람들이 굶주리고 있어 그들도 먹을 것이 없을 때거나, 비구들의 수행이 부족해서 대중이 불만을 가지고 공양을 기피하기 때문입니다. 첫 번째 경우라면 수행자도 마땅히 대중과 함께 굶어야 하고, 두 번째의 경우에는 자신의 수행을 곰곰 돌아보고 반성해야 합니다.

이렇듯 걸식의 의미 역시 수행과 직결되어 있습니다. 부처님은 가난한 이에게 밥을 빌어 그들을 높였고, 왕과 귀족에게 굽히지 않음으로써 그들을 낮추었습니다. 이 세상의 가장 높은 자보다 높고 가장 낮은 자보다 낮은 이가 되어 일체중생이 평등함을 보였습니다.

부처님과 제자들은 걸식을 마치면 처소로 돌아와 공양을 들었습니다. 당시 수행자는 언제나 맨발이었으므로 공양이 끝나면 발을 씻고 발우와 옷을 정돈했습니다. 그런 뒤에 부처님은 고요히 선정에 들었습니다.

이렇게 해서 금강경 제1분이 마무리됩니다. 이 1분은 표면적으로 보면 금강경이 설해진 당시의 배경 묘사에 불과해 보입니다. 하지만 그 뜻을 궁구하면 금강경의 가르침, 더 나아가 부처님의 팔만사천법문이 이 한 장면에 함축되어 있음을 볼 수 있습니다. 부처님은 평범한 일상의 모습에 최고의 도가 있음을 몸소 실천해 보이고 계십니다. 1분에서 이 의미를 깨달으면 나머지 뒷부분은 보충 설명에 불과합니다.

하지만 우리는 그리 쉽게 진리의 문을 열지 못합니다. 그래서 수보리가 부처님에게 설법을 청하는 형식으로 경전이 전개되고, 수보리의 질문과 의심을 통해 우리는 더욱 자세하고 풍부한 가르침을 받을 수 있습니다.

## 2  善現起請分
## 수보리, 법을 청하다

"희유하십니다, 세존이시여!"
이 한 소리에 청천벽력이 꽝꽝하고
평지에 파도가 일어나도다.

안심입명처安心立命處를 무엇이라 말할 것인가.
오월 강이 깊으니 초각草閣이 차도다.

## 제이 선현기청분
## 第二 善現起請分

時 長老須菩提 在大衆中 卽從座起 偏袒右肩 右膝着地 合
시 장로수보리 재대중중 즉종좌기 편단우견 우슬착지 합

掌恭敬 而白佛言 希有世尊 如來 善護念諸菩薩 善付囑諸菩
장공경 이백불언 희유세존 여래 선호념제보살 선부촉제보

薩 世尊 善男子善女人 發阿耨多羅三藐三菩提心 應云何住
살 세존 선남자선여인 발아뇩다라삼먁삼보리심 응운하주

云何降伏其心 佛言 善哉善哉 須菩提 如汝所說 如來善護
운하항복기심 불언 선재선재 수보리 여여소설 여래선호

念諸菩薩 善付囑諸菩薩 汝今諦聽 當爲汝說 善男子善女人
념제보살 선부촉제보살 여금제청 당위여설 선남자선여인

發阿耨多羅三藐三菩提心 應如是住 如是降伏其心 唯然 世
발아뇩다라삼먁삼보리심 응여시주 여시항복기심 유연 세

尊 願樂欲聞
존 원요욕문

그때 장로 수보리가 대중 가운데 있다가 자리에서 일어나 오른쪽 어깨를 드러내고 오른 무릎을 땅에 꿇으며 합장하고 공경하사 부처님께 여쭈었습니다.

"희유하십니다, 세존이시여! 여래께서는 모든 보살을 잘 두호하여 생각하시며 모든 보살을 잘 부촉하십니다. 세존이시여! 아뇩다라삼먁삼보리심을 발한 선남자 선여인은 마땅히 어떻게 머물며 어떻게 그 마음을 항복받아야 합니까?"

부처님께서 말씀하셨습니다.

"갸륵하고 갸륵하다, 수보리여! 그대의 말과 같이 여래는 모든 보살을 잘 두호하여 생각하고 모든 보살을 잘 부촉하나니, 이제 자세히 들어라. 마땅히 그대를 위해 말하리라. 아뇩다라삼먁삼보리심을 발한 선남자 선여인은 마땅히 이와 같이 머무르며 이와 같이 그 마음을 항복받느니라."

"예 그렇습니다, 세존이시여! 원컨대 즐겁게 듣고자 하나이다."

## 희유하십니다, 세존이시여

그때 장로 수보리가 대중 가운데 있다가 자리에서 일어나 오른쪽 어깨를 드러내고 오른 무릎을 땅에 꿇으며 합장하고 공경하사 부처님께 여쭈었습니다.

時 長老須菩提 在大衆中 卽從座起 偏袒右肩 右膝着地 合掌恭敬 而白佛言

제2분의 제목인 선현기청분善現起請分의 선현은 수보리를 말합니다. 수보리가 일어나 부처님께 법을 청한다는 말이지요.

수보리는 부처님의 십대제자 가운데 하나로 해공解空 제일이라 불립니다. 해공은 온갖 법이 공한 이치를 잘 안다는 뜻입니다. 금강경에서는 수보리를 장로長老라고 칭하는데, 장로는 배움이 크고 나이가 많으며 덕이 높은 비구를 높여 이르는 말입니다.

또한 수보리는 부처님께 기수급고독원을 지어 바친 수닷타 장자의 조카입니다. 그는 기수급고독원이 완성되어 열린 첫 법회에서 부처님의 말씀을 듣고는 크게 감명 받아 그 자리에서 출가를 결심하고 부처님의 제자가 되었다고 합니다.

"희유하십니다. 세존이시여! 여래께서는 모든 보살을 잘 두호하여 생각하시며 모든 보살을 잘 부촉하십니다."

希有世尊 如來善護念諸菩薩 善付囑諸菩薩

수보리는 어느 날 문득 부처님이 하루하루 살아가시는 일상의 모습에서 지극한 도를 보게 됩니다.

금강경 제1분에 나타난 부처님의 모습은 어떠합니까? 부처님은 온갖 번뇌를 끊은 분이므로 인간과 천상의 모든 중생에게 마땅히 공양 받으셔야 할 분입니다. 누구에게 어떠한 보시를 받아도 누가 되지 않는 분이니 '응공'이라 불립니다.

그러나 금강경에 그려진 부처님의 행색은 마치 거지에 불과합니다. 다 떨어진 옷을 입은 채 발우 한 개 들고 이 집 저 집 밥을 동냥하는 부처님, 제자들과 함께 얻어 온 밥을 나눠 먹는 부처님, 식사를 마치고는 손수 가사와 발우를 정리하는 부처님. 이렇게 부처님은 세상에서 가장 가난하고 평범한 사람의 모습입니다.

그렇게 평범한 부처님의 모습을 보고 수보리는 문득, 부처님의 이러한 일거수일투족이 수행자를 위한 엄청난 가르침임을 깨닫습니다. 그래서 크게 감동한 나머지 자리에서 일어나 '희유하십니다, 세존이시여' 하고 부처님을 찬탄합니다. 부처님은 항상 그렇게 모든 보살을 잘 보호하고 염려하고 계셨으며, 바른 법을 전하고 계셨음을 수보리는 비로소 알아차린 것이지요.

보살이란 보디사트바, 깨달은 중생이란 뜻입니다. 즉, 상구보리上求菩提 하화중생下化衆生 하는, 위로는 깨달음을 구하고 아래로는 중생을 제도하는 대승불교의 수행자를 말합니다. 소승불교에서는 중생을 제도하는 수행자라는 개념이 없으므로, 다만 모든 번뇌를 끊고 다시는 생사의 세계에 윤회하지 않는 아라한阿羅漢이 수행의 최고 목표입니다.

### 어떻게 머물고 항복받으리까?

"세존이시여! 아뇩다라삼먁삼보리심을 발한 선남자 선여인은 마땅히 어떻게 머물며 어떻게 그 마음을 항복받아야 합니까?"

世尊 善男子善女人 發阿耨多羅三藐三菩提心 應云何住 云何降伏其心

부처님께 찬탄의 예를 올린 수보리는 과연 어떻게 하면 부처님처럼 아뇩다라삼먁삼보리를 이룰 수 있는지 묻습니다. 아뇩다라삼먁삼보리는 무상정등정각無上正等正覺으로, 모든 진리를 깨친 더할 나위 없는 지혜를 말합니다. 수보리의 이 질문에 대한 부처님의 답변으로 금강경의 설법은 시작됩니다.

사람들이 금강경을 이해하기 어렵다고 하는 이유 중 하나가, 금강경에서 부처님과 수보리의 대화가 계속해서 반복되고 있는 것처럼 보이기 때문입니다. 하지만 금강경은 같은 말을 되풀이하고 있는 것이 아닙니다. 또 얼핏 보면 수보리의 질문과 부처님의 답변 사이에 단절이 있는 듯이 보이는데, 이는 부처님이 단순히 수보리가 물어본 질문에만 답을 하신 게 아니기 때문입니다.

부처님은 수보리가 마음속에 어떤 의심을 품으면 곧 그 의심을 알아차리고 그에 대한 설법을 하십니다. 그래서 수보리의 마음속 의심을 모르고 읽으면 부처님의 설법이 무슨 말인지 어리둥절해질 수 있습니다. 그러므로 보살의 마음을 발한 이가 아니면, 즉 수보리의 마음이 되지 않으면 경전을 이해하기 어렵습니다.

아뇩다라삼먁삼보리심을 발한 선남자 선여인은 과거로부터 구도심을 일으켜 열심히 마음을 닦는 공부를 해온 사람을 말합니다. 또 다른 의미로는 내 인생의 주인이 되려는 보리심을 일으킨 사람을 말합니다.

아뇩다라삼먁삼보리, 즉 가장 높고 보편타당한 진리인 무상정등정각을 얻고자 하는 마음이 보리심입니다. 아무리 두터운 업장이 쌓였다 할지라도, 혹은 세상에서 큰 죄를 지었다 해도 지금 이 순간 진리의 삶으로 나아가리라고 한 마음 돌이킨 사람이라면 누구나 다 선남자고 선여인입니다.

앙굴리말라는 한 브라만을 스승으로 섬기며 열심히 공부하는 젊은 수행자였습니다. 그런데 어느 날 스승 브라만이 외출을 하자 앙굴리말라를 남모르게 좋아하던 스승의 부인이 그를 유혹했습니다. 하지만 앙굴리말라가 유혹에 넘어가지 않자 스승의 부인은 그에게 앙심을 품게 되었습니다.

스승이 집으로 돌아올 때가 되자 부인은 자기 옷을 찢고 머리를 풀어헤치고는 울기 시작했습니다. 브라만은 부인의 모습을 보고 깜짝 놀라 그 이유를 물었습니다. 그러자 부인은 남편에게 앙굴리말라가 자신에게 못된 짓을 하려 했다고 거짓말을 했습니다.

브라만은 몹시 화가 나 앙굴리말라를 파멸시킬 방법을 궁리한 끝에 앙굴리말라에게 사람을 100명 죽여 그들의 손가락으로 목걸이를 만들면 성자가 될 수 있다고 속였습니다. 앙굴리말라는 스승의 말을 믿고 닥치는 대로 사람을 죽이고 손가락을 잘랐습니다. 세상은 삽시간에 공포에 휩싸였습니다.

이러한 소문을 들은 앙굴리말라의 어머니는 부처님을 찾아와 아들을 구해줄 것을 간청했습니다. 부처님은 앙굴리말라를 찾아갔습니다. 그때 앙굴리말라는 99명을 죽이고 마지막 한 사람을 채우기 위해 자신을 찾아온 어머니마저 죽이려던 참이었습니다. 앙굴리말라는 부처님이 나타나자 어머니 대신 부처님을 향해 소리를 지르며 덤벼들었습니다.

하지만 앙굴리말라는 아무리 있는 힘을 다해 뛰어가도 부처님을 따라잡을 수가 없었습니다. 부처님은 분명히 천천히 걸어가는데도 도저히 붙잡을 수가 없자 앙굴리말라는 소리를 질렀습니다.

"거기 멈추지 못해."

그러자 부처님이 앙굴리말라를 돌아보며 말씀하셨습니다.

"나는 이미 오래전에 멈추었는데 너는 아직도 멈추지를 못하는구나."

앙굴리말라는 부처님의 말씀을 이해할 수가 없었습니다. 분명 자기가 아무리 달려가도 부처님을 잡을 수가 없는데, 부처님은 이미 오래전에 멈추었다니 도무지 그 뜻을 알 수가 없었습니다.

"당신은 이미 멈추었고 나는 멈추지 못한다니, 그게 무슨 말이요?"

그러자 부처님이 말씀하셨습니다.

"거기 멈추어라, 앙굴리말라여. 나는 진리에 머무르는데 그대는 그것을 모르는구나. 앙굴리말라여, 나는 언제나 머물러서 모든 생명이 그 은혜를 입고 있는데, 너는 탐욕과 분노와 어리석음의 불꽃을 피우며 잠시도 머무르지를 못하는구나."

부처님의 말씀을 듣고 앙굴리말라는 비로소 자신이 저지른 죄업을 깨닫고는 부처님 앞에 엎드려 간청했습니다.

"부처님, 저는 이제 어떻게 해야 합니까? 이 살인자를 제도해 주십시오."

그러자 부처님은 앙굴리말라를 제자로 받아들여 법을 설해주셨고, 앙굴리말라는 곧 깨달음을 얻었습니다. 앙굴리말라는 비록 수많은 사람을 죽이는 악행을 저지른 큰 죄인이었지만 부처님을 만나 진정으로 참회하고 보리심을 가졌기에 새 삶을 살 수 있었습니다. 앙굴리말라는 바로 아뇩다라삼먁삼보리심을 발한 선남자 선여인이 되었던 것입니다.

수보리는 이처럼 보리심을 낸 선남자 선여인이 어떻게 하면 깨달음을 얻어 참자유와 행복을 누릴 수 있는지를 부처님께 여쭈었습니다. 수행자는 과연 어떻게 마음을 머물러야 하며, 욕심과 성냄과 어리석음의 탐·진·치貪瞋癡 삼독三毒에 찌든 마음을 어떻게 다스려야 하는지, 수보리의 간곡한 물음에 부처님은 답하십니다.


## 이 마음 하나로

부처님께서 말씀하셨습니다.
"갸륵하고 갸륵하다, 수보리여! 그대의 말과 같이 여래는 모든 보살을 잘 두호하여 생각하고 모든 보살을 잘 부촉하나니, 이

제 자세히 들어라. 마땅히 그대를 위해 말하리라. 아뇩다라삼
먁삼보리심을 발한 선남자 선여인은 마땅히 이와 같이 머무르
며 이와 같이 그 마음을 항복받느니라."
"예 그렇습니다. 세존이시여! 원컨대 즐겁게 듣고자 하나이
다."

佛言 善哉善哉 須菩提 如汝所說 如來善護念諸菩薩 善付囑諸菩薩 汝
今諦聽 當爲汝說 善男子善女人 發阿耨多羅三藐三菩提心 應如是住
如是降伏其心 唯然 世尊 願樂欲聞


수보리의 첫 물음은 마음에 관한 것이었습니다. 과연 마음이
란 무엇일까요?

마음은 삼라만상을 짓기도 하고 허물기도 합니다. 번뇌 망상
을 일으켜 지옥 같은 고통에 빠졌다가도 바로 다음 순간 재물욕
·성욕·식욕·명예욕·수면욕 같은 오욕락五欲樂에 젖기도 하는 게
사람 마음입니다. 한 치 앞도 못 보는 어리석음에 빠져 축생이
되기도 하고, 분노와 짜증으로 독한 마음을 불러일으키며 아수
라가 되기도 합니다. 하지만 또 청정한 마음을 내민 수행자가 되
기도 합니다. 자비를 내어 고통받는 중생과 함께해 보살이 되기
도 하고, 한 마음 깨달아 부처가 됩니다.

이렇게 순간순간 바뀌는 마음의 변화는 모두 눈·귀·코·혀·몸
·뜻의 육근六根이 경계에 따라 일어나는 것입니다. 눈에 보이는

것, 귀에 들리는 것, 코로 맡는 냄새, 입으로 느끼는 맛, 손으로 느끼는 감촉, 머리에 일으키는 생각에 따라 순간순간 좋고 싫음을 구분합니다.

육조 혜능 대사의 일화는 마음이 얼마나 순식간에 바뀔 수 있는지 보여줍니다. 혜능 대사는 달마 대사로부터 이어져 내려온 중국 선종의 제6대 조사입니다.

육조 혜능 대사가 오조五祖 홍인弘忍 대사로부터 법을 전수받을 당시 그는 머리 기른 행자에 불과했습니다. 그런 혜능이 법을 전수받자 홍인 대사의 제자들은 혜능이 법을 훔쳐갔다고 분개해 혜능 대사의 뒤를 쫓기 시작했습니다.

홍인 대사는 혜능에게 법을 전수했다는 증표로 가사 한 벌과 발우 한 개를 전했습니다. 가사와 발우는 부처님이 살아가셨던 모습 그대로 살아가라는 메시지입니다. 그것은 단지 전법의 형식일 뿐, 법이란 본래 줄 수도 없고 받을 수도 없는 것이므로 훔칠 수도 빼앗을 수도 없습니다. 하지만 혜능 대사의 뒤를 쫓던 이들은 오조 홍인 대사로부터 받은 가사와 발우를 빼앗기만 하면 자신이 육조가 될 수 있다고 생각했던 것입니다.

혜능을 쫓던 무리 가운데 혜명이라는 사람이 있었습니다. 그는 저만치에서 도망가는 혜능을 발견하고는 있는 힘을 다해 쫓아가 거의 따라잡았습니다. 혜능은 더 이상 도망칠 수 없게 되자 들고 있던 발우와 가사를 바위 위에 올려놓고 그 뒤로 몸을 숨겼습니다.

혜명은 발우와 가사가 이제 자기 차지가 되었구나 싶어 뛸 듯이 기뻐했습니다. 하지만 혜명이 아무리 애를 써도 발우와 가사를 집어들 수가 없었습니다. 발우와 가사는 마치 바위에 딱 달라붙은 듯 떨어지지 않는 것이었습니다. 그제야 혜명은 법이란 것은 욕심낸다고 되는 것이 아님을 깨닫고는 바위 뒤에 숨어 있는 혜능에게 법을 청했습니다.

"나는 법을 위해 왔지 옷을 위해 온 것이 아닙니다."

그러자 혜능 대사가 혜명에게 물었습니다.

"조금 전 마음은 무슨 마음이고, 지금 마음은 무슨 마음입니까?"

육조가 되겠다는 욕심으로 발우와 가사를 움켜쥐던 마음이 순식간에 법을 청하는 마음으로 변한 이치를 돌아보라는 뜻이었습니다. 혜능 대사의 간단한 질문 한마디에 혜명은 그 자리에서 깨달음을 얻었습니다.

마음이란 그런 것입니다. 그러니 최상의 깨달음을 얻고자 하는 선남자 선여인이라면 다른 무엇보다도 자기 마음을 어떻게 머무르고 어떻게 다스려야 할지가 첫 번째 숙제입니다. 그렇게 보리심을 일으켜야만 윤회의 수레바퀴에서 벗어날 수 있습니다. 간절히 일으킨 보리심은 하나의 씨앗이 되어 언젠가는 싹을 틔워 깨달음을 얻게 합니다. 그래서 대승불교에서는 발보리심, 그중에서도 초발심初發心을 특히 중요시합니다.

그런데 처음 보리심을 일으키는 것만큼이나 그 마음을 지속적으로 밀고 나가는 것도 참으로 어렵습니다. 보리심을 붙들어 깨달음으로 나아가려면 스스로에게 엄격해야 합니다. 이제껏 내 삶을 지배해 온 욕망과 집착을 버려야 함을 깨달았다 해도, 긴 세월 몸에 밴 습관은 쉽게 사라지지 않습니다. 그런 오래된 습관에서 벗어나 진리를 얻으려면 어떻게 해야 하는지, 수보리는 이렇게 보리심을 낸 이들의 절실한 마음을 대신해 묻습니다.

## 3 大乘正宗分
## 대승의 바른 가르침

중생계가 공하면 불과佛果가
자연히 멀지 아니하리니
무엇이 제도하기 어려우며
무엇이 이루기 어려우리요.

육근이 텅 비고 심식心識이 공하면
자연 댓돌 맞듯 맷돌 맞듯 하리라.

## 제삼 대승정종분
## 第三 大乘正宗分

佛告須菩提 諸菩薩摩訶薩 應如是降伏其心 所有一切衆生
불고수보리 제보살마하살 응여시항복기심 소유일체중생

之類 若卵生 若胎生 若濕生 若化生 若有色 若無色 若有
지류 약란생 약태생 약습생 약화생 약유색 약무색 약유

想 若無想 若非有想 非無想 我皆令入無餘涅槃 而滅度之
상 약무상 약비유상 비무상 아개영입무여열반 이멸도지

如是滅度無量無數無邊衆生 實無衆生 得滅度者 何以故 須
여시멸도무량무수무변중생 실무중생 득멸도자 하이고 수

菩提 若菩薩 有我相人相衆生相壽者相 卽非菩薩
보리 약보살 유아상인상중생상수자상 즉비보살

부처님께서 수보리에게 말씀하셨습니다.

"모든 보살마하살은 이와 같이 그 마음을 항복받아야 한다. 존재하는 모든 중생의 종류, 즉 알로 나는 것, 태로 나는 것, 습기로 나는 것, 화하여 나는 것, 빛이 있는 것, 빛이 없는 것, 생각이 있는 것, 생각이 없는 것, 생각이 있는 것도 아니고 생각이 없는 것도 아닌 것을 내가 다 완전한 열반에 들게 제도하리라. 이와 같이 한량이 없고 수가 없고 가없는 중생을 제도하되 실로 제도를 받은 자가 하나도 없다. 왜냐하면 수보리여! 만일 보살이 아상, 인상, 중생상, 수자상이 있다면 그는 보살이 아니기 때문이다."

## 내가 다 열반에 들게 하리니

부처님께서 수보리에게 말씀하셨습니다.

"모든 보살마하살은 이와 같이 그 마음을 항복받아야 한다. 존재하는 모든 중생의 종류, 즉 알로 나는 것, 태로 나는 것, 습기로 나는 것, 화하여 나는 것, 빛이 있는 것, 빛이 없는 것, 생각이 있는 것, 생각이 없는 것, 생각이 있는 것도 아니고 생각이 없는 것도 아닌 것을 내가 다 완전한 열반에 들게 제도하리라.

佛告須菩提 諸菩薩摩訶薩 應如是降伏其心 所有一切衆生之類 若卵生 若胎生 若濕生 若化生 若有色 若無色 若有想 若無想 若非有想 非無想 我皆令入無餘涅槃 而滅度之

중생은 자기 뜻대로 일이 되지 않으면 괴로워합니다. 남편이 돈을 못 벌어서, 자식이 공부를 못해서, 부모가 이혼을 해서, 친구가 배신을 해서 등등 갖가지 이유를 대며 괴로워합니다. 이는 세상이 내가 원하는 대로 이루어져야 하는데 그렇지 않아서 괴롭다는 뜻이지요. 내가 괴로운 이유가 하나같이 다 다른 사람 때문이라는 것입니다. 이게 사람의 마음입니다. 그러니 자연히 나보다 힘이 센 존재, 내 힘으로는 어찌할 수 없는 일을 단번에 해결해 줄 수 있는 존재, 즉 신이라는 존재에 매달려 제 뜻을 이루게 해달라고 비는 것입니다.

이처럼 답답한 우리 삶의 문제를 어떻게 하면 해결할 수 있겠습니까 하고 수보리가 묻습니다. 그러자 부처님은 이렇게 대답하십니다.

"모든 중생을 내가 다 제도하겠다는 마음을 내라."

'아개영입我皆令入 무여열반無餘涅槃 이멸도지而滅度之'에서의 '아我'는 발보리심한 보살입니다. 그러니까 보살, 즉 모든 괴로움에서 완전하게 벗어나고자 하는 사람은 일체중생을 열반에 들게 하여 하나도 남김없이 제도해 마치겠다는 마음을 먼저 내라는 말입니다.

열반이란 모든 번뇌가 사라지고 일체의 속박에서 벗어난 상태를 말합니다. 즉, 진리를 깨달아 불생불멸의 법을 체득한 경지를 말합니다. 불교의 최고 이상으로, 니르바나nirvāna, 닙바나nibbāna, 멸도라고 번역합니다. 그런데 열반을 다시 유여有餘열반과 무여無餘열반으로 나눕니다. 깨달음을 얻어 일체의 번뇌는 끊었으나 과거의 업보로 받은 이 몸이 멸하지 않는 한 이런저런 과보를 받고 있는 상태를 유여열반이라 하고, 모든 번뇌를 끊고 분별을 떠났을 뿐 아니라 완전한 고요 적정寂靜에 든 경지를 무여열반이라 합니다.

그런데 지금까지 내 마음 하나 제대로 간수하지 못해 고통에 몸부림치다가 이제야 겨우 내 인생의 주인이 되어보려고 보리심을 일으켰는데, 그런 사람에게 부처님은 '베푸는 마음을 내

라. 주는 마음을 내라. 그러면 완전한 행복, 완전한 자유에 이를 수 있다'라고 말씀하십니다. 아니, 여기에서 더 나아가 나와 같은 사람뿐 아니라, 난생·태생·습생·화생·유색·무색·유상·무상·비유상비무상의 모든 중생을 다 제도하라고 하십니다.

불교에서는 일체중생을 태어나는 방식에 따라, 육신의 존재 여부에 따라, 또는 생각의 유무에 따라 구분지어 분류합니다. 태어나는 방식으로는, 알에서 깨어나는 난생卵生, 부모의 태에서 비롯되는 태생胎生, 습기로부터 나오는 습생濕生, 부모의 몸체에서 분열되어 번식하는 화생化生, 이렇게 네 가지로 분류합니다. 또 육신의 존재 여부를 기준으로 유색有色과 무색無色으로 나눕니다. 가령 지옥 중생의 경우는 육신은 없고 정신작용만 존재하는 무색에 해당하는 존재입니다. 또 정신작용을 기준으로 유상有想과 무상無想, 비유상비무상非有想非無想의 세 가지로 구분합니다.

이렇게 내 문제도 해결 못 해 절절 매는 사람에게 이 모든 종류의 중생을 다 제도해 열반에 들게 하라니, 도무지 이해가 안 가는 말씀입니다. 아니, 과연 우리 같은 중생이 그럴 힘이 있기나 한 건지 믿기지 않는 말씀이기도 합니다.

## 술이 보약

결혼한 이래로 허구한 날 술에 취해 주정하는 남편 때문에 가슴앓이를 해온 부인이 있었습니다. 그 부인은 20년 동안 '제발 우리 남편 술 끊게 해달라'고 지성으로 기도를 드렸고, 이제는 술만 봐도 독약으로 보일 지경이라고 했습니다. 그렇게 술 마시는 남편 때문에 괴로워하는 부인에게 제가 말했습니다.

"보살님, 오늘부터 매일 아침에 108배를 하면서 '부처님, 우리 남편에게는 술이 보약입니다' 이렇게 기도하세요. 그리고 남편에게는 술이 보약이니 지금부터 술을 잘 챙겨 먹여야 합니까, 안 먹여도 됩니까?"

"잘 챙겨 먹여야 합니다."

"그러니까 오늘부터 하루도 빠짐없이 남편에게 술상을 잘 차려주세요."

그래서 이 부인은 그날 이후로 제 말대로 술상을 차려내기 시작했는데, 막상 술상을 받은 남편은 고맙다는 인사는커녕 '이 여자가 절에 가더니 미쳤나?' 하고 욕만 하더랍니다. 보통은 이렇게 한 사흘쯤 하다가 남편이 험한 말을 하면 '그래 내가 미쳤지, 내가 처음부터 저 인간은 안 될 줄 알았다' 하면서 그만둬 버립니다. 그래서 아침마다 108배 기도를 해야만 그런 고비를 이겨낼 수가 있습니다.

그 부인은 꼬박 한 달을 쉬지 않고 기도했습니다. 그렇게 하다 보니, 술은 무조건 나쁜 거다, 술을 먹으면 안 된다는 생각을 내려놓게 되었고, 남편이 술을 먹고 와도 별로 문제 삼지 않게 되었습니다. 아니 오히려 남편이 술을 많이 먹고 온 날은 술상을 차리지 않아도 되니까 좋다는 생각까지 들었습니다. 조금씩 자기 마음이 편해지는 겁니다. 남편이 술을 먹는 것은 예나 지금이나 마찬가지인데 내 마음은 편안해지고 가정의 불화가 없어졌습니다. 그런데 그렇게 두 달이 될 즈음 그 부인이 저를 찾아와서 신이 나서 말했습니다.

"스님, 기적이 일어났습니다. 남편이 드디어 술을 적게 먹기 시작했습니다."

그래서 제가 말했습니다.

"보살님, 요즘 수행 안 하시는군요."

"아닙니다, 스님. 수행을 더 많이 합니다. 요즘 제가 기분이 좋아서 매일 300배씩 합니다."

"아니, 요즘 수행 안 하시네."

"스님, 수행 잘한다고 칭찬은 못 해주실망정 왜 자꾸 나무라기만 하세요."

"그렇게 하는 건 수행이 아닙니다. 지금 기도 잘못하고 있어요."

그런 일이 있고 두세 달 지난 뒤 그 부인이 또 저를 찾아와 하소연을 했습니다. 남편이 다시 예전처럼 술을 많이 먹는다는 것이었습니다.

왜 그렇게 되었을까요? 남편이 술을 많이 먹는다고 괴로워하고 술을 적게 먹는다고 좋아한다는 것은 아직도 내 마음이 술 먹는 남편에게 꺼들리고 있다는 것입니다. 남편이 술을 적게 먹는 것을 보고 좋아하는 것은 아직도 내가 남편이 술을 마시지 말기를 원하고 있다는 것입니다. 그래서 내가 기도를 더 많이 하면 남편이 더 빨리 술을 끊을 것이라는 기대로 매일 300배씩 절을 했지만 막상 남편이 내가 원하는 만큼 바뀌지 않으니 짜증이 났겠지요. 그 짜증을 남편에게 풀어댔을 테니 남편은 스트레스 때문에 전보다 더 술을 마시게 되는 것입니다.

나의 괴로움이 남편이 술을 먹지 말아야 한다는 '자기 생각'에 집착한 것에서 비롯되었다는 사실을 아는 게 문제 해결의 핵심입니다. 남편이 술을 먹지 말아야 한다는 그 마음만 놓아버리면 남편이 술을 더 먹는다고 해서 실망할 것도 없고 덜 먹는다고 해서 좋아할 것도 없습니다. 처음 기도하면서 마음이 편안해졌던 것은 남편이 술을 덜 먹어서가 아니라 남편이 술을 마시면 안 된다는 내 생각을 내려놓았기 때문입니다.

흥부는 제비 다리를 치료해 줄 때 작은 생명이 소생하는 모습에 기쁨과 행복을 느꼈을 뿐, 제비가 물어다 준 박씨로 부자가 되는 행운을 기대하지 않았습니다. 그것이 복이고, 그런 복은 재앙으로 바뀌지 않습니다. 그러나 복에 집착하면 놀부처럼 성한 제비 다리를 부러뜨리는 어리석은 짓을 하게 됩니다. 제비의 보은으로 얻는 보물보다 제비의 아픔을 자기 것으로 어루만지는 마음 자체가 행복임을 알아야 합니다.

베푸는 마음 자체가 이미 기쁨임에도 불구하고 거기에 자꾸 다른 보상을 구하다 보면 좋은 일을 하면서도 행복은커녕 오히려 괴로움을 느끼게 됩니다. 보살은 남편에게 술상을 정성스럽게 차려주는 마음에서 행복을 찾습니다. 술상을 차려주는 대가로 남편이 술을 끊게 되는 기쁨을 얻으려 한다면 그것은 이미 보살의 마음이 아닙니다. 제비 다리를 부러뜨려 복을 구하는 놀부의 심보와 다를 바가 없습니다.

'술이 보약'이라는 말은 남편을 나한테 맞춰 바꾸려 하지 말고 남편 입장에서 그를 대하라는 뜻이었습니다. 그런 마음이 술상을 차려주는 일로 표현되는 것이고, 그렇게 상대의 입장에서 상대가 행복하고 기뻐할 수 있도록 하는 것이 일체중생을 제도하는 것입니다.

그리고 그렇게 기도한 공덕은 내 마음을 바꿈으로써 이미 다 받았습니다. '내가 남편을 구제했다'든가 '남편은 아직 구제되지 않았다'는 생각은 여전히 상대에게 내 삶을 얽어매 놓고 종속시키는 어리석은 생각입니다. 이런 어리석은 생각은 언제든 또 다른 괴로움을 불러옵니다.

## 아상·인상·중생상·수자상

이와 같이 한량이 없고 수가 없고 가없는 중생을 제도하되 실로 제도를 받은 자가 하나도 없다. 왜냐하면 수보리여! 만일 보살이 아상, 인상, 중생상, 수자상이 있다면 그는 보살이 아니기 때문이다.

如是滅度無量無數 無邊衆生 實無衆生 得滅度者 何以故 須菩提 若菩薩 有我相人相衆生相壽者相 卽非菩薩

상相이란 나다·너다, 깨끗하다·더럽다, 좋다·나쁘다 등등 마음에서 일으켜 모양 지은 관념을 말합니다. 생각으로 지었지만 마치 실재하는 것처럼 모양을 만들었기 때문입니다.

더러움과 깨끗함, 선과 악 등의 구별은 다 한 생각 일으켜 모양을 지은 것입니다. 흔히 뱀을 보고 징그럽다 하고 돼지를 보고 더럽다고 하지만 실제로 뱀이나 돼지가 그런 성질을 가진 건 아닙니다. 내가 한 생각을 일으켜 그런 식으로 고정관념을 만들어놓고 마치 그 존재가 정말 그런 것인 양 착각하는 것입니다.

그래서 '이와 같이 한량이 없고 수가 없고 가없는 중생을 제도'하더라도 '내가 중생을 제도했다'는 생각을 하면 이미 '나'라고 하는 상, '너'라고 하는 상, '제도하는 자가 있다'는 상, '제도를 받을 대상이 있다'는 상, '제도를 해야 한다'는 상을 만

들었다는 뜻입니다. 이런 상이 있는 한 보살이라고 말할 수 없습니다. 상이 허망한 줄 알고 상을 여읠 줄 알아야 보살입니다.

아상我相은 남과 구분된 나라는 존재를 고집하고, 모든 것을 내 중심으로 생각한 것을 말합니다. 그러므로 친구는 말할 것 없고 부부나 부모 자식조차 같은 것을 보고 들으면서 저마다 다른 생각을 합니다. 사람들은 누구나 다 자기를 중심으로 생각하고 판단하기 때문입니다.

이 아상[아我]으로부터 다시 두 가지 망상이 일어납니다. 내 것이라는 소유 의식[아소我所]과 내 생각이 옳다는 고집[아집我執]입니다. 내 것이라는 소유 의식은 탐욕을 불러일으키고, 내 생각이 옳다는 고집은 분노를 일으킵니다.

남편이 술을 마셔서 괴롭다던 부인은 술은 나쁜 것이라는 자기 견해를 고집하고 있습니다. 그런 부인에게 술이 보약이라고 생각을 바꾸라고 한 것은 내 생각이 옳다는 고집을 버리게 하기 위해서입니다. 내 고집을 버려야 상대를 바로 볼 수 있습니다.

아상에 빠진 사람은 수천수만의 그물코 가운데 오직 한 코만을 잘라 '이것이 그물이다'라고 외치는 것과 같습니다. 한 그물코만 가지고는 그물이 될 수 없듯이 아상에 빠져 있으면 실제의 이치를 알지 못하고 늘 실상과 동떨어진 세계관에 빠져 살게 됩니다.

이렇게 자아에 대한 개념을 아상이라 한다면 영혼에 대한 개념을 인상, 존재에 대한 개념을 중생상, 생명에 대한 개념을 수자상이라 말합니다. 다른 한편으로는 상의 범위를 구분 짓는 경계에 따라서 나와 너를 구별하는 아상, 인간과 비인간을 구별하는 인상, 생명과 무생명을 구별하는 중생상, 존재와 비존재를 구별하는 수자상으로 분류하기도 합니다. 그러나 그것을 무엇이라 부르든 다른 것과 구별되고 변하지 않는 어떤 존재를 상정한다면 그것은 모두 상이 됩니다. 실제 세계에는 다른 것과 구별되며 변하지 않는 그 어떤 존재도 실재하지 않습니다. 어떤 식으로 구별하든 그것은 다 생각이 만들어 낸 하나의 상일뿐입니다.

### 도가 머리털에 있느냐

옛날 한 스님이 도를 이루어 좋은 법문을 설하니 많은 사람이 그를 존경하고 따르게 되었습니다. 하지만 그 스님은 사람들이 자신을 큰스님으로 추앙하며 몰려들자 어느 날 아무도 몰래 대중 곁을 훌쩍 떠났습니다. 스님이 갑자기 사라져버리자 스님을 따르던 제자들이 전국 방방곡곡으로 스승을 찾아다녔지만 그 어디에서도 찾을 수가 없었습니다.

그렇게 오랜 시간이 흐른 어느 날, 제자 한 명이 배를 타고 강을 건너다 노를 젓고 있는 뱃사공이 바로 그렇게나 찾아 헤매던 스승임을 알아차렸습니다. 제자는 깜짝 놀라서 그 자리에 엎드려 절을 하고는 물었습니다.

"스승님 이게 웬일입니까? 아니, 머리는 왜 기르셨습니까?"

그러자 스승이 호통을 쳤습니다.

"이놈아, 도가 머리털에 있느냐!"

스승은 상에 집착하고 있는 제자를 깨우친 것입니다.

어떤 상이든 상을 가진 채로는 실상을 볼 수 없고, 실상을 보지 못하면 보살이 아닙니다.

예를 들면 어느 날 금강경을 읽고 모든 법이 공하여 실체가 없다는 것을 알고는 '아! 이게 진짜 불법이구나. 이런 좋은 법이 있었구나!' 하고 깨치게 되었다고 합시다. 문제는 그렇게 불법을 만나고도 또 다시 법이라는 상을 짓기가 십상이라는 겁니다.

'이것이 정법正法이라는 상에 빠지면 '절에 다니며 복이나 비는 건 불법이 아니다', '교회에 다니는 건 어리석은 일이다' 이렇게 분별심을 일으켜 이번에는 정법이라는 이름으로 참과 거짓으로 남과 다투게 됩니다. 심지어 무언가를 주장하거나 고집하는 사람을 만나면 '저 사람은 지금 상에 집착하고 있다. 부처님께서 상을 내려놓으라고 하셨는데 왜 상에 집착하는 거야?' 하며 상을 없애야 한다는 상에 빠져서 상대와 다투기도 합니다.

이러한 사람은 상을 여읜 게 아닙니다. 참으로 상을 여읜 사람이라면, 전에는 무속 신앙에 의지하는 사람을 이해하지 못했더라도 이젠 오히려 그렇게라도 해보고 싶은 그들의 답답한 심정을 이해하게 됩니다.

상을 여의었다는 건 그 어떤 상에서든 다 벗어났다는 말이고, 어떤 상도 여읜다는 것은 세상 만물을 있는 그대로 본다는 말입니다. 나와 다른 삶의 방식, 나와 다른 의견과 주장, 나와 다른 종교와 신앙, 나와 다른 사랑의 방식도 모두 있는 그대로 볼 수 있어야 상을 여읜 것입니다.

우리는 늘 이게 옳다, 저게 옳다를 구별하는 관점으로 세상을 보기 때문에 늘 시시비비에 끌려 다닙니다. 또 자꾸 경계를 지어서 스스로를 답답하게 묶어 놓습니다. 화단에 피어 있는 꽃들을 보세요. 형형색색으로 예쁘게 피어 다른 꽃들의 아름다움을 시비하거나 경쟁하지 않습니다.


## 그 보물은 본래 내 것이었다

'일체중생을 제도하겠다는 마음을 내라'는 말을 듣고 '도대체 내가 저 많은 중생을 어떻게 다 제도한단 말인가?'라는 생각이 든다면, 그것은 중생과 나를 분리하는 상을 갖고 있기 때문입니다. 그래서 부처님은 설령 한량없는 중생을 제도했다 하더라도 사실은 한 중생도 제도를 받은 바가 없다고 말씀하십니다. 왜냐하면 내가 중생을 제도한다는 것은 이미 나와 너를 구분 짓고, 구제하는 자와 구제받는 자를 구분 짓는 것이므로 상을 여읜 보살이 아니라는 것입니다.

나와 너를 경계 짓는 마음만 사라진다면 세계는 있는 그대로 하나입니다. 본래 경계가 없는 법을 알아야 합니다. '저 많은 중생을 어찌 다 제도할까?' 하는 그 마음이 바로 번뇌고 아상·인상·중생상·수자상인 사상四相입니다. 깨달음과 깨닫지 못함을 구분하지 않고, 제도한 것과 제도하지 않은 것을 구분하지 않으면 제도를 받은 중생은 본래부터 없습니다.

옛날에 큰 나라를 다스리는 왕이 있었습니다. 그가 다스리는 나라는 비옥한 농토에 오곡이 풍성하고 왕궁은 호화롭기가 그지없었습니다. 왕은 이 모든 것이 자신의 공덕임을 자랑했고, 온 백성이 그의 덕을 칭송했습니다.

왕에게는 눈에 넣어도 아프지 않을 만큼 사랑하는 공주가 하나 있었습니다. 어느 날 왕은 공주에게 다정한 목소리로 물었습니다.

"공주야, 만백성이 나를 칭송하고 너 또한 이 나라의 공주로서 행복하게 살고 있다. 그게 다 누구의 덕분이겠느냐?"

왕은 공주가 '다 아버님 덕분이에요'라고 대답하리라 믿었지요. 그런데 공주의 답변은 달랐습니다.

"아버님, 저는 제가 타고난 덕으로 행복하게 살고 있습니다."

그러자 왕은 크게 화를 내며 공주에게 소리쳤습니다.

"좋다. 정히 네 덕으로 행복하게 사는 거라면 당장 왕궁에서 나가 네 덕으로 한번 실컷 살아봐라."

왕은 공주를 성 밖으로 내쫓고는 가장 가난한 한 거지에게 딸을 맡겨버렸습니다.

"이 여자가 오늘부터 네 아내다. 이젠 더 이상 공주가 아니니 만일 헤어지거나 하면 네 목숨도 없음을 명심하라."

거지는 갑작스런 상황에 몹시 놀라 공주에게 제발 왕궁으로 돌아가라고 애원했습니다. 하지만 공주는 자기도 이제 거지일 뿐이니 여기서 함께 살겠노라고 단호히 말했습니다.

그렇게 거지와 부부가 된 공주는 어느 날 남편에게 고향이 어디냐고 물었습니다. 거지는 아주 어릴 때 고향을 떠나왔으므로 기억이 잘 나지 않는다고 했습니다. 공주는 거지와 함께 기억을 더듬어 마침내 고향을 찾았지만, 어렵게 찾은 고향 집은 이미 잡초만 무성한 폐허가 되어 있었습니다.

공주는 마을을 찾아다니며 그 집터에 누가 살았고 어쩌다 그렇게 폐가가 되었는지를 물었습니다. 마을 사람들은 그 집이 아주 큰 부자였는데 오래전에 도적단의 습격으로 온 가족이 몰살되고 집까지 불타버렸다고 했습니다. 그리고 그 집에 나이 어린

아들이 하나 있었는데 그 아들만 간신히 살아남아 어딘가로 피신한 뒤로 소식이 끊겼다고 했습니다.

공주는 집터를 이리저리 둘러보다가 한 곳을 가리키며 남편에게 그곳을 파보라고 했습니다. 공주가 가리킨 그곳에는 무수한 보물이 묻혀 있었습니다. 거지의 부모들이 죽음을 무릅쓰고 지킨 보물이었습니다. 보물을 찾은 두 사람은 그 터에 다시 호화로운 집을 짓고 행복하게 살았습니다.

한편 공주를 쫓아낸 왕은 이제나저제나 공주가 돌아와 용서를 구할 날을 기다렸지만 몇 년이 지나도 공주는 종무소식이었습니다. 왕은 기다리다 못해 신하에게 공주가 어찌 지내는지 알아보라고 했습니다. 그런데 신하가 전하는 말이 공주와 거지는 큰 부자가 되어 잘살고 있다는 게 아니겠습니까. 왕은 도저히 믿을 수 없어 공주가 사는 곳으로 달려가 보았습니다. 그랬더니 정말 공주는 부귀영화를 누리며 잘살고 있었습니다. 왕은 그제야 자신의 오만을 뉘우쳤습니다.

이 이야기에 등장하는 거지는 중생을 비유합니다. 거지가 잊고 살았던 고향집은 불세계佛世界를 말합니다. 거지가 무너진 집터 잡초더미에 파묻혀 있는 보물을 기억하지 못했듯이 우리도 자신의 불성을 보지 못한 채 살아갑니다. 나는 본래부터 거지였다고 믿으면서 말입니다. 거지가 만난 공주는 우리를 불세계로 인도하는 눈 밝은 스승, 부처님이나 보살입니다. 거지는 불보살의 인도로 본래의 고향인 불세계를 찾아 자신의 보물을 발견한 것입니다.

우리도 마찬가지입니다. 일상의 만족에 빠져 본래의 자기 모습을 찾으려고 하지 않습니다. 그러나 우리 마음 깊은 곳에는 본래의 고향, 부처의 세계를 그리워하는 간절함이 있습니다. 내 마음속에 숨어 있는 간절한 그리움을 깨닫고 이제 고향을 찾아 나서겠다는 원력願力을 가져야 합니다.

공주와 거지가 부부라는 설정은 부처와 중생이 둘이 아닌 한 몸임을 상징합니다. 너와 내가 한 몸임을 아는 보살은 내가 너에게 보물을 찾아주었다는 식의 분별을 갖지 않습니다. 또한 공주가 아무리 정성껏 거지를 도왔어도 보물의 본래 주인이 거지인 것처럼, 보살이 아무리 중생을 제도하기 위해 애썼더라도 깨달음은 중생 스스로의 것입니다. 보살은 다만 중생이 보물을 되찾을 때, 마치 자신이 보물을 찾은 듯이 함께 기뻐할 뿐입니다.

## 4  妙行無住分
## 걸림 없이 베푸는 삶

다만 내가 없음을 관觀하라.
내가 없음을 보게 되면 곧 사람이 없는 것이요,
사람과 나, 둘을 함께 잊으면 곧
자심自心이 적멸寂滅할 것이요,
자심이 적멸한 즉

일체중생이 모두 적멸하리니,
중생이 이제 고요하면
부처도 반드시 구할 것이 없도다.

## 제사 묘행무주분
## 第四 妙行無住分

復次須菩提 菩薩 於法 應無所住行於布施 所謂不住色布施
부차수보리 보살 어법 응무소주행어보시 소위부주색보시

不住聲香味觸法布施 須菩提 菩薩 應如是布施 不住於相
부주성향미촉법보시 수보리 보살 응여시보시 부주어상

何以故 若菩薩 不住相布施 其福德 不可思量 須菩提 於
하이고 약보살 부주상보시 기복덕 불가사량 수보리 어

意云何 東方虛空 可思量不 不也 世尊 須菩提 南西北方四
의운하 동방허공 가사량부 불야 세존 수보리 남서북방사

維上下虛空 可思量不 不也 世尊 須菩提 菩薩 無住相布施
유상하허공 가사량부 불야 세존 수보리 보살 무주상보시

福德 亦復如是 不可思量 須菩提 菩薩 但應如所敎住
복덕 역부여시 불가사량 수보리 보살 단응어소교주

"또한 수보리여! 보살은 법에 머문 바 없이 보시를 행할지니, 이른바 색에 머물지 않고 보시하며 소리와 향기와 맛과 감촉과 법에 머물러 보시하지 않느니라. 수보리여! 보살은 마땅히 이렇게 보시하되 상에 머물지 않는다. 왜냐하면 만일 보살이 상에 머물지 않고 보시하면 그 복덕이 헤아릴 수 없기 때문이다. 수보리여! 그대는 어떻게 생각하느냐? 동쪽 허공을 가히 생각하여 헤아릴 수 있겠느냐?"

"없습니다, 세존이시여!"

"수보리여! 남서북방 사유상하 허공을 가히 생각하여 헤아릴 수 있겠느냐?"

"없습니다, 세존이시여!"

"수보리여! 보살이 상에 머물지 않고 보시하는 복덕 또한 이와 같아서 가히 생각하여 헤아릴 수 없다. 수보리여! 보살은 응당히 가르친 바와 같이 머물지니라."

## 원래 당신 것이니 도로 가져가시오

제3분에서 부처님은 보살이라면 모든 중생을 제도하려는 마음을 내야 하지만 한없는 중생을 제도했더라도 한 중생조차 제도한 바가 없다고 말씀하셨습니다. 그 가르침을 들은 수보리의 마음속에 한 가지 의심이 일어났습니다.

'보살이 무량한 희생과 봉사를 하였으나 한 중생도 제도된 바가 없으며 애초에 제도받을 중생이 존재하지도 않는다면, 과연 베푸는 이는 누구고 베풂을 받는 이는 누구란 말인가? 그렇다면 애써 남을 도울 필요도 없고, 보시를 할 필요도 없지 않은가?'

금강경은 행간에 숨어 있는 수보리의 이런 의심을 읽어낼 수 있어야 바르게 이해할 수 있습니다. 부처님은 늘 수보리의 마음속 질문을 알아채고 답을 하시기 때문입니다. 이번에도 부처님은 수보리의 의문에 가르침을 주십니다.

'눈에 보이고 귀에 들리고 코로 냄새 맡아지고 혀에 맛이 느껴지고 손으로 만져지는 것들에 집착해서 보시하지 마라.'

스승의 벼락같은 깨우침에 수보리는 비로소 자신이 또 상에 집착했음을 깨닫습니다. 제4분은 이렇게 시작됩니다.

"또한 수보리여! 보살은 법에 머문 바 없이 보시를 행할지니,

이른바 색에 머물지 않고 보시하며 소리와 향기와 맛과 감촉과 법에 머물러 보시하지 않느니라. 수보리여! 보살은 마땅히 이렇게 보시하되 상에 머물지 않는다."

復次須菩提 菩薩 於法 應無所住行於布施 所謂不住色布施 不住聲香味觸法布施 須菩提 菩薩 應如是布施 不住於相

보시布施는 자비심으로 남에게 아무 조건 없이 재물이나 불법을 베푸는 걸 말합니다. 보살이 열반에 이르기 위해서는 여섯 가지 덕목을 실천해야 하는데, 이를 육바라밀六波羅蜜이라고 합니다. 바라밀이란 태어나고 죽는 현실의 괴로움에서 번뇌와 고통이 없는 경지인 피안으로 건넌다는 뜻으로, 열반에 이르고자 하는 보살 수행을 말합니다. 육바라밀은 보시바라밀, 인욕忍辱바라밀, 지계持戒바라밀, 정진精進바라밀, 선정禪定바라밀, 지혜智慧바라밀을 이릅니다.

그런데 금강경의 이 구절은 자칫 잘못하면 마음에 머무르는 보시라면 행하지도 말라든지, 상에 머물 바에야 아예 보시하지 말라는 식으로 오해하기 쉽습니다. 부처님이 강조하는 바는 '보시를 행하되 집착 없이, 머문 바 없이 하라'는 것입니다. 이것은 이미 보시할 마음을 낸 자가 좀 더 전진할 수 있게 하는 가르침입니다. 경계에 끌리지 않고 상을 버릴 때만이 아무 바라는 바 없는 보시, 그래서 온전히 기쁨과 행복만을 가져다주는 보시를 할 수 있습니다.

부모가 자식을 사랑하는 모습을 보면 이런 이치가 잘 드러납니다. 아무 바라는 마음 없이 자식을 낳고 키우며 사랑을 베풀었다면 그 어떤 상황에서도 '내가 너를 어떻게 키웠는데 나한테 이럴 수가 있느냐!' 하는 마음이 일어나지 않습니다. 하지만 현실의 모습은 대부분 그렇지 못합니다. 자식에게 실망하고 원망하며 괴로워하는 부모가 대부분입니다. 부부도 마찬가지입니다. 자신은 상대를 위해 끊임없이 베푸는데 도무지 아무 보람이 없다고 불평하는 부부가 많습니다.

상대에게 기대를 많이 하면 할수록 상대가 움직이는 방향에 따라 내 마음이 춤출 수밖에 없습니다. 사람 사이의 갈등은 이해관계와 그로 말미암은 기대감 때문에 생깁니다.

사람들은 늘 손익을 계산하며 삽니다. 이것은 비단 물질적인 것만을 얘기하는 게 아닙니다. 가까운 사람과의 갈등은 손익 계산이 오히려 물질적인 데 있지 않은 경우가 더 많습니다. 어떤 형태로든 상대에게 큰 기대감을 걸어놓고 그것 때문에 울고 웃습니다.

상대에게 베푸는 것으로 내 할 일은 모두 끝났다는 마음, 베풀었다는 생각마저 없이 행하는 보시는 내가 행복해지는 길이며 번뇌를 소멸하는 길입니다. 그런데 사람들은 늘 자기는 실컷 고생만 했지 그에 비해 얻는 것은 변변찮다고 억울해합니다. 왜 그럴까요? 이는 수고한 만큼, 아니 그 이상의 대가를 받고자 하는 기대감 때문입니다. 이런저런 기대를 가지고 베푸니 복이 와도 만족스럽지 않고, 자기가 기대했던 만큼 충족되지 않으니 공든 탑이 무너지는 듯한 절망에 빠지는 것입니다.

흥부는 제비 다리 하나 고쳐주고 큰 복을 받은 사람입니다. 얼핏 보면 노력은 적게 하고 큰 소득을 얻은 것처럼 보입니다. 그러나 이 이야기의 본질은 그게 아닙니다. 비록 작은 행위일지라도 바라는 마음 없이 베푸는 것이야말로 참으로 소중하다는 것을 일깨워주는 이야기입니다.

물론 현실에서는 보시의 결과가 현상적인 복으로 오지 않는 경우가 많습니다. 그러나 기대하는 마음이 없다면 대가가 어떻든 서운해 하거나 억울해 할 일이 없습니다. 속상할 일이 없으니 그것이야말로 가장 큰 복이 아니겠습니까.

기대하는 마음 없이 베풀면 금강석처럼 변하지 않는 큰 복이옵니다. 이것이 상에 머무르지 않는 무주상보시無住相布施의 원리입니다. 사람들은 빚을 갚을 때 돈을 빌려주었던 사람에게 그동안 고마웠다고 감사 인사를 합니다. 바로 이것입니다. 이렇게 빚을 갚는 사람과 같은 자세가 바로 무주상보시의 마음입니다. 마치 빚 갚는 마음으로 '원래 당신 것이니 도로 가져가시오' 하는 마음으로 베풀 때, 양보했다는 상을 버리고 양보할 때, 비로소 상대도 행복하고 나도 행복해집니다.

상을 버린 보시는 베풂을 받는 상대가 아니라 베풂을 행하는 나에게 기쁨과 행복을 선물합니다. 내 기쁨을 위해 베풀고 있음을 자각하고, 내 베풂을 받아주는 사람에게 감사한 마음으로 보시해야 합니다.

### 흔들리지 않는 행복

조계종 종정을 지낸 서암西庵 큰스님이 젊은 날 수행할 때의 이야기입니다.

어느 날 스님이 거지 움막에 들어가 발우를 내놓고 목탁을 치니 움막에 있던 이들이 쭈뼛대며 난감해 했습니다. 아무리 남에게 얻어먹고 사는 거지라도 수행승이 와서 탁발을 하니 무엇이든 내주고 싶기는 한데, 막상 시주하기에 마땅한 음식이 없었기 때문입니다.

"우리는 아무것도 줄 게 없어요."

"지금 먹고 있는 밥을 좀 주시면 됩니다."

"아니, 이걸 드실 수 있겠어요?"

"예."

"그럼 드리지요."

스님이 음식을 받아먹으니 그 자리에 있던 사람들이 그렇게 좋아할 수가 없더랍니다. 그들은 동냥 음식을 거리낌 없이 받아먹는 스님이 고마워서 밥을 내주면서도 조금도 아까운 줄을 몰랐습니다. 오히려 자기들에게 무언가를 베풀 수 있게 해준 스님이 고마웠습니다. 나누는 기쁨은 이런 것입니다.

남에게 도움 받는 일을 기뻐하는 사람은 행복할 수 없습니다. 내가 형편이 어려운 걸 알고 친구가 매달 100만 원씩 도와준다면 과연 내 마음은 그저 좋기만 할까요? 돈을 받으려고 친구를 만날 때마다 내 기분이 어떨까요? 그 친구 앞에서는 왠지 주눅이 들어 당당하지 못하고, 친구 기분이 상하지 않도록 조심하기 마련입니다. 그의 부탁이라면 그것이 내 능력에 부치거나 올바르지 못한 일이어도 거절하기가 어렵습니다. 남의 도움을 받는 사람은 그만큼 종속된 삶을 살게 됩니다. 그래서 시간이 흘러 살 만해지면 어려운 시절에 도움을 받았던 사람을 만나기 싫어하는 경우가 많습니다.

또 남에게 도움을 받으려면, 그들이 보기에 내 모습이 불쌍해야 합니다. 그러니 도움 받는 것을 기쁨으로 삼는 사람은 자기 존재를 불쌍하게 만드는 사람입니다. 이것은 물질적 보시에만 적용되는 얘기가 아닙니다.

베푸는 마음을 내는 것이 행복으로 가는 길입니다. 행복해지고 싶으면 사랑받으려 하지 말고 사랑하는 사람이 되십시오. 이해받으려 하지 말고 이해하는 사람이 되십시오. 도움 받으려 하지 말고 도움 주는 사람이 되십시오. 보살핌 받으려 하지 말고 보살펴주는 사람이 되십시오. 그것이 흔들리지 않는 행복으로 나아가는 길입니다.


### 저놈의 자식, 남이다

"왜냐하면 만일 보살이 상에 머물지 않고 보시하면 그 복덕이 헤아릴 수 없기 때문이다. 수보리여! 그대는 어떻게 생각하느냐? 동쪽 허공을 가히 생각하여 헤아릴 수 있겠느냐?"
"없습니다, 세존이시여!"
"수보리여! 남서북방 사유상하 허공을 가히 생각하여 헤아릴 수 있겠느냐?"
"없습니다, 세존이시여!"
"수보리여! 보살이 상에 머물지 않고 보시하는 복덕 또한 이와 같아서 가히 생각하여 헤아릴 수 없다. 수보리여! 보살은 응당히 가르친 바와 같이 머물지니라."

何以故 若菩薩 不住相布施 其福德 不可思量 須菩提 於意云何 東方虛空 可思量不 不也 世尊 須菩提 南西北方四維上下虛空 可思量不 不也 世尊 須菩提 菩薩 無住相布施福德 亦復如是 不可思量 須菩提 菩薩 但應如所教住

상에 집착한 보시로 구하는 복은 유루복有漏福에 불과합니다. 유루복은 저축한 돈과 같아서 다 쓰고 나면 사라지는 복입니다. 그러나 상에 집착하지 않고 베풀어 얻는 복은 영원히 사라지지 않는 무루복無漏福입니다.

부모가 되어 자식을 키울 때 키우는 재미를 마음껏 누렸다면, 즉 '내가 아이를 위해 희생했다' '아이에게 사랑을 베풀었다'는 생각을 하지 않는다면 이것이 상에 머물지 않는 보시며 무루복을 얻는 길입니다. 그렇게 아무 바라는 바가 없으면 장성한 자식이 효도를 하지 않아도 조금도 서운하지 않을 것입니다. 자식을 키우는 동안 부모로서 이미 한없는 기쁨을 누렸기에, 이제는 그 자식이 독립해 자기 식솔을 잘 건사하는 것만으로도 부모는 충분히 행복합니다. 더구나 자식이 부모에게 효도를 한다면 진심으로 고마워하게 될 것입니다.

무주상보시는 자신이 베풀었다는 상이 남지 않습니다. 만약 내가 베푼 보시에 대한 보답이 생기면 그것으로 다시 새로운 보살행을 하면 되고, 또 아무런 보답이 없어도 상처나 아쉬움 없이 그것으로 그만입니다.

오래전의 일입니다. 미국 뉴욕의 원각사란 절에 기도 보살로 소문난 할머니 한 분이 있었습니다. 할머니는 매일 아침 9시면 절에 나와 금강경을 열 번 읽고 점심 공양이 끝나면 절을 천 배 했습니다. 집안도 넉넉했고 큰아들은 의사고 작은아들은 교수라서 미국에서도 중류층 이상에 속했습니다.

그런데 어느 날 점심 공양을 끝내고 할머니가 살아오신 사연을 듣게 되었습니다. 열여덟 살에 결혼해서 큰아이를 낳고 작은아이를 가졌을 즈음에 6·25전쟁이 터졌습니다. 남편은 군에 입대했고, 몇 달이 되지 않아 전사했다는 소식을 들었습니다. 어떻게 살아야 할지 앞이 캄캄했지요. 전쟁 통에 남편은 죽고 배부른 몸으로 어린아이를 들쳐 업고 피난하는 심정을 누가 상상이나 할 수 있겠습니까.

그때 불현듯 처녀 시절에 친정어머니를 따라 다녀보았던 절이 생각나서 무조건 부처님께 의지하고 매달려야겠다는 마음이 들었습니다. 그리고 죽기 살기로 손에 잡히는 일감이면 무엇이든 놓치지 않고 해냈습니다. 시장바닥을 헤매면서 억척스럽게 살다보니 어느덧 세월이 흘러 큰 가게를 가지게 되었고 아이들도 잘 자랐습니다.

두 아들은 공부를 잘해 국비장학생으로 미국 유학을 떠났습니다. 미국으로 건너간 두 아들은 거기서 결혼하고 기반을 잡게 되자 어머니를 모셔가려 했습니다. 할머니도 이젠 허리 펴고 살아보자는 마음이 들어 가게와 집을 정리하고 비행기를 탔습니다.

그런데 막상 미국 땅에 와보니 내가 사람이 아니라 나무토막같이 여겨졌습니다. 말도 통하지 않고 길도 모르고 사람 사는 풍속까지 하나같이 눈에 거슬려서 답답하고 견디기가 어려웠습니다. 마음 통하는 사람도 없고, 자식들이 출근하고 나면 텅 빈 집안에 혼자 남아 있으면 감옥이 따로 없었습니다. 그렇게 집에만 갇혀 지내다 보니 자연히 인생의 허망함을 곱씹게 되었습니다. 미국에 가기만 하면 행복이 쏟아지리라 믿었는데 행복은커녕 괴로움만 늘어났습니다.

그런 날들이 이어지다 보니 자연히 미국에 온 것이 후회가 되고 아들들에게 서운한 마음이 생기고 그 서운함은 점점 미움과 원망으로 발전했습니다. 하지만 자식들은 어머니의 역정을 괜한 것이라고만 여겼습니다. 어머니의 평생소원이 허리 펴고 쉬는 것이었고 이제 아무 걱정 없이 마음껏 쉴 수 있는데 왜 자꾸 이러시는 걸까, 이제 마음 편히 살 수 있는데 뭐가 불만이신 걸까 싶었습니다.

할머니는 급기야 자식들 얼굴만 봐도 '저놈들이 어떻게 나에게 이럴 수가!' 하는 분노가 치밀어 올랐습니다. 마음을 달래려 아무리 염불을 해도 날이 갈수록 끓어오르는 화를 참을 수가 없었습니다. 그대로는 도저히 못살겠다는 생각이 들었습니다.

할머니는 아들들에게 한국을 떠나올 때 가져왔던 돈을 돌려달라고 했습니다. 한국으로 돌아가 다시 장사를 하면서 살겠노라고 말이지요. 아들들은 일가친척 하나 없는 그곳에 가서 왜 고생을 하느냐고 펄쩍 뛰었습니다. 할머니는 자식들이 돈을 주지 않자 내 집 팔아 마련한 내 돈을 자식들이 돌려주지 않으려

한다는 생각에 더욱 화가 났습니다. 자식들 입장에서는 연로한 어머니가 노망드신 게 아닐까 근심하는 지경에 이르렀고, 할머니는 누구라도 좋으니 자기를 한국에 데려가 주기만을 바랐습니다. 그러면서 할머니는 이렇게 절에 나와 하루 종일 기도를 하는 것으로 지금껏 하루하루를 버텨왔다며 제 손을 붙들고 한국에 좀 데려다 달라며 우는 것이었습니다.

할머니의 이야기를 다 듣고 난 뒤 제가 말했습니다.

"보살님, 자업자득이란 말 아시죠? 지금 보살님이 바로 그렇습니다."

위로는커녕 지옥과 같은 지금 상황을 자업자득이라고 하니 할머니는 '내가 무엇을 잘못했다고 자업자득이라고 하느냐'며 대성통곡을 했습니다. 저는 울음이 그치기를 기다려 다시 말했습니다.

"제 말을 섭섭하게만 여기지 마세요. 금강경을 그렇게 오래 독경하셨으니 무주상보시가 뭔지 아시지요?"

"주고도 주었다는 사실을 잊어버리는 거지."

사실 이 할머니뿐 아니라 많은 불자들이 무주상보시를 그렇게 생각합니다. 하지만 무주상보시는 보시했다는 기억을 하고 안 하고의 문제가 아닙니다. 보시의 대가를 기대하지 않는 것을 말합니다. 빚을 갚는 사람의 마음처럼, 본래 내 것이 아님을 알아서 돌려주는 마음으로 베푸는 것이 무주상보시입니다. 기대 심리가 없는 보시가 무주상보시입니다. 이러한 무주상보시의 의미를 새기지 못하고 금강경을 읽으면 입으로 외우는 것뿐입니다. 나의 보시를 받아주어 고맙다고 상대에게 고개 숙여 감사하는 것이 무주상보시입니다.

보시를 할 때 이름을 밝히지 않는다고 해도 그 보시에 내 것이라는 마음이 있다면 마치 몸에 그림자가 따르듯 보상심리가 스며들게 됩니다.

그런 마음의 보시라면 만약 누군가에게 열 번이나 보시를 했는데도 그가 아무런 감사 인사도 하지 않으면 섭섭한 마음이 일어날 것입니다. 보시할 때에는 받아주기만 해도 고맙다고 생각하면서도 사람 마음이란 그렇지 않습니다.

현실의 인간관계를 들여다보면 치밀한 계산명세서를 주고받는 거래라는 생각이 들 때가 많습니다. 사랑이란 이름 아래 주고받으며 끊임없이 손익계산을 하며 살아가지요. 상대적으로 그러한 계산이 적은 것이 부모자식 간의 관계지만 부모자식 간도 본질에서 보면 마찬가지입니다. 이렇게 내면에선 끊임없이 계산하며 살기 때문에 번뇌와 고통의 근본 뿌리조차 보지 못하고 괴로워하며 살아가지요.

이렇다보니 자식을 낳아 기르는 것 역시 일종의 투자로 변질해 버립니다. 마치 부동산을 사두는 마음으로 장기적인 안목에서 어떤 보상을 기대합니다. 요즘에는 과거처럼 노후를 의탁하려는 기대 심리를 갖는 부모가 그다지 없지만 그래도 자식에 대한 기대는 여전합니다. 그렇기 때문에 조금만 내 기대에 못미치면 '내가 너를 키우느라 얼마나 고생했는데' 라는 말이 불쑥불쑥 튀어 나오는 것이지요.

"보살님이 정말 무주상보시를 했다면 자식에게 아무런 서운함이 없어야 합니다. 아들에게 서운하다는 건 보상을 바라고 했다는 것이지요. 그렇다면 그것은 투자와 같습니다. 결국 보살님이 투자를 잘못한 셈이니까 지금 상황은 모두 보살님 책임이에요. 누구도 원망할 필요가 없습니다."

할머니는 대가를 바라고 자식을 키우지는 않았다고 항변했습니다. 물론 겉보기에는 그랬을 것입니다. 자식 키우는 즐거움에 묻혀 그런 마음의 뿌리가 드러나지 않았을 테니까요. 그러나 이런 상황이 되면 마음 깊은 곳에 감춰져 있던 집착의 뿌리가 드러납니다. 참으로 무주상보시를 했다면 어떠한 경우에도 미운 마음이 일어나지 않습니다.

그러자 할머니는 다시 말했습니다.

"나는 기대하지 않고 키웠다 쳐도 자식은 자식으로서 자기 할 도리가 있지 않소? 그런데 이놈들이 자기 도리를 하지 않는데 그건 괜찮소?"

저는 이쯤에서 단호한 어조로 말했습니다.

"보살님은 앞으로 절에 다니지 마십시오. 예전에 부처님을 부를 때에는 남이야 어떻게 되든 내 아들만 잘되게 해달라고 빌더니, 요새는 거꾸로 아들한테 벌을 내려달라고 기도하는 것 아닙니까. 왜 부처님 이름을 부르며 이랬다저랬다 하세요. 오늘부터 보살님은 불자라고 하지도 말고 부처님도 부르지 마세요. 자식을 원망한다는 건 내 계산으로 자식을 보살펴왔다는 겁니다. 영 자식이 미우면 차라리 '저놈의 자식, 남이다'라고 생각하세요. 왜냐하면 나랑 아무 상관도 없는 남은 우리가 원망하고 미워하지는 않잖아요."

보살의 사랑은 자신의 욕심을 기준으로 좌우되는 것이 아닙니다. 언제나 한결같고, 상대가 내게 어떻게 하느냐가 아무 문제가 되지 않습니다. 그러니 베풂에 있어 눈치를 볼 일도 없습니다. 사랑하는 것만으로, 주는 것만으로 보살은 이미 충분한 기쁨을 누리고 행복합니다.

그런데 그처럼 사랑하기 어렵다면 차라리 자식을 남이라고 생각하라는 것이지요. 매일 관세음보살을 부르는 대신에 '저놈의 자식, 남이다'를 화두 삼아 마음을 다짐해 보는 쪽이 내 마음을 편히 다스리는 길이 될 수 있습니다.

그런데 그날 이후로 할머니가 절에 나타나지 않았습니다. 그렇게 한 달쯤 지난 어느 날, 기도 보살 할머니가 법당에 다시 나타났습니다.

"아니, 보살님 왜 이리 오랜만에 오셨어요? 그동안 부처님 못

뵙고 어찌 사셨어요?"

할머니 얼굴엔 미소가 가득 피어 있었습니다.

"뭐, 부처님이 법당에만 계시나?"

"한 달 못 본 사이에 도 튼 말씀을 하시네요."

"그래요, 나 그새 도가 트였다오."

할머니는 이전과는 전혀 다른 모습이었습니다. 저와 얘기하고 돌아간 그날 저녁은 가슴이 터질 것만 같았다고 합니다. 분함과 억울함으로 미칠 것만 같았다고 합니다. 불자도 아니라는 소리까지 들었으니 야속함이 이루 말할 수가 없었습니다. '길 가는 사람한테 물어봐라, 내가 뭘 잘못했나!' 하는 생각이 솟구쳐 올라 분을 삭일 수가 없었습니다.

그렇게 온갖 번뇌로 밤을 새니 다음 날 아침에는 몸이 아파 절에 나올 수가 없었습니다. 그런데 하루를 빠지고 나니 웬일인지 정말로 절에 나가는 게 부끄럽게 느껴졌다고 합니다. 그나마 탈출구였던 절마저도 갈 수 없게 되자 하루하루가 지옥이었답니다.

날이 갈수록 분노는 더 커져만 갔고, 이대로 살다가는 정말 죽을 것만 같아서 할머니는 저도 모르게 '저놈의 자식, 남이다!' 하는 말을 염불처럼 중얼거리게 되었습니다. 속이 타서 죽을 것 같은 심정이 되자 지푸라기라도 잡듯 관세음보살 대신 '저놈의 자식 남이다!'를 염불로 삼게 되었습니다.

그러던 그날도 퇴근하고 집으로 들어서는 아들을 보는 순간

혈압이 치솟아 자기도 모르게 눈을 꼭 감고 '저놈의 자식 남이다, 남이다'를 되뇌었다고 합니다. 그리고 잠시 후 눈을 떴을 때, 눈앞에 정말 생전 처음 보는 낯선 사람이 서 있더랍니다.

그 순간 눈물이 솟구쳤습니다. 그토록 집착하던 아들이 완전히 남으로 보이기 시작하자 원망과 미움이 씻은 듯이 사라졌습니다. 그러자 나를 먹여주고 입혀주며 용돈까지 주는 사람에게 고마운 마음이 밀려왔습니다. 세상 어느 누가 길 가는 낯선 이에게 이토록 고맙게 해줄 수 있을까 싶었습니다.

아들이 남으로 다가온 순간, 집착이 사라지고 그 자리에 '고맙습니다' 하는 마음이 자리 잡았습니다. 그때부터 할머니는 다른 사람이 되었습니다. 남의 집에서 신세지는 사람처럼 설거지에 청소까지 도맡았으며, 자식들이 얘기를 나눌 때에는 방해가 되지 않게 슬며시 자리를 피해주기도 했습니다.

한 달 만에 절에 나온 할머니는 그날부터 공양간 일을 도맡아 했습니다. 젊은 시절 소원이 자식들 다 크고 나면 절에서 공양주를 하는 것이었다고 하니 자식 덕분에 이제야 소원을 이룬 셈입니다. 마음의 벽을 무너뜨리고 나니 밉기만 하던 자식이 가장 고마운 존재가 되었고, 잊고 있던 소원도 이루어졌습니다. 할머니는 이제 누가 봐도 진정한 보살, 참으로 걸림 없는 이가 되었습니다.

깜깜하던 보살님의 업장이 녹아내린 것은 오직 이분의 간절한 염불 탓이었습니다. 견디기 어려운 극한 처지에서 새로운 삶의 문이 열린 것이지요. 이렇게 되면 누구에게라도 절로 고개가 숙여지고 모든 일이 고마울 따름입니다. 이러한 마음과 행동으로 상대에게 도움을 주면 누구나 그 사람을 좋아하게 됩니다. 보살님은 한국에 간 것도 아니고, 자식의 태도가 갑자기 바뀐 것도 아니지만 당신의 깨달음으로 자신은 물론이고 주변 사람들까지 변화시켰습니다. 이것이 바로 있는 그대로의 무주상보시의 공덕입니다. 가히 상상할 수 없는 공덕을 성취하신 이분의 손을 잡고 저는 기쁨의 눈물을 함께 흘릴 수 있었습니다.

이와 같이 마음을 머무르는 법에는 어떠한 차별도 없습니다. 할머니든 젊은이든, 백인이든 흑인이든, 교회에서든 절에서든 이 법은 평등합니다. 가난하면 몸으로 봉사할 수 있어 좋고, 돈이 있으면 시주할 수 있어 좋은 것처럼 베풂에 있어서도 차별이란 있을 수 없습니다. 불법의 핵심은 바로 여기에 있습니다. 이것이 우리가 불법을 공부하는 목적입니다. 그런데 대부분의 불자들이 이렇게 어마어마한 금광엔 관심이 없고 절에 와서 잡석이나 줍는 것에 더 많은 관심을 갖습니다. 불법을 공부함에 더 큰 욕심을 내길 권합니다. 마음을 머무르는 법, 금광을 찾아야 하지요. 이런 이치, 이런 소중한 보석을 찾는 것이 우리가 불법을 공부하는 참다운 목적입니다.

## 5  如理實見分
## 여래를 보다

모든 상이 다 허망한 것이다.
이것은 내가 공하고 법이 공하고
아와 법이 함께 공한 것도
또한 공함이라.

## 제오 여리실견분
### 第五 如理實見分

須菩提 於意云何 可以身相 見如來不 不也 世尊 不可以身
수보리 어의운하 가이신상 견여래부 불야 세존 불가이신

相 得見如來 何以故 如來所說身相 卽非身相 佛告須菩提
상 득견여래 하이고 여래소설신상 즉비신상 불고수보리

凡所有相 皆是虛妄 若見諸相非相 卽見如來
범소유상 개시허망 약견제상비상 즉견여래

"수보리여! 그대는 어떻게 생각하느냐? 몸 형상으로 여래를 볼 수 있겠느냐?"

"없습니다, 세존이시여! 몸 형상으로 여래를 볼 수 없습니다. 왜냐하면 여래께서 말씀하신 몸 형상은 몸 형상이 아니기 때문입니다."

부처님께서 수보리에게 말씀하셨습니다.

"무릇 상이 있는 바는 다 허망하니
만일 모든 상이 상이 아님을 본다면
여래를 보리라."

## 네가 보고 있는 이 몸이 정말 부처더냐

내 것이라는 상에서 벗어나지 못한 보시는 '내가 그에게 내 것을 주었다'는 마음으로 남습니다. 거기에서 보상 심리가 싹트고, 그 싹이 자라 원망과 배신감의 열매를 맺습니다. 하지만 실상으로 본다면 본래 내 것이 없으므로 우리는 아무런 기대 없이 무주상보시를 할 수 있습니다. 부처님은 상에 집착하지 않고 행한 보시, 보시했다는 생각 없이 행한 보시의 복덕은 한량이 없다고 하셨습니다.

그런데 가르침을 되새기던 수보리는 의아한 생각이 들었습니다. 보시를 해도 내 것이 아니고 보시를 받아도 남의 것을 받는 게 아니라면, 복을 짓는 일이란 없는 게 아닌가? 아무런 보시도 행한 바 없고 어떤 과보도 받을 바가 없다면, 대체 무슨 인연으로 부처님은 저 거룩한 몸을 받으셨단 말인가? 부처님은 과거 생으로부터 무량한 공덕을 지으셨는데 이제 복이라 부를 게 없다 하시니 과거 생에 부처님이 지으신 공덕은 복덕이 아닌가?

부처님은 수보리의 이런 마음을 헤아리고 다시 묻습니다. 그대는 육신으로써 부처를 보았다 할 수 있겠느냐? 그대가 보고 있는 이 몸이 정말 부처이더냐? 그러자 수보리는 깜짝 놀라서 정신을 차립니다. 그리고 붓다는 육신이 아니라 깨달음의 지혜임을 되새깁니다.

『대반열반경 大般涅槃經』을 보면, 부처님은 열반에 드시는 순간까지 이 점을 강조합니다. 아난다는 부처님이 열반에 드시려 할 때 슬픔에 젖어 묻습니다.

"부처님께서 열반에 드시면 이제 저희는 누구를 의지해 살아야 합니까?"

그러자 부처님이 말씀하십니다.

"아난다여, 울지 마시오. 여래는 육신이 아니라 깨달음의 지혜입니다. 육신은 그대 곁을 떠나지만 깨달음의 지혜는 영원히 곁에 남아 있을 것입니다."

깨달음을 얻어 마음의 문이 열릴 때 우리는 부처님과 함께 있습니다. 하지만 설령 살아 있는 부처의 몸과 함께 있다 할지라도 내 스스로 깨닫지 못한다면 그것은 진실로 부처와 함께 있는 것이 아닙니다.

"수보리여! 그대는 어떻게 생각하느냐? 몸 형상으로 여래를 볼 수 있겠느냐?"
"없습니다, 세존이시여! 몸 형상으로 여래를 볼 수 없습니다. 왜냐하면 여래께서 말씀하신 몸 형상은 몸 형상이 아니기 때문입니다."
부처님께서 수보리에게 말씀하셨습니다.
"무릇 상이 있는 바는 다 허망하니 만일 모든 상이 상이 아님을 본다면 여래를 보리라."

須菩提 於意云何 可以身相 見如來不 不也 世尊 不可以身相 得見如來 何以故 如來所說身相 卽非身相 佛告須菩提 凡所有相 皆是虛妄 若見諸相非相 卽見如來

'범소유상凡所有相 개시허망皆是虛妄 약견제상비상若見諸相非相 즉견여래卽見如來'는 모든 상에는 고정된 실체가 없으므로 상에 대한 집착을 버릴 때 비로소 세상의 참모습을 보고 자유로운 삶을 살아갈 수 있다는 가르침입니다.

'개시허망-상이 있는 것은 다 허망하다'의 허망은 '인생이 허무하다'고 말할 때의 허무와는 다른 뜻입니다. 허무는 허전하고 쓸쓸한 마음을 말하는 반면, 허망은 인간의 감정이 아닌 상이 물거품과 같아 거짓되고 망령된 것이란 뜻입니다. 허망하다는 것은 영원한 것도 아니고 고유한 실체가 있는 것도 아니라는 뜻입니다. 상이 있는 모든 것은 허깨비 같고 꿈과 같고 아지랑이 같습니다.

금강경에는 '상'이란 단어가 많이 나옵니다. 제3분에서는 아상·인상·중생상·수자상에 대한 언급이 있었고, 제4분에서는 '무주상보시'에 대한 가르침이 있었습니다. 그런데 3, 4분과 여기 5분의 상은 한자로 '모양 상相'자를 사용하지만 그 의미는 조금씩 다릅니다. 산스크리트어 원본에 각각 다른 낱말로 쓰여 있는 것을 구마라습 대사가 번역하면서 '모양 상'으로 정리한 것입니다.

제3분의 상은 생각이라는 뜻에 가깝고, 제5분의 상은 몸의 특징에서부터 기대감이나 고정관념까지의 넓은 개념입니다. 하지만 마음으로 그린 모양이든 바깥에 있는 대상이든 하나의 고정된 모양이라는 점에서는 같은 맥락이므로 상으로 통일해 놓은 것으로 보입니다.

### 상이 허망함을 깨쳐야

우주는 성주괴공成住壞空하고 육신은 생로병사生老病死하며 생각은 생주이멸生住異滅합니다. 그 어느 것도 영원하거나 고정된 실체는 없습니다. 모든 존재는 무상無常이며 무아無我입니다.

하지만 그러한 진리를 외면하고 내가 지금 지향하는 목표, 지금 내 삶의 기준, 지금 내 눈에 그럴 듯해 보이는 형상이 마치 불변의 최고 가치인 양 매달려 살아가는 게 사람들의 삶입니다. 이렇게 상에 집착하면 괴로움의 씨앗이 뿌려져 그 누구도 과보를 피하지 못합니다. 상이 허망함을 깨치고 모든 형상의 집착을 뛰어넘어야만 부처의 도리를 알고 자유와 행복의 참맛을 볼 수 있습니다.

주변을 돌아보십시오. 사람들은 언젠가는 행복이 손에 잡히길 바라며 여기저기 바람과 기대의 씨앗을 심고 있습니다. 대학만 진학하면, 취직만 하면, 결혼만 하면 행복이 올 것 같습니다.

쥐약이 든 음식을 눈앞에 둔 쥐는 그 맛있는 냄새에 현혹되어 서로 먹으려고 다툽니다. 그 음식이 결국에는 죽음에 이르는 독약임을 모릅니다. 상이 허망함을 깨치지 못하는 한, 인간의 삶 역시 독약이 든 음식을 놓고 경쟁하는 쥐와 다를 바 없습니다.

누구도 빼앗아 갈 수 없는 행복은 겉보기나 물질로 얻어지는 게 아닙니다. 이 세상 누구도 부럽지 않은 마음의 풍요로움으로 이루어집니다. 물질에 대한 탐욕이 크면 클수록 마음은 더 큰 공허감에 시달리게 됩니다. 허망한 상에 더 많이 이끌린다는 것은 그만큼 고뇌의 씨앗을 더 많이 심고 있다는 말이기 때문입니다.

내 인생의 어떠한 번뇌와 괴로움도 나와 무관하게 하늘에서 뚝 떨어지는 법은 없습니다. 어리석은 이는 하늘을 보며 한탄하지만 현명한 사람이라면 자신의 마음과 행위를 돌아봅니다.


### 사라져버릴 내 몸을 보았다 한들

부처님의 제자 가운데 박칼리라는 비구가 있습니다. 그는 몹시 중한 병에 걸려 죽게 되자 자기를 돌봐주던 수행승들에게 부탁했습니다.

"나를 위해 세존이 계신 곳으로 가주시오. 그리하여 세존께 나를 대신해 '존귀하신 스승이시여! 비구 박칼리는 병을 앓고 있는데 매우 중태이므로 고통을 이기지 못하고 있습니다. 저 박칼리는 세존의 발에 머리를 조아려서 절을 올립니다'라고 예를 올려주시오. 그리고 '존귀하신 스승이시여! 부디 세존께서는 측은한 마음으로 비구 박칼리의 병석을 한 번 다녀가 주시지 않으시렵니까' 하고 여쭈어주기 바라오."

그러자 비구들은 부처님을 찾아가 박칼리의 말을 전했고, 부처님은 박칼리가 있는 곳으로 병문안을 가셨습니다. 박칼리는 부처님이 오시는 것을 보고 기뻐하며 자리에서 일어나 앉으려고 했습니다. 그러자 부처님이 말씀하셨습니다.

"그대는 침대에서 일어나지 마십시오. 여기에 자리가 마련되어 있으니 나는 이곳에 앉겠습니다."

그러고 나서 박칼리에게 물었습니다.

"그대는 견딜 만한가요? 기력은 어떠한가요?"

"존귀하신 스승이시여! 저는 견딜 수 없습니다. 기력이 하나도 없습니다. 고통은 더 심해지고 좀처럼 나아지지 않습니다."

"박칼리여, 뭔가 미련이 남거나 후회스러운 일은 없습니까?"

"계율에 비추어 양심의 가책을 느낄 일은 없습니다. 하지만 스승님, 저는 오랫동안 부처님을 뵈러 찾아다녔는데, 이제 더이상 부처님을 뵙고 법을 구할 시간이 없습니다. 그것이 안타깝습니다."

그러자 부처님은 박칼리에게 말씀하셨습니다.

"그대가 사라져버릴 내 몸을 보았다 한들 대체 그것이 뭐란 말입니까. 박칼리여, 사물의 참다움을 보는 자는 나를 볼 것이요, 나를 보는 자는 사물의 참다움을 보는 것입니다."

박칼리는 부처님의 말씀에 깨달음을 얻어 마침내 환희의 웃음을 지으며 숨을 거두었습니다.

부처님은 부처라는 상을 만들고 거기에 집착하는 제자를 그 상을 깨뜨리고 완전한 열반에 들게 해주셨습니다. 제자가 당신을 우러르고 법을 추앙하기를 바랐던 게 아니라 법을 깨달아 자유로워지기를 원했습니다. 그래서 부처님을 경배하며 의지하려는 제자의 마음을 칼로 베듯이 잘라버리고 죽음을 눈앞에 둔 마지막 순간까지 자기 삶의 주인이 되라고 일깨워주신 것입니다.

무릇 형상 있는 것은 다 허망하니 거룩한 부처님의 모습도 예외가 아닙니다. 모든 것이 공한 이치에 늘 깨어 있어야 합니다. 남편이 나쁜 사람이라고 원망하며 지냈다면 나쁘다고 할 만한 실체가 없는 줄 깨쳐야 하고, 공부 안 하는 아이가 문제라고 걱정해 왔다면 문제라는 게 본래 없음을 알아야 합니다.

좋고 나쁨을 구분하는 기준, 문제라고 판단하는 기준은 다 내 생각일 뿐입니다. 그 사실을 깨달으면 괴로움은 순식간에 사라집니다. 본래 나쁜 것도 없고 본래 좋은 것도 없는 줄을 알면, 좋고 나쁘다는 상으로 생긴 온갖 시비와 갈등이 사라집니다. 그러면 내 인생이 행복해집니다.

흔히 전생에 복을 많이 지으면 부자가 되고 죄를 많이 지으면 가난을 면치 못한다고 말합니다. 얼핏 들으면 타당한 인과관계처럼 보이지만, 실은 이것은 사람들이 물질적인 부를 지향하는 삶을 살기 때문에 생긴 말입니다. 부와 가난은 다만 하나의 상태일 뿐입니다.

이런 식의 전생 업보설은 유사 이래 지배층의 논리로 이용되어 왔습니다. 왕이 절대 권력을 가지려면 왕은 백성과 다른 특별한 존재라는 것, 지배자가 될 만한 비범함을 타고났다는 것을 널리 알리고 합리화해야 했습니다. 왕이 된 것은 전생에 선한 일을 많이 했기 때문이고 노예로 사는 것은 전생에 악한 일을 했기 때문이라는 식입니다. 신분과 계급 차별이 존재하는 이유가 전생의 업보 때문이라는 생각을 확산시킴으로써 지배와 피지배 계급의 관계를 합리화시키고 심화시켜 나갔습니다.

그러나 부처님은 그것이 사실이 아님을 명확하게 말씀하십니다. 세상에 존재하는 만물은 서로 다를 뿐입니다. 그 차이를 차별로 왜곡하는 건 바로 오랫동안 길들여진 우리의 잘못된 가치관 때문입니다.

인간은 누구나 존엄한 존재입니다. 그러므로 내가 어떻게 태어났든, 어떠한 몸을 가졌든, 남자든 여자든, 피부 빛이 어떻든 그대로 존중되어야 합니다. 누구나 다 부처가 될 수 있습니다. 그러므로 몸의 형상으로는 결코 여래를 볼 수 없습니다.


### 안경을 벗고 세상을 보다

젊은 시절 경주 포교당에 있을 때의 일입니다. 어느 날 사시 예불을 드리고 있는데 누군가 법당 문을 마구 두드려댔습니다. 가볍게 똑똑 두드리는 게 아니라 문을 때려 부수듯이 두드려대는 것이었습니다. 그만 두드리겠지 하며 기도를 계속하는데 문 두드리는 소리는 영 그칠 기미가 없었습니다. 아무래도 아이들이 장난을 치는구나 싶어서 더 이상 참지 못하고 일어나 문을 열었습니다. 그런데 문 앞에는 뜻밖에도 한쪽 다리와 손이 없는 상이군인 남자가 잔뜩 부은 얼굴로 서 있었습니다.

그 남자를 보는 순간, '돈을 얻으러 왔구나' 하고 생각했습니다. 그래서 지금 기도 중이니 잠깐만 기다리라고 해놓고는 다시 돌아와 예불을 계속했습니다. 그러자 그는 아까보다 더 세차게 문을 두드려댔습니다. 저는 다시 나가 퉁명스런 목소리로 말했습니다.

"아니, 보다시피 제가 지금 바쁘지 않습니까. 좀 기다리세요."

"당신만 바빠? 나도 바빠."

"아무리 바쁘시더라도 제가 예불 중이잖아요. 또 지금 돈을 가지고 있지 않아요. 예불 마치고 요사에 가서 돈을 가져와야 드릴 수 있습니다."

그러자 그 남자가 버럭 소리를 질렀습니다.

"내가 언제 돈 얻으러 왔다 그랬어?"

그제야 저는 아차 싶었습니다. 그러고 보니 그때까지 남자에게 찾아온 이유를 묻지 않았던 겁니다. 그저 그의 겉모습만 보고 동냥 얻으러 온 사람이라고 판단해 버렸던 것이지요.

"그러면 여기에 왜 오셨나요?"

"나, 중 되려고 왔소."

"여기는 포교당이라 안 됩니다. 다른 절에 가서 알아보세요."

"내가 몇 군데 가봤는데 가는 데마다 다 딴 데로 가라고 합디다."

몸이 불편한 사람이니 가는 곳마다 핑계를 대며 다른 절에 가보라고 한 게 분명했습니다. 저 또한 어린 학생들만 가르치는 포교당이라는 핑계를 대고 다른 절에 가보라고 했기에 속으로 뜨끔했습니다.

"왜 중이 되려고 합니까?"

"내가 지금 마음이 답답해서 그래요."

그는 돈을 벌기 위해 월남전에 자원했다가 부상을 입고 귀국한 상이군인이었습니다. 집으로 돌아온 뒤에는 얼마 되지 않는 연금으로 생계를 꾸려가기가 어려워 부인이 보따리장사를 하게 되었다고 합니다. 그런데 부인이 장사를 하느라 늦게 들어오는 날이 잦아지자 부인을 의심하는 마음이 생겼습니다. '내가 몸이 이러니까 나를 무시하는구나!' 하는 생각에 분하고 억울했습니다. 그러다 보니 술주정을 하게 되었고, 부인을 때리는 지경에까지 이르렀습니다. 가정은 점점 엉망이 되어갔습니다. 부인은 집을 나갔다가 아이들 생각에 다시 돌아오기를 반복하는 상황이었습니다.

그런 식으로 몇 년을 살다보니 이건 도저히 사람 할 짓이 아니라는 생각이 들었다고 합니다. 죽어보려고도 했지만 차마 그러지도 못하고, 그래서 중이 되기로 마음을 먹었다는 것입니다.

그런데 이야기를 다 듣고 나니, 그 남자가 어떻게 이 조그만 포교당을 알고 찾아왔는지 궁금해졌습니다.

"여기는 어떻게 알고 찾아오셨어요?"

"누가 소개해 주던데요."

그러면서 그는 호주머니에서 구겨진 종이 한 장을 꺼냈습니다. 받아서 펼쳐보니 제가 시내에 뿌린 포교당 전단지였습니다. 그걸 보는 순간, 저는 망치로 뒤통수를 얻어맞은 듯 멍해졌습니다. 그 전단지에는 이렇게 쓰여 있었습니다.

'마음이 불안하고 답답한 자여! 여기 부처님께서 마련한 좋은 안식처가 있으니 이리로 오십시오.'

그는 내가 뿌린 초청장을 받고는 포교당을 찾아온 것입니다. 그런데 나는 그를 본 순간부터 '어떻게 하면 이 사람을 빨리 내보낼까?' 그 한 가지 생각밖에 없었던 것입니다.

그동안 저는 제가 굉장히 양심적인 사람이라고 생각했습니다. 그런데 알고 봤더니 정말 '괴롭다' 하는 당사자가 오니까 시종일관 쫓아내기에 급급했습니다. 오히려 인생이 괴로운 줄도 모르는 어린이, 중·고등학생, 대학생, 청년들은 불러 모아서 저 없으면 마치 큰일이라도 날 것처럼 인생이 고다, 고의 원인이 뭐냐? 하면서 교리를 가르치고 있었던 것입니다.

그리고 내가 부처님의 가르침대로 산다고 스스로를 자랑스러워했지요. 그랬기 때문에 부처님 법에 어긋난 행동을 한다고 남을 비난하고 비판하고 잘못된 한국 불교를 개혁한다고 데모도 했습니다. 그런데 지금 내 모습은 내가 비판해 왔던 다른 누구보다도 더한 모순을 갖고 있었습니다. 나 혼자 청정한 척하고, 나 혼자 정법을 하는 양 지금껏 살았는데 알고 봤더니 내 스스로가 모순투성이였던 것이지요.

불법은 산에 있는 것도 아니고 책 속에 있는 것도 아니고 삶 속에 있다고 생활 불교를 주장해 놓고는 괴롭다고 온 사람을 쫓아내기 위해 불법이 산속에 있다는 듯이 말하고 있었던 것입니다. 저기 산에 있는 절에 가서 출가하라고, 여기는 젊은이를 포교하는 곳이라 안 된다고 말입니다. 그런 내 모습을 본 순간, 말할 수 없는 충격에 정신이 멍해지고 넋이 나가버렸습니다.

  그 뒤 무슨 정신으로 어떻게 포교당을 나왔는지도 모릅니다. 발길 닿는 대로 가다 보니 경주 남산 칠불암에 와 있었습니다. 칠불암은 고등학생 시절에 스승이신 불심도문 큰스님을 따라 들어가 참선하고 정진하던 곳입니다. 지난 10년 동안 저잣거리에서 쓸데없는 짓을 했다는 후회가 들었습니다. 이제 깨달음이 있기 전까지는 절대로 이곳에서 나가지 않겠다고 마음먹었습니다. 눈물이 한없이 흘렀습니다.

  그렇게 칠불암 부처님 앞에 엎드려 사흘 밤낮을 눈물 흘리며 지낸 뒤에야 비로소 차츰 정신이 들기 시작했습니다. 정신을 차리고 나니, 지난 10년의 세월이 바로 보이기 시작했습니다. '나는 정법을 행하는 자다'라는 교만을 가지고 내 식대로 포교한 시간이었습니다. '내가 정말 별볼일없는 인간이구나. 모순 속에 살았구나!' 하는 것을 자각하게 되었습니다.

  비록 위선적인 마음이었다 해도 포교 전단지를 만들어 뿌렸기에 그 남자를 만나게 되었고, 그 남자를 만나고 나서야 내가 가진 모순을 발견할 수 있었습니다. 그러지 않았다면 나는 내가 모순덩어리라는 사실도 모르고 죽었을지 모릅니다. 그러니 지난 10년은 어떻게 보면 허송세월이었지만, 또 어떻게 보면 내가 얼마나 어리석고 무지몽매한지를 깨달을 수 있게 해준 10년이었습니다. 오늘 비로소 그러한 나를 알아차렸다는 것이지요.

그 뒤 다시 포교당으로 돌아와 활동을 시작했습니다. 다른 사람이 볼 때에는 그 전과 후 내 모습에는 아무 변화가 없어 보였겠지만 나에게는 그 전과는 완전히 다른 시간이 시작되었습니다.

우리는 누구나 다 자기 나름대로의 안경을 쓰고 세상을 봅니다. '아니, 나는 안경을 쓰고 있지 않아. 지금 내가 보고 있는 게 객관적 실제의 모습이야'라고 말합니다. 지금 꿈을 꾸고 있는 사람도 꿈속에서 보이는 세계가 현실이라고 장담합니다. 꿈에서 깨어나야만 그때까지 꿈속에서 헤맸다는 걸 알게 되듯이, 안경을 벗어야만 그때까지 안경을 끼고 살았음을 알게 됩니다.

상에 집착했을 때 '내가 지금 상에 집착하고 있구나' 하고 알아차리는 것이 바로 상이 상 아닌 줄을 아는 것입니다. 모든 상이 상 아님을 알고, 상이 있는 모든 것이 허망함을 알면 그때 비로소 세계의 참모습이 드러납니다.

지금 사로잡힌 생각에서 벗어나 '내가 정말 내 식대로 사람을 보고, 내 식대로 세상을 봤구나!' 하고 알게 되면 참회와 기쁨의 눈물을 함께 흘리게 됩니다. 그렇게 진실을 깨친 눈으로 인생을 보면 온갖 괴로움이 사라집니다. 행복한 사람, 자유로운 사람으로 다시 태어나 세상에 도움이 되는 보살의 삶을 살게 됩니다.

## 6  正信希有分
## 바른 믿음

한번 이 법에 들어오면
인人과 법法이 다 공하여
모든 취하는 것을 온전히 여의어
일체 있는 것에 뛰어나나니
어찌 작은 일이라 하리요.

## 제육 정신희유분
## 第六 正信希有分

須菩提 白佛言 世尊 頗有衆生 得聞如是言說章句 生實信
수보리 백불언 세존 파유중생 득문여시언설장구 생실신
不 佛告須菩提 莫作是說 如來滅後 後五百歲 有持戒修福
부 불고수보리 막작시설 여래멸후 후오백세 유지계수복
者 於此章句 能生信心 以此爲實 當知是人 不於一佛二佛
자 어차장구 능생신심 이차위실 당지시인 불어일불이불

三四五佛 而種善根 已於無量千萬佛所 種諸善根 聞是章句
삼사오불 이종선근 이어무량천만불소 종제선근 문시장구
乃至一念 生淨信者 須菩提 如來悉知悉見 是諸衆生 得如
내지일념 생정신자 수보리 여래실지실견 시제중생 득여
是無量福德 何以故 是諸衆生 無復我相人相衆生相壽者相
시무량복덕 하이고 시제중생 무부아상인상중생상수자상
無法相 亦無非法相 何以故 是諸衆生 若心取相 卽爲着我
무법상 역무비법상 하이고 시제중생 약심취상 즉위착아
人衆生壽者 若取法相 卽着我人衆生壽者 何以故 若取非法
인중생수자 약취법상 즉착아인중생수자 하이고 약취비법
相 卽着我人衆生壽者 是故 不應取法 不應取非法 以是義
상 즉착아인중생수자 시고 불응취법 불응취비법 이시의
故 如來常說 汝等比丘知我說法 如筏喩者 法尙應捨 何況非法
고 여래상설 여등비구지아설법 여벌유자 법상응사 하황비법

수보리가 부처님께 여쭈었습니다.

"세존이시여! 중생들이 이와 같은 말씀과 문장과 글귀를 듣고 실다운 믿음을 내겠습니까?"

부처님께서 수보리에게 말씀하셨습니다.

"그런 말을 하지 마라. 여래가 열반에 든 뒤 후오백세에 계를 지니고 복을 닦는 자 있으면 이 문장과 글귀에 능히 믿는 마음을 내 이로써 실다움을 삼을 것이니, 마땅히 알라. 이 사람은 한 부처님, 두 부처님, 삼·사·오 부처님에게 선근을 심은 것만이 아니라 저 한량없는 천만 부처님 처소에 이미 모든 선근을 심었으므로 이 문장과 글귀를 들으면 한 생각이라도 청정한 믿음을 낼 것이니라. 수보리여! 여래는 모든 것을 다 알고 다 보나니, 이 모든 중생이 이와 같은 한량없는 복덕을 얻으리라. 왜냐하면 이 모든 중생이 다시 아상과 인상과 중생상과 수자상이 없으며 법상이 없으며 또한 법이 아니라는 상도 없기 때문이다. 왜냐하면 만일 이 모든 중생이 마음에 상을 취하면 곧 나라 하는 것과 사람이라 하는 것과 중생이라 하는 것과 수자라 하는 것에 집착할 것이고, 만일 법이라 하는 상을 취하여도 곧 아와 인과 중생과 수자에 집착하는 것이기 때문이다. 왜냐하면 만일 법 아니라 하는 상을 취하여도 곧 아·인·중생·수자에 집착하는 것이기 때문이다. 그러므로 마땅히 법을 취하지 말며 법 아닌 것을 취하지도 말아야 한다. 그러한 뜻으로 여래는 항상 말하노니, 너희 비구는 나의 설법을 뗏목에다 비유한 것과 같이 알지니, 법도 응당 버려야 하거늘 하물며 법 아닌 것이랴!"

## 수보리의 걱정

수보리는 제일 먼저 부처님께 '어떻게 하면 이 모든 괴로움에서 완전하게 벗어날 수 있습니까?'를 물었습니다. 그 물음에 부처님은 '다른 사람의 괴로움을 네가 모두 구제해 주어라. 그러나 모든 중생을 다 구해줬다 해도 실제로는 한 중생도 구제받은 바가 없다'고 하셨습니다. 즉 일체중생을 다 제도하더라도 '내가 중생을 제도한' 게 아니라는 말입니다.

그러자 수보리의 마음에서 의심이 일어납니다. '내가 중생을 제도한 바가 없다면, 보살은 어떻게 복을 짓는가?' 수보리의 이러한 의심에 부처님은 '유위의 행으로 짓는 유루복만 복인 줄을 아는구나. 함이 없는 무위의 행으로 짓는 무루복의 한량없음을 알지 못하는가' 하며 무주상보시의 공덕이 한량없음을 말씀하셨습니다.

그때 수보리는 또 의심이 듭니다. '보살이 복을 받지 않는다면 부처님의 거룩하신 몸은 도대체 어떻게 해서 생겨났는가?' 그러자 부처님은 '이 몸 모양이 부처냐'고 묻습니다. 수보리는 크게 깨닫습니다. 눈에 보이는 것, 귀에 들리는 것, 코로 냄새 맡는 것, 혀로 맛보는 것, 손으로 만져지는 것, 생각으로 알음알이를 할 수 있는 것으로는 여래를 볼 수가 없습니다. 모든 모양 지어진 것은 실체가 없다는 것, 모든 법이 다 공하다는 것을 확연히 알게 된 것이지요.

그런데 또한 수보리는 걱정이 되었습니다. '나는 20년 동안이나 거룩한 부처님을 모시고 수행 정진해서 오늘 이렇게 부처님의 말씀으로 깨달을 수 있지만, 저 미래에 부처님이 계시지 않는 세상에서 이런 말씀을 믿고 따르는 자가 있겠는가?'

인과因果의 이치에 따라 좋은 씨앗을 심어서 좋은 열매를 거두려는 것은 모든 이의 목표입니다. 그러나 금강경은 여기서 한 발 더 나아가는 가르침을 줍니다. 좋은 씨앗과 좋은 열매 또한 결국엔 윤회의 굴레에 속박되는 것이므로 어떠한 씨앗도 심지 않고 어떠한 과보도 받지 않는 대자유의 경지로 나아가라고 말입니다. 지금까지는 좋은 씨앗을 심으려고 노력해 왔다면 이제부터는 좋은 인과에 대한 상마저 버린 곳으로 한 걸음 더 나아가라는 가르침입니다.

그러나 예나 지금이나 사람들은 상을 버리는 건 고사하고 인과의 이치조차도 제대로 알지 못합니다. 내가 어떤 씨앗을 뿌렸는지 기억 못 하기가 대부분이고, 나쁜 인을 지어놓고는 좋은 인을 지었다는 착각에 빠져 돌아온 과보가 억울하다고 푸념합니다. 중생의 수준이 이렇다는 것을 아는 수보리는 부처님의 가르침이 너무나 희유한 경지인지라 걱정스런 마음이 일었습니다.

과연 세상 사람들이 부처님의 이 말씀을 믿을 수 있을까? 중생이 과연 이토록 걸림 없는 대자유의 경지를 증득할 수 있을까? 그래서 수보리는 부처님께 묻습니다.

### 실다운 믿음을 내겠습니까

수보리가 부처님께 여쭈었습니다.
"세존이시여! 중생들이 이와 같은 말씀과 문장과 글귀를 듣고 실다운 믿음을 내겠습니까?"

須菩提 白佛言 世尊 頗有衆生 得聞如是言說章句 生實信不

    사람들은 무언가 신적인 존재에 의지해야만 마음이 편해집니다. 그런데 부처님은 세상 모든 것, 심지어는 부처님 자신에게 의지하는 것조차 버려야만 완전한 자유와 행복이 찾아온다고 말씀하십니다. 관념이든 형상이든 이제껏 의지하던 그 모든 것을 깨뜨리라는 부처님의 말씀을 듣고 수보리는 사람들이 과연 이 말씀을 알아들을지 걱정이 되었던 것입니다.
    사람들은 '여기서 기도하면 대학에 붙는다', '나를 믿으면 병이 낫는다', '이렇게 빌면 사업에 성공한다'와 같은 말들을 들으면 그 말을 믿고 의지하고픈 마음이 생깁니다. 혹은 '나를 믿지 않으면 지옥에 간다', '이렇게 하지 않으면 큰 사고를 당한다'는 말을 들으면 두려운 마음이 듭니다. 이것이 중생의 수준입니다. 그러한 중생이 모든 상에는 실체가 없음을 깨달을 때 비로소 참 세상을 보게 된다는 부처님 말씀을 듣고 믿음을 낼 수 있을까요? 그것도 부처님께서 계시지 않은 상황에서 말입니다.

하지만 부처님은 수보리의 이러한 걱정을 일거에 물리치십니다.

부처님께서 수보리에게 말씀하셨습니다.
"그런 말을 하지 마라. 여래가 열반에 든 뒤 후오백세에 계를 지니고 복을 닦는 자 있으면 이 문장과 글귀에 능히 믿는 마음을 내 이로써 실다움을 삼을 것이니, 마땅히 알라. 이 사람은 한 부처님, 두 부처님, 삼·사·오 부처님에게 선근을 심은 것만 아니라 저 한량없는 천만 부처님 처소에 이미 모든 선근을 심었으므로 이 문장과 글귀를 들으면 한 생각이라도 청정한 믿음을 낼 것이니라."

佛告須菩提 莫作是說 如來滅後 後五百歲 有持戒修福者 於此章句 能生信心 以此爲實 當知是人 不於一佛二佛三四五佛 而種善根 已於無量千萬佛所 種諸善根 聞是章句 乃至一念 生淨信者

후오백세에 대한 해석은 여러 가지가 있습니다. 먼저 전통적인 해석은 부처님 법이 전파된 뒤 세상이 변하는 과정을 500년

단위로 구분하는 방법입니다. 이 방법에 따르면 부처님 이후 지금까지의 2500년을 다섯 시기로 나눕니다.

제1오백세는 부처님 열반 이후 500년 동안을 말합니다. 이 시기를 해탈견고解脫堅固 시기라고 합니다. 흔히 깨달음을 얻으려면 어려운 수행 과정을 거쳐야 한다고 생각하지만 꼭 그렇지만은 않습니다. 부처님 당시에 살인자 앙굴리말라, 바보 주리반특, 유녀 연화색녀가 부처님 설법을 듣고 깨달음을 얻은 것처럼, 이 시기에는 스승의 가르침이 있다면 누구나 안목이 열리고 깨달음을 얻을 수 있습니다.

제2오백세는 선정견고禪定堅固 시기라고 합니다. 앞선 시기만큼 쉽게 해탈에 이를 수는 없지만 부처님의 가르침에 따라 부지런히 수행 정진하는 시기입니다.

제3오백세는 경전을 읽고 외우며 부지런히 교리를 학습하는 사람이 많다고 해서 다문견고多聞堅固 시기라고 합니다. 그러나 정작 선정을 닦는 이는 드물고 해탈에 드는 이는 거의 없는 시기입니다.

제4오백세는 부처님을 믿으면 복이 된다 해서 절을 세우고 탑을 쌓고 갖가지 복을 구하는 불사로 흥청대는 시기입니다. 그래서 탑사견고塔寺堅固 시기라고 부릅니다. 이때에는 불사는 좋아하는데 공부하는 이는 적고 선정을 닦는 이도 찾기 어려워 해탈은 요원해지는 시기입니다.

마지막 제5오백세는 불법이 쇠퇴하는 시기입니다. 복을 바라는 것일지언정 불사를 하던 수준에서조차 후퇴해 절의 재산을 가지고 싸우며 부처님 말씀을 팔아 서로 다투고 분열합니다. 이때를 투쟁견고鬪爭堅固 시기라고 합니다. 금강경에서 말하는 후오백세는 다섯 번째의 말법 시대를 일컫습니다.

그러나 이런 시각과는 다른 입장도 있습니다. 후오백세는 글자 그대로 부처님 열반 후 500년이 지난 즈음을 말한다고 보는 해석입니다. 부처님이 입멸하신 뒤 사오백 년을 분기점으로 소승불교는 형식화되고 변질되었고 그로 말미암아 대승불교가 등장했습니다. 부처님의 가르침을 해석하는 데 많은 이견이 생기고 교단이 불안정해진 시기입니다.

어느 관점에서 보든 후오백세는 사회가 혼탁하고 교단이 붕괴되고 정법을 분간하기 어려운 혼란의 시대라고 이해하면 되겠습니다.

### 계를 지니고 복을 닦는 자

수보리가 후세에도 부처님의 말씀을 전해 듣고 실다운 믿음을 내는 사람이 있겠느냐, 이 법문을 이해하는 사람이 있겠느냐고 걱정하자 부처님은 정법이 사라진 말법 시대라도 계를 지니고 복을 닦는 사람이라면 가능하다고 대답하십니다.

'계를 지니고 복을 닦는다' 할 때의 복은 재물이나 권력, 명예나 건강 같은 세속적인 복이 아닙니다. 부처님이 말씀하시는 복은 인과법칙을 잘 믿고 잘 알아서 복을 짓고 복을 받는 자를 말합니다. 나아가 구하는 바가 없으니 부족함이 없고, 내가 옳다는 한 생각을 버림으로써 증오와 미움이 사라진 마음에서 오는 복을 말합니다.

그러므로 계를 지니고 복을 닦는 자는 진리를 따라 인생의 주인 되는 길을 가는 사람을 말합니다. 그렇게 복을 닦기 위한 첫걸음이 악을 멀리하고 선을 닦는 지악수선止惡修善의 삶입니다.

그렇다면 악을 멀리한다는 건 무엇을 말하는 걸까요? 첫째, 생명을 가진 존재는 그 누구라도 죽기를 싫어하고 살기를 원하므로 함부로 살생을 하지 말아야 합니다. 둘째, 누구나 자기 물건을 잃어버리면 괴로워하므로 상대가 주지 않은 물건을 가지지 말아야 합니다. 셋째, 누구나 원하지 않는 성적 행위를 강요받으면 괴로워하므로 삿된 음행을 하지 말아야 합니다. 넷째, 누구나 남에게 속고 싶어 하지 않으므로 거짓말을 하지 말아야 합니다. 다섯째, 맑은 정신으로 살아가려면 술이나 마약 같은 중독성 물질에 중독되지 말아야 합니다. 이것이 부처님이 말씀하신 오계五戒입니다.

그리고 마땅히 행해야 할 선은 이런 것입니다. 살생을 피하는 데서 그치지 않고 뭇 생명을 살려주어야 합니다. 배고픈 이에게 먹을 것을 주고, 병든 이에게 약을 주고, 배우지 못한 아이들을 가르치는 일 등이 생명을 살리는 일입니다. 도둑질하지 않는 데서 그치지 않고 어려운 사람에게 보시하는 일, 삿된 음행을 하지 않는 데서 그치지 않고 몸과 마음을 청정히 하는 일, 거짓말 하지 않는 데서 그치지 않고 진실한 말로 사람들을 깨우치는 일, 술을 먹고 방탕하지 않는 데 그치지 않고 바른 정신문화를 창조하는 일 등이 우리가 마땅히 행해야 할 선행입니다.

세상이 혼란해지면 사람들은 대부분 탐·진·치 삼독에 물들어서 지옥·아귀·축생 같은 어리석은 인생을 살아갑니다. 그러나 부처님은 그런 시절에도 바르게 살고자 노력하는 사람이 있어 부처님 말씀을 듣고 깨달음의 길로 나아가는 사람이 있다며 수보리의 걱정을 덜어주십니다. 언제 어디서 태어난 누구든 간에 지악수선의 삶을 실천하는 사람이 있다면 그는 부처님의 가르침을 만나는 순간 청정한 믿음을 내어 깨달음의 문을 두드리게 될 것입니다.

누구라도 한 마음 돌이키면 진리의 길에 들어설 수 있습니다. 만약 지금 내 삶이 괴롭다면 나는 잠시 궤도를 빗나가 있는 것일 뿐입니다. 내 본바탕, 근본자리를 잠시 망각하고 있을 따름입니다. 보살이 되겠다는 원을 세워 세세생생 노력한 끝에 이 세상에 와놓고는 잠시 그 사실을 잊고 있는 것입니다. 그러니 부처님 말씀을 들고 꿈에서 깨어나기만 하면 확연히 본바탕을 찾을 수 있습니다. 그리고 지금 우리는 금강경을 공부하는 인연으로 이미 진리의 길에 첫발을 내디딘 것입니다.

캄캄한 방 안이 밝아지는 것은 한순간입니다. 그 방이 백 년 전부터 어두웠든 어제부터 어두웠든 불빛 하나 밝히면 어둠은 순식간에 사라집니다. 이것이 깨달음의 원리입니다. 아무리 두터운 업장이라도 불법의 이치에선 작은 차별조차 없습니다. 깨달음에 이르는 길에서는 업의 가볍고 무거움, 수행한 시간의 길고 짧음은 문제가 되지 않습니다.

### 행복한 사람은 매일 슬피 울겠군요

경전에는 이처럼 단 한 번의 가르침으로 깨달음을 얻은 사람들에 대한 이야기가 많습니다. 비사카 부인도 그중 하나입니다.

어느 날 비사카 부인이 비를 맞아 온몸이 흠뻑 젖은 채로 부처님을 찾아왔습니다. 부처님이 비사카 부인에게 물었습니다.

"어디에서 오는 길인데 그렇게 옷과 머리카락이 젖어 있습니까?"

"부처님, 오늘 아침 제 어린 손자가 죽었습니다. 그래서 너무 슬픈 나머지 부처님을 뵈러 오는데 우산을 쓰고 와야 한다는 생각조차 잊었습니다."

부처님은 비사카 부인을 위로하며 물었습니다.

"비사카 부인, 참 안됐구려. 그런데 부인, 부인은 사랑하는 손자가 한 명인 것이 좋습니까, 두 명인 것이 좋습니까?"

"그야 두 명인 게 좋지요."

"그럼 사랑하는 손자가 두 명인 게 좋습니까, 세 명인 게 좋습니까?"

"세 명이면 더 좋지요."

"만약 사랑하는 손자가 이 성안에 있는 사람 수만큼 많다면 어떻겠습니까?"

"그 사람은 아마 이 세상에서 가장 행복한 사람일 것입니다."

"이 성에서는 하루에 사람이 몇 명쯤 죽을까요?"

"아마 열 명쯤 되겠지요."

"그럼 이 세상에서 제일 행복한 사람은 매일 슬피 울겠군요."

그 말을 들은 비사카 부인은 갑자기 얼굴이 밝아지며 부처님께 합장하며 말했습니다.

"부처님, 알겠습니다. 집착을 하면 할수록 고통은 많아지지요."

사랑하는 사람이 죽으면 슬픈 게 당연합니다. 또한 사랑하는 사람이 많으면 많을수록 행복한 것도 당연합니다. 사랑하는 사람이 많으면 그 가운데 죽음을 맞는 사람도 많습니다. 그러니 세상에서 제일 행복한 사람은 매일매일 슬픔에 빠져 울며 지낼 수밖에 없겠지요.

사랑하는 사람이 죽어서 슬프다는 것은 그런 모순 속에 놓인 감정입니다. 비사카 부인은 부처님의 말씀을 듣는 순간 그것을 깨달았습니다. 손자의 죽음에 슬피 울던 사람이 한순간 슬픔에서 벗어날 수 있는 것, 이것이 바로 진리의 힘입니다.

깨달음은 지금 여기서 나의 번뇌와 괴로움과 어리석음을 즉시 사라지게 합니다. 깨달음은 삶을 행복하고 자유롭게 하는 유일한 길입니다.

### 뗏목을 미련 없이 버리고 길 떠나는 이

"수보리여! 여래는 모든 것을 다 알고 다 보나니, 이 모든 중생이 이와 같은 한량없는 복덕을 얻으리라. 왜냐하면 이 모든 중생이 다시 아상과 인상과 중생상과 수자상이 없으며 법상이 없으며 또한 법이 아니라는 상도 없기 때문이다. 왜냐하면 만일 이 모든 중생이 마음에 상을 취하면 곧 나라 하는 것과 사람이라 하는 것과 중생이라 하는 것과 수자라 하는 것에 집착할 것이고, 만일 법이라 하는 상을 취하여도 곧 아와 인과 중생과 수자에 집착하는 것이기 때문이다. 왜냐하면 만일 법 아니라 하는 상을 취하여도 곧 아·인·중생·수자에 집착하는 것이기 때문이다. 그러므로 마땅히 법을 취하지 말며 법 아닌 것을 취하지도 말아야 한다. 그러한 뜻으로 여래는 항상 말하노니, 너희 비구는 나의 설법을 뗏목에다 비유한 것과 같이 알지니, 법도 응당 버려야 하거늘 하물며 법 아닌 것이랴!"

須菩提 如來悉知悉見 是諸衆生 得如是無量福德 何以故 是諸衆生 無復我相人相衆生相壽者相 無法相 亦無非法相 何以故 是諸衆生 若心取相 卽爲着我人衆生壽者 若取法相 卽着我人衆生壽者 何以故 若取非法相 卽着我人衆生壽者 是故 不應取法 不應取非法 以是義故 如來常說 汝等比丘知我說法 如筏喩者 法尙應捨 何況非法

나그네가 강을 건너려는데 배도 사공도 보이지 않습니다. 어찌해야 하나 궁리하던 차에 뗏목 하나를 발견하고 그 뗏목에 의지해서 강을 건넜습니다. 무사히 강을 건너고 나니 뗏목이 너무나도 고맙고 소중했습니다. 나그네는 뗏목이 있었기에 강을 잘 건널 수 있었으니 고이 간직해야겠다 싶어서 뗏목을 머리에 이고 다시 길을 나섰습니다.

부처님은 불법을 이 뗏목에 비유하셨습니다. 부처님의 가르침은 모두 깨달음에 이르기 위한 과정일 뿐입니다. 강을 건너고 나면 뗏목을 버리고 길을 가야 하듯, 부처님은 불법 역시 집착할 바가 못 된다고 하셨습니다. 이렇게 부처님의 법조차 집착하지 않고 놓아버려야 하거늘 법 아닌 것, 내 생각이나 고집, 재물이나 명예, 권력 따위는 말할 것도 없습니다.

불법은 내 삶의 주인 되기를 목표로 합니다. 위대한 스승은 어떤 추종자도 허용치 않으며, 스승과 제자의 관계가 주인과 종이 되는 것을 거부합니다. 스승은 제자들이 하루 빨리 스스로의 주인이 되기를 바라고 그를 위해 격려와 채찍을 아끼지 않습니다. 스승을 뛰어넘어 미련 없이 떠나는 제자를 보며 누구보다 기뻐하는 이가 참스승입니다.

스승은 혼자 힘으로 걸을 수 없는 제자에게 목발이 되어줍니다. 하지만 제자는 다리가 회복되면 목발을 내려놓아야 합니다. 다리가 다 나았는데도 계속해서 목발을 짚고 다니는 것은 어리석은 짓입니다. 스승에 대한 최고의 경배는 목발이 되어 나를 걷게 해준 스승을 미련 없이 떠나는 데에 있습니다. 그리고 스승이 내 목발이 되어주었듯 나도 다른 이에게 목발이 되어주는 것입니다.

이처럼 나를 깨달음의 길로 이끌어주신 부처님의 은혜는 부처님께 갚는 게 아닙니다. 부처님께 받은 공덕을 아직도 눈먼 사람, 아직도 절뚝거리는 사람, 아직도 병든 사람에게 베풀어야 합니다. 이것을 '일체중생에게 회향한다'고 말합니다.

부처님은 모든 것이 구족하신 분입니다. 아무 부족함이 없는 분이기에 무엇도 얻을 바가 없습니다. 그러니 부처님께 은혜를 입었다면 그 가르침을 가지고 세상 속으로 나아가 일체중생을 제도해야 합니다.

### 목불에 무슨 사리가 있느냐

깊은 산속 암자에서 홀로 수행하던 스님이 용맹정진을 결심하고 1000일 동안 사분정근四分精勤을 시작했습니다. 사분정근이란 하루를 넷으로 나누어 한 번에 2시간씩 기도를 이어가는 것을 말합니다.

스님은 새벽에 일어나서 아침 먹기 전까지, 아침 먹고 점심 전까지, 점심 먹고 저녁 전까지, 저녁 먹고 자기 전까지 그렇게 하루에 네 번 어김없이 정진했습니다. 산속에서 혼자 공부하는 수행승이 사분정근을 하면 기도하는 짬짬이 물 긷고 나무하고 마을에 내려가 양식을 얻어오느라 눈코 뜰 새 없이 바쁩니다. 그런 와중에도 스님은 하루도 빠짐없이 정진을 이어갔습니다.

그렇게 기도에 집중해 회향할 때가 다가오는데 갑자기 눈이 많이 와서 땔감도 양식도 거의 남지 않았습니다. 한겨울인데 불도 때지 못하고 공양도 제대로 못 하는 날이 이어졌습니다. 스님은 하는 수 없이 장작과 식량을 구하기 위해 마을로 내려왔습니다.

그런데 장작과 양식을 구해 마을을 나설 즈음 갑자기 또 폭설이 쏟아졌습니다. 도저히 산속 암자로 올라갈 수 없을 만큼 큰 눈이었습니다. 3년을 하루같이 지성으로 기도한 스님은 걱정이 이만저만이 아니었습니다. 어서 암자로 돌아가 기도를 계속해야 한다는 생각뿐이었습니다.

안절부절못한 마음으로 마을에서 며칠을 머물던 스님은 눈이 좀 잦아들자 마을 사람들의 걱정을 뒤로 한 채 산을 올랐습니다. 그렇게 눈길을 헤치고 죽을 둥 살 둥 암자에 도착해 보니, 댓돌 위에 웬 신발 한 켤레가 놓여 있는 것이었습니다.

스님은 신발을 보는 순간 가슴이 철렁했습니다. 이 엄동설한에 땔감이 없으니 신발 주인은 얼어 죽었을지도 모릅니다. 조금만 더 일찍 왔다면 목숨은 살릴 수 있었을 텐데 나 살자고 머뭇대다가 사람을 죽인 게 아닌가 싶어 괴로웠습니다. 만약 사람이 죽었다면 천일기도가 영험이 있기는커녕 재앙만 짓게 된 셈이 아닌가 싶었습니다.

스님은 조마조마한 마음으로 방문을 열었습니다. 그런데 이게 웬일입니까? 얼음장이어야 할 방 안은 후끈후끈하고 낯선 객승이 코를 골며 자고 있었습니다. 도대체 암자에는 땔감이라고는 부지깽이 하나 없는데 이상하다, 이상하다, 하던 중에 문득 머릿속을 스치는 생각이 있었습니다.

가슴이 철렁하면서도 설마 하는 마음으로 뛰어가서 법당 문을 열어보니, 아니나 다를까 모셔놓은 부처님이 없습니다. 스님은 머리끝까지 화가 치솟아 자고 있는 객승의 멱살을 잡아 흔들며 소리쳤습니다.

"야, 이놈아! 명색이 부처님 전에 출가한 중이라는 놈이 어떻게 부처님을 땔감으로 쓸 수가 있느냐."

스님은 객승을 닥치는 대로 두들겨 팼습니다. 그러자 객승이 다급한 목소리로 말했습니다.

"아, 스님! 잠깐만 손 좀 놔보세요. 급한 일이 있단 말이오."

"이놈이, 부처님을 장작으로 땐 놈이 무슨 할 말이 있다고!"

"아, 잠깐만 좀 놔보세요! 급하게 찾을 게 있단 말이오."

스님이 무슨 일인가 싶어 멱살을 놓아주자 객승은 허둥지둥 부엌으로 뛰어가 아궁이를 뒤졌습니다. 그 모습을 본 스님이 화가 나서 소리쳤습니다.

"야! 이놈아. 지금 게서 뭐하는 짓이냐?"

그러자 객승이 천연덕스러운 목소리로 대답했습니다.

"사리를 찾고 있소."

스님은 기가 막혀서 꽥 소리를 질렀습니다.

"야, 이런 정신 빠진 놈 같으니라고. 목불에 무슨 사리가 있단 말이냐!"

그러자 그 객승이 힐끗 돌아보며 말했습니다.

"그러면 마저 가져다 불을 때야겠군."

그 순간, 스님은 자기모순을 깨달았습니다.

'목불에 무슨 사리가 있냐'는 말은 '그게 무슨 부처냐, 나무토막이지'와 같은 말이었던 것입니다.

깨달음이란 그렇게 자기 속에 있는 모순을 보는 것입니다. 전도몽상顚倒夢想, 꿈을 꾸는 것처럼 헛되고 어리석은 생각에 빠져 있는 자신을 보는 것입니다.

나무로 만든 불상은 나무토막입니까, 아니면 거룩한 부처님입니까? 답을 하는 순간, 그 어느 쪽도 이미 도가 아닙니다. 목불은 나무토막이라 할 수도 없고, 부처라 할 수도 없습니다. 목불은 법당에 모시면 부처지만, 얼어 죽을 지경이 되면 땔감으로 삼을 수도 있습니다.

내가 주인이 되면 내가 세상을 움직일 수 있으나, 상에 집착하면 그 상이 나의 주인이 됩니다. 상에 집착하는 것은 나를 꽁꽁 묶어 스스로를 구속하는 일입니다. 상을 여의는 것, 그것이 내 인생의 자유를 활짝 열어주는 불법의 길입니다.

## 7  無得無說分
## 얻을 것도 말할 것도 없는 진리

수보리가 답하되,
원래 정한 법이 없음이 곧 보리이며
또 정한 법이 없음이
여래 말씀하신 것이옵니다.

그러하나,
무위법으로써 차별이 있다 하니
말하지 아니하여도 그 뜻을 알지로다.

## 제칠 무득무설분
## 第七 無得無說分

須菩提 於意云何 如來 得阿耨多羅三藐三菩提耶 如來 有
수보리 어의운하 여래 득아뇩다라삼먁삼보리야 여래 유
所說法耶 須菩提言 如我解佛所說義 無有定法 名阿耨多羅
소설법야 수보리언 여아해불소설의 무유정법 명아뇩다라
三藐三菩提 亦無有定法 如來可說 何以故 如來所說法 皆
삼먁삼보리 역무유정법 여래가설 하이고 여래소설법 개

不可取 不可說 非法 非非法 所以者何 一切賢聖 皆以無爲
불가취 불가설 비법 비비법 소이자하 일체현성 개이무위
法 而有差別
법 이유차별

"수보리여! 그대는 어떻게 생각하느냐? 여래가 아뇩다라삼먁삼보리를 얻었느냐? 여래가 설한 법이 있느냐?"
수보리가 대답하였습니다.
"제가 부처님께서 말씀하신 뜻을 알기로는, 정한 법이 있음이 없음을 이름하여 아뇩다라삼먁삼보리라 하며, 또한 정한 법이 있음이 없음을 여래께서 말씀하셨습니다. 왜냐하면 여래가 말씀하신바 법은 모두 가히 취할 수 없으며 설할 수 없고, 법이 아니며 법 아닌 것도 아니기 때문입니다. 왜냐하면 일체 현성이 다 무위법으로 차별이 있는 까닭입니다."

### 정해진 법이 없다

수보리는 다시 한 번 의심이 일었습니다.

'만일 부처와 법이 다 무상하다면, 이것은 부처와 법이 없다는 것이다. 그러면 어떻게 부처님은 아뇩다라삼먁삼보리를 성취하셨는가? 이제 법을 말씀하시면서 법이 없다고 하시는 까닭은 무엇인가?'

부처님은 수보리의 의심을 알아차리고는 묻습니다.

"수보리여! 그대는 어떻게 생각하느냐? 여래가 아뇩다라삼먁삼보리를 얻었느냐? 여래가 설한 법이 있느냐?"
수보리가 대답하였습니다.
"제가 부처님께서 말씀하신 뜻을 알기로는, 정한 법이 있음이 없음을 이름 하여 아뇩다라삼먁삼보리라 하며, 또한 정한 법이 있음이 없음을 여래께서 말씀하셨습니다."

須菩提 於意云何 如來 得阿耨多羅三藐三菩提耶 如來 有所說法耶 須菩提言 如我解佛所說義 無有定法 名阿耨多羅三藐三菩提 亦無有定法 如來可說

부처님은 여래가 아뇩다라삼먁삼보리를 얻었다고 생각하는지, 법을 설한 적이 있는지를 묻습니다. 이 질문을 받고 수보리는 자기가 또 상에 사로잡혔다는 것을 깨닫습니다. 수보리는 대답합니다.

"정한 법이 있음이 없음을 이름 하여 아뇩다라삼먁삼보리라 하며, 또한 정한 법이 있음이 없음을 여래께서 말씀하셨습니다."

수보리는 스승의 물음을 통해 무유정법無有定法을 확실하게 깨칩니다. 무유정법, 정해진 법이 있지 않다는 말은 법이 없다는 뜻이 아닙니다. 또한 정해진 법이 없으니 아무렇게나 해도 상관없다는 뜻도 아닙니다. 법 또한 인연 따라 정해집니다. 지금의 인연에 따라 한 법이 정해졌다 해서 그것이 언제 어디에나 통용되는 절대적 진리가 될 수는 없습니다. 지금 법이 정해진다고 해서 '이것이 법이다'라고 할 만한 고정된 법은 없다는 말입니다.

이 세상에는 무수히 많은 병이 있고, 그 병을 치료하기 위한 처방책 또한 그만큼 많습니다. 아무리 용한 처방책이라도 그것이 만병통치의 처방책이 되지는 못합니다. 인생 문제도 마찬가지입니다. 어떤 한 사람의 괴로움을 씻은 듯이 사라지게 한 비법이 있다 한들 그것이 다른 사람에게도 좋은 처방이 되리란 법은 없습니다.

그래서 여래의 처방책은 무수한 상황과 상태에 따라 제각각입니다. 모든 병자에게 똑같은 처방을 주는 의사가 없듯이 부처님 법도 중생의 상황과 근기에 따라 다 다릅니다. 최선의 처방이란 병자의 증세에 따라 나오는 것이지 상황과 조건에 상관없이 한 가지로 정해져 있는 게 아닙니다. 그것이 무유정법, 정해진 법이 있지 않은 도리입니다.


## 부처라는 거울

어느 날 부처님은 아소카나무 가지 하나를 꺾어 들어 보이며 아난다에게 물었습니다.

"이 나뭇가지에 달린 잎사귀와 저기 아소카나무 숲 전체의 잎사귀 중 어느 쪽이 더 많습니까?"

물론 아난다의 대답은 아소카나무 숲의 나뭇잎이었습니다.

"그렇습니다. 이 나뭇가지에 달린 잎사귀 수와 저 아소카 숲의 나뭇잎 수를 어찌 비교하겠습니까? 나의 설법도 그와 같습니다. 지난 45년 동안 내가 설한 법이 이 손에 들려 있는 나뭇가지 하나의 잎사귀에 비유된다면, 내가 설하지 않은 법은 저 숲의 나뭇잎 수만큼이나 많아 다 헤아릴 수가 없습니다."

부처님은 성도 이후 하루도 쉼 없이 설법을 하시고도 오히려 그 설한 바가 이처럼 적다고 하셨습니다. 이는 아직 설하지 않은 가르침이 너무도 많아서 45년의 설법은 거기에 비하면 극히 적은 부분이라는 뜻일 수도 있지만, 또 한편으로는 부처님의 설법은 부처라는 거울에 비친 중생의 그림자일 뿐이므로 정작 부처님은 한 법도 설한 바가 없다는 뜻으로도 이해할 수 있습니다.

거울은 스스로 어떤 그림도 그리지 않습니다. 한 물체가 거울 앞에 서면, 있는 그대로의 그 모습이 거울에 비쳐질 뿐입니다. 볼펜을 놓으면 볼펜 형상이 나타나고, 꽃병을 놓으면 꽃병 형상이 비칩니다. 거울에는 그림이 나타나지만 거울 스스로 그리는 그림은 없고, 거울 스스로 그리는 그림은 없지만 거울 속에는 분명히 그림이 존재합니다.

부처님이라는 거울도 그와 같습니다. 누가 부처님에게 서울 가는 길을 물으면 부처님은 서울로 가는 가장 좋은 길을 알려줍니다. 인천 사람이 와서 물으면 그 길은 동쪽 길이 되고, 수원 사람이 물으면 북쪽 길이 되고, 춘천 사람이 물으면 서쪽 길이 됩니다. 서울 가는 길을 몇 가지 정해두었다가 그 가운데 하나를 말씀해 주시는 게 아닙니다. 그 길은 그들 각자에게 이미 열려 있던 길이었습니다. 그래서 부처님은 한 중생도 제도한 바가 없다고 하신 겁니다.

'나'라고 하는 존재 역시 그러합니다. 고정된 실체 없이 그때그때 인연 따라 상황에 맞는 역할을 할 뿐입니다. 부모를 만나면 자식이 되고, 남편을 만나면 아내가 되고, 자식을 만나면 어머니가 됩니다. 버스를 타면 승객이 되고, 물건을 사러 가면 손님이 됩니다. 다만 인연 따라 나타날 뿐입니다.

그런 이치를 『법성게法性偈』에서는 '불수자성수연성不守自性隨緣成

成', 자기 성품을 고집하지 않고 인연 따라 이루어진다고 했습니다. 세상 모든 사물과 현상은 본래의 성질이라고 부를 만한 것 없이 그때그때 인연 따라 드러날 뿐입니다. 인연을 떠나 존재하는 절대적인 법은 어디에도 없습니다.

그런데도 사람들은 그중 하나의 형상을 움켜쥐고 버리지를 못합니다. 사진 찍듯이 마음속에 고이고이 간직해 두고 그 형상이 사라진 뒤에도 잔영에 집착하고 매달려서 갈등을 일으킵니다.

담배를 끊겠다던 남편이 담배를 피우면 아내는 '당신 또 담배 펴요?' 하고 다그칩니다. 남편이 담배 피지 않기를 바라는 마음이 있다면 그저 '여보, 담배 피지 말아요' 이렇게 말하면 충분할 텐데 말입니다. 아내가 그렇게 하지 못하는 이유는 남편이 담배를 끊겠다고 말한 과거에 대한 잔영이 남아 있기 때문입니다.

이런 상이 없어져야 현재에 깨어 있을 수 있습니다. 다만 '지금 일어나는 일'에 대해서만 대응한다면 인생은 지금보다 훨씬 자유로워집니다. 아이들은 어른에 비해서 비교적 그런 편입니다. 아이들은 방금 전에 친구와 심하게 다투고 토라졌다가도 금세 잊어버리고 풀어져서는 다시 또 어울리곤 합니다. 낯선 지역으로 이사를 가거나 외국으로 이민을 가도 아이들은 금방 친구를 사귑니다. 어른들이 빈부 계층이나 민족이나 종교 같은 여러 가지 상에 매인 데 비해 아이들은 그런 상이 훨씬 적습니다. 슬

퍼서 우는 것도 그때뿐이고 기뻐서 웃는 것도 그때뿐, 늘 가볍습니다.

## 아상이 있는 자가 어찌 나를 보겠는가

신라의 고승 자장율사慈藏律師는 문수보살文殊菩薩을 친견하고자 여러 해 동안 태백산에 머물며 기도했습니다. 그러던 어느 날 늙은 거지가 죽은 개를 망태기에 담아 걸머지고 나타나 자장이 있느냐고 큰 소리로 불러댔습니다.

온 신라가 우러러 존경하는 스승을 늙은 거지가 함부로 불러대니 시자는 내심 기가 찼습니다. 스님은 지금 기도 중이라서 아무도 만나지 않는다고 아무리 거절해도 늙은 거지는 자장율사를 만나야겠다고 고집을 부렸습니다. 그 고집을 못 이긴 시자가 하는 수 없이 스승에게 가서 전했습니다.

"웬 늙은 거지가 죽은 개를 싸들고 와서 스님을 뵙겠다고 합니다."

"아마 미친 사람인가 보구나. 돌려보내라."

자장율사는 대수롭지 않게 대답했고, 시자는 늙은 거지에게 스승의 말을 전했습니다. 그러자 거지가 돌아서며 말했습니다.

"돌아가리로다. 돌아가리로다. 아상이 있는 자가 어찌 나를 보겠는가."

그러면서 망태기를 뒤집자 죽은 개가 푸른 사자로 변하더니, 거지는 그 사자를 타고 날아가 버렸습니다. 늙은 거지가 바로 문수보살이었던 것입니다. 자장율사가 뒤늦게 뛰어나왔지만 문수보살은 이미 동쪽 하늘로 날아가 버린 뒤였습니다.

자장율사같이 위대한 분도 순간적으로 상에 사로잡혀 그런 어리석음을 저질렀습니다. 문수보살을 친견하기 위해 몇 년을 간절히 기도했으면서도 정작 문수보살이 나타나자 기도에만 집착해 문수보살을 쫓아버린 격이었습니다.

불보살은 휘황찬란한 모습으로 하늘에서 내려오지 않습니다. 소리 없이 내려와 언제나 고통받는 중생과 함께 있습니다. 우리가 불보살을 보지 못하는 이유는 불보살이 이 세상에 없기 때문이 아니라 우리가 상에 빠져 하늘만 쳐다보고 있기 때문입니다.

사람들은 자기 나름대로 기준을 가지고 열심히 산다고 생각하지만, 그것이 스스로를 옭아매는 속박의 끈을 더 단단히 조여맨 것에 불과할 때가 많습니다. 누에가 제 입에서 나온 실로 고치를 만들고 그 속에 갇히듯, 내가 일으킨 생각에 사로잡혀 스스로를 구속합니다. 고정관념으로 만들어진 온갖 상을 깨뜨리면 나비가 고치를 뚫고 나와 창공을 훨훨 날듯 내 앞에 자유로운 세상이 활짝 펼쳐집니다. 그것이 바로 해탈입니다.

### 중생, 현인, 성인, 부처

"왜냐하면 여래가 말씀하신바 법은 모두 가히 취할 수 없으며 설할 수 없고, 법이 아니며 법 아닌 것도 아니기 때문입니다. 왜냐하면 일체 현성이 다 무위법으로 차별이 있는 까닭입니다."

何以故 如來所說法 皆不可取 不可說 非法 非非法 所以者何 一切賢聖 皆以無爲法 而有差別

  무위법이란, 함이 없는 법, 하나의 형상으로 정해지지 않는 법, 찌꺼기가 남지 않는 법을 말합니다. 이러한 무위법은 현실의 삶 속에서 인연 따라 갖가지 모습으로 드러납니다.

  현성은 현인과 성인을 말합니다. 현인은 현명한 사람, 성인은 보살을 말합니다. 이 세상 사람을 넷으로 분류하면, 범부 중생, 현인, 성인, 부처로 나눌 수 있습니다. 범부 중생은 마치 쥐가 쥐약을 먹고 물고기가 낚싯밥을 물듯이 제 딴에는 살려고 하는 짓이 죽는 길이 되는 어리석은 행동을 하는 사람을 말합니다. 즉, 행복하려고 자기 나름대로 애쓰고 노력한 결과가 불행을 자초한다는 것이지요.

  현인은 아주 현명한 사람, 인연 과보를 분명히 아는 사람을 말합니다. 그래서 자기를 해치는 짓은 하지 않습니다. 자기에게 이익이 되는 일을 찾아서 하는 사람이라고 할 수 있습니다.

범부 중생은 주려는 마음은 없고 얻으려는 마음만 있습니다. 뭐든지 얻는 것만을 좋아해서 얻는 것으로 기쁨을 삼습니다. 그런데 주지는 않고 받기만 할 수 있다는 건 원리적으로 맞지 않는 말이지요. 그러니 중생에게는 좋은 일이 소 뒷걸음치다 쥐 잡는 식으로 어쩌다가 한 번 일어날 뿐입니다. 주지는 않고 받는 것만 탐하는데 그것이 세상 원리로 일어날 수 없으니 범부 중생의 인생은 그래서 늘 괴로울 수밖에 없습니다.

현인은 어떨까요? 현명한 사람은 주고받습니다. 콩 심은 데 콩 나고 팥 심은 데 팥 난다는 원리를 압니다. 가는 말이 고와야 오는 말이 곱고, 복을 지어야 복을 받는다고 알지요. 그래서 현인은 부지런히 복을 지어서 복을 받으려고 합니다.

하지만 성인은 주려는 생각만 있지 받으려는 생각이 없습니다. 즉 베풀고도 받으려는 생각이 없습니다. 봄에 밭 갈고 씨 뿌려 여름에 김매고 열심히 일해 가을에 추수를 해도 필요한 사람한테 다 나눠줘 버립니다.

성인은 왜 그렇게 하는 걸까요? 농사짓는 그 자체가, 그러한 내 인생이 이미 좋은 것임을 알기 때문입니다. 진정한 행복은 매 순간 집중해 있을 때이므로 그 일로 얻어진 수확은 행복의 찌꺼기임을 아는 것이지요. 그러니 누군가 행복의 찌꺼기인 수확을 원하면 그 사람에게 아낌없이 다 줄 수 있습니다.

이는 마치 우리가 맛있는 음식을 먹고 똥을 누고는 뒤도 안 보고 가버리는 것과 같습니다. 그 똥을 개가 먹는 걸 보고, '이놈 내가 하루나 걸려 만들어 놓은 걸 네가 먹을 수 있냐!' 이러는 사람이 없듯이, 성인에게 수확은 삶의 찌꺼기에 불과해 거기에 아무런 집착과 미련이 없습니다. 그래서 성인은 아무 바라는 마음 없이 집착 없이 중생을 이롭게 합니다. 이러한 성인을 다른 말로 보살이라고 합니다.

그렇다면 부처는 어떤 경지일까요? 부처는 이 세상에 한 물건도 본래 내 것 네 것이 없다는 것을 증득한 사람입니다. 무소유, 무아소無我所이므로 더 이상 주고받는다는 생각이 없고 다만 필요에 따라 쓰일 뿐이지요.

## 무위의 삶

오래전에 봉암사에서 부목 생활을 한 적이 있습니다. 그때 소임 중 하나가 노스님 방에 연탄불을 가는 일이었는데 연탄불도 한 번 안 꺼뜨리고 뒤처리도 늘 깔끔하게 청소를 해놓았지요. 그런데 그렇게 한 달쯤 지나자 노스님이 저를 부르더니 제 귀에 대고 작은 소리로 말씀하시는 겁니다.

"너, 데모하다 도망 왔지?"

한마디로 '너 부목 같지가 않다'는 말씀이었지요. 그때 저는 겉으로는 부목 생활을 하고 있었지만 부목이 부목답지 못했던 것입니다. 매사에 성실하게 생활하려는 의도가 나쁘다는 게 아니라 마음속으로는 내가 누구다 하는 상을 놓지 못하고 있었던 것이지요.

그때 봉암사로 찾아와 구걸을 하던 거지가 있었습니다. 그 사람한테 거지 노릇 그만두고 절에서 같이 있자고 설득해서 한 방에서 생활하게 되었습니다.

그런데 그 사람이 보기에 내가 하는 짓이 너무나 이상한 겁니다. 부목이라면 주는 밥이나 먹고 시키는 일이나 하면 될 것을 새벽 4시에 일어나 예불에 참석하고 하루 종일 피곤하게 일하고 나서 또 저녁 예불에 참석하는 게 이해가 되지 않았던 것이지요. 그래서 그는 나에게 '너 미쳤나? 네가 중이가? 뭣 땜에 그런 짓을 하노?' 하고 입버릇처럼 말하곤 했습니다. 이것도 내가 부목 생활을 무위로 하지 못했다는 뜻이지요.

신분을 숨기고 절에 들어가 나를 살펴보는 시간을 갖겠다고 부목 생활을 했지만 실은 겉모습만 바꿨지 속으로는 '내가 중이다' 하는 생각을 쥐고 있었던 것입니다. 부목을 하면 그냥 부목이 되고 공양주를 하면 그냥 공양주가 되어야 하는데, 중이 잠시 부목 흉내를 내거나 중이 잠시 공양주 흉내를 내는 수준밖에 아니었습니다. '나'라는 상을 깨지 못했던 것이지요. 무위법으로 그때그때의 인연에 따라 현현해야 하거늘 그렇게 하지 못했던 것입니다.

무위법 대로만 하면 사람 관계에서도 갈등이 일어날 게 없습니다. '내가 엄마다' 하는 상 없이, 어린아이에게는 돌봐줄 엄마가 필요하니까 내가 지금 엄마 노릇을 한다는 마음으로 살면 자식에게 집착이 생기지 않습니다. 그래야 아이가 성장해서 더 이상 엄마를 필요로 하지 않을 때 언제라도 엄마 노릇을 툭툭 털어버릴 수 있습니다. 내 소임이 다 끝났으니 오히려 시원하고 가볍습니다. 그런데 아이가 다 커서 이제 엄마가 필요 없다는데도 그 옆에 계속 붙어서 '나는 네 엄마다' 하고 고집하는 것이 상입니다.

회사에서 아무리 권위 있는 사장이라도 절에 오면 신도일 뿐입니다. 절에 와서 빗자루를 들고 청소를 하면 사장이 청소를 하는 게 아니라 그냥 한 사람이 청소를 하는 겁니다. '사장인 내가 청소까지 해주는데' 하는 상을 가지고 있으면 내 생활이 불편해집니다.

물이 그릇에 따라 모양을 바꾸듯 인연 따라 그때그때 바뀌어야 문제가 없습니다. 인연 따라 사는 삶이 집착이 없는 삶이고, 그것이 바로 무위의 삶입니다.

이렇듯 모든 법은 공하여 본래의 자성自性이란 것이 없습니다. 무아이므로 인연 따라 갖가지 법으로 드러나되, 그 한량없는 법은 실체가 없고 영원하지도 않습니다. 텅 비었으니 거기에서 오히려 수없는 법이 일어납니다. 무위법이 인연 따라 차별로 드러나는 도리가 그것입니다.

## 8  依法出生分
### 모든 법이 좇아 나온 진리

일체 제불과 제불의
아뇩다라삼먁삼보리법이
다 이 반야 대지혜를 좇아 나온 까닭으로
이 복덕이 가장 수승하니라.

## 제팔 의법출생분
## 第八 依法出生分

須菩提 於意云何 若人 滿三千大千世界七寶 以用布施 是
수보리 어의운하 약인 만삼천대천세계칠보 이용보시 시

人所得福德 寧爲多不 須菩提言 甚多 世尊 何以故 是福德
인소득복덕 영위다부 수보리언 심다 세존 하이고 시복덕

卽非福德性 是故 如來說福德多 若復有人 於此經中 受持
즉비복덕성 시고 여래설복덕다 약부유인 어차경중 수지

乃至四句偈等 爲他人說 其福 勝彼 何以故 須菩提 一切諸
내지사구게등 위타인설 기복 승피 하이고 수보리 일체제

佛 及諸佛 阿耨多羅三藐三菩提法 皆從此經出 須菩提 所
불 급제불 아뇩다라삼먁삼보리법 개종차경출 수보리 소

謂佛法者 卽非佛法
위불법자 즉비불법

"수보리여! 그대는 어떻게 생각하느냐? 만일 어떤 사람이 삼천대천세계에 칠보로 가득 채워 보시한다면 이 사람이 얻는 복덕이 많지 않겠느냐?"

수보리가 대답하였습니다.

"매우 많습니다, 세존이시여! 왜냐하면 이 복덕이 복덕성이 아닌 까닭에 여래께서 복덕이 많다고 하셨기 때문입니다."

"만일 다시 어떤 사람이 이 경 가운데 내지 사구게 등을 받아 지니고 다른 사람을 위해 일러주면 그 복이 저 복보다 더 뛰어나리라. 왜냐하면 수보리여! 모든 부처님과 모든 부처님의 아뇩다라삼먁삼보리법이 다 이 경에서 나왔기 때문이다. 수보리여! 이른바 불법이라는 것은 불법이 아니니라."

## 삼천대천세계

"수보리여! 그대는 어떻게 생각하느냐? 만일 어떤 사람이 삼천대천세계에 칠보로 가득 채워 보시한다면 이 사람이 얻는 복덕이 많지 않겠느냐?"

須菩提 於意云何 若人 滿三千大千世界七寶 以用布施 是人所得福德 寧爲多不

불교 경전에는 삼천대천세계라는 말이 자주 나옵니다. 삼천대천세계는 소천·중천·대천 세계를 말합니다.

인도의 전통적 우주관에 따르면, 크기를 헤아릴 수 없이 거대한 우주의 중심에 수미산이 있습니다. 그 수미산 주위를 칠금산七金山이 둘러서 있고, 수미산과 칠금산 사이에 칠해七海가 있습니다. 칠금산 밖에는 함해鹹海가 있으며 함해 속에 사대주四大洲가 있으며 함해 건너에 철위산鐵圍山이 둘러 있다고 합니다.

함해에 있는 사대주는 남쪽의 염부제閻浮提, 동쪽의 승신주勝身洲, 서쪽의 우화주牛貨洲, 북쪽의 구로주俱盧洲로, 그중 우리 인간이 사는 남섬부주는 가장 살기 어렵고 박복한 곳이지만 사대주 가운데 여러 부처가 나는 곳은 이곳뿐이라고 합니다.

수미산의 맨 아래에는 지옥이 있고 그 위에 아귀의 세계가 있으며 지표면에 인간과 축생이 삽니다. 수미산 중턱에는 사왕천

四王天이 있으며 수미산 정상에는 도리천切利天이 있고 그 위로 야마천夜摩天, 도솔천兜率天, 화락천化樂天, 타화자재천他化自在天이 있습니다.

또 천상계는 아니지만 수미산 주변 허공에는 아수라의 세계도 존재합니다. 아수라는 천상의 신들과 능력 면에서는 비슷하지만 마음이 분노와 울화로 들끓고 있어서 도리천왕인 제석천帝釋天의 천병들에게 노상 싸움을 걸어댑니다.

사왕천부터 타화자재천까지 모두 여섯 개의 천상을 합해 욕계육천欲界六天, 즉 육욕천六欲天이라고 합니다. 육욕천 위로는 색계 18천이 있고, 또 그 위로 무색계의 4천이 있으니 천상계는 통틀어 28천입니다.

이렇게 땅 밑의 지옥 아귀로부터 축생, 수라, 인간, 28개의 천상까지가 모여 하나의 세계를 이룹니다. 이를 삼계三界라 합니다. 이런 하나의 세계가 천 개 모인 것이 소천세계, 소천세계가 천 개 모인 것이 중천세계, 중천세계가 천 개 모인 것이 대천세계입니다.

소천·중천·대천세계를 통틀어 삼천대천세계라 부르는데, 이것이 오늘날 우리가 우주라고 말하는 영역입니다. 대천 속에는 이미 중천과 소천이 포함되어 있으니 그냥 대천이라 해도 되는데 굳이 삼천대천이라고 부르는 이유는 이 우주가 수없이 많은 세계들로 이루어진 실로 가없는 세계임을 강조하려는 의도입니다.

칠보는 일곱 가지 보배를 말합니다.『무량수경無量壽經』에서는 금·은·유리·파리·마노·거거·산호를 이르며,『법화경法華經』에서는 금·은·마노·유리·거거·진주·매괴를 이릅니다. 이러한 칠보가 한 보따리만 있어도 큰 부자일 텐데, 그런 보석으로 삼천대천세계를 가득 채워 보시한다니 그 복덕은 헤아리기 어려울 만큼 커서 어디에도 비할 나위가 없을 것입니다.


### 복덕의 성품

수보리가 대답하였습니다.
"매우 많습니다, 세존이시여! 왜냐하면 이 복덕이 복덕성이 아닌 까닭에 여래께서 복덕이 많다고 하셨기 때문입니다."
須菩提言 甚多 世尊 何以故 是福德 卽非福德性 是故 如來說福德多


부처님이 삼천대천세계에 칠보를 가득 채워 보시하면 그 복덕이 많냐고 물으시니, 수보리는 매우 많다고 대답합니다. 그러면서 그 복덕은 복덕성이 아니라고 덧붙입니다. 이게 무슨 말일까요?

세계의 참모습으로 돌아가서 생각한다면 세상 천하 만물은 어느 누구의 것도 아닙니다. 지금 내 것이라고 믿는 것은 잠시 내 손에 머물러 있는 것에 불과할 뿐입니다. 누구의 것도 아니기에 누구에게 얼마만큼 내준다 해도 그것은 나의 공덕이 아닙니다.

본래 이 물건이 누구의 것이 아닌 줄을 알면 이것을 누구에게 보시한다고 해도 아무런 공덕을 지은 바가 없음을 알게 됩니다. 그래서 '이런 것이 복이다'라고 규정할 만한 복덕의 성품이란 없습니다. 다만 이름 하여 '복덕이 있다'거나 '복덕이 많다'고 할 뿐 복덕이라고 할 무엇 자체가 없는 것입니다.

중국 남북조시대 양나라의 무제는 불심이 매우 돈독했습니다. 그는 온 나라에 불사를 일으키고 불법을 널리 퍼뜨리기 위해 전심전력을 기울였습니다. 겉모습은 왕으로 살고 있으나 스스로 승려와 다를 바 없다는 확신을 갖고 있을 정도였습니다. 그래서 당시 사람들은 무제를 호법대왕 전륜성왕이라고 불렀습니다.

그러한 양무제가 어느 날 서역에서 달마대사가 왔다는 소식을 듣고서는 궁으로 초대해 정성스레 대접하고는 물었습니다.

"나는 지금까지 수많은 절을 짓고 탑을 세우고 스님들을 배출하고 경전을 편찬해 왔습니다. 이런 내 공덕이 얼마나 될 것 같습니까?"

그러자 달마대사는 무심한 표정으로 대답했습니다.

"아무런 공덕도 없습니다."

달마대사가 양무제에게 아무 공덕이 없다고 말한 이유는 그가 불사에 대한 상을 가지고 있었기 때문만은 아닙니다. 왕이 절을 짓고 탑을 세운다면 그 이면에는 백성으로부터 거둬들이는 온갖 세금과 노역이 숨어 있는 게 당연합니다. 겉으로는 왕이 보시한 것 같고 왕의 이름이 빛난다 할지라도 그 본질을 꿰뚫어보면 그 모든 불사는 하나같이 백성들이 한 일입니다. 그러니 아무 공덕이 없다는 것이지요. 그러나 그것보다는 달마대사의 대답은 양무제가 진정한 복덕의 길에는 한 걸음조차 들어서지 못했음을 이르는 말이라 하겠습니다.

## 사구게

"만일 다시 어떤 사람이 이 경 가운데 내지 사구게 등을 받아 지니고 다른 사람을 위해 일러주면 그 복이 저 복보다 더 뛰어나리라. 왜냐하면 수보리여! 모든 부처님과 모든 부처님의 아뇩다라삼먁삼보리법이 다 이 경에서 나왔기 때문이다. 수보리여! 이른바 불법이라는 것은 불법이 아니니라."

若復有人 於此經中 受持乃至四句偈等 爲他人說 其福 勝彼 何以故 須菩提 一切諸佛 及諸佛 阿耨多羅三藐三菩提法 皆從此經出 須菩提 所謂佛法者 卽非佛法

사구게四句偈란 본래 네 개의 구절로 이루어진 게송을 뜻하지만 흔히 경전의 핵심 내용을 함축한 구절을 말합니다. 사구게를 수지受持한다는 말은 금강경을 손으로 받아서 늘 가지고 다닌다는 말이 아닙니다. '수受'란 사구게에 담긴 소식을 듣고 '아, 그렇구나!' 하고 깨달아서 마음으로 깊이 받아들이는 것을 의미합니다.

하지만 사람들은 흔히 불법의 이치를 깨닫고도 막상 일상생활을 하다 보면 언제 그랬나 싶게 다시 탐·진·치 삼독에 사로잡힙니다. 금강경을 받기는 받았지만 지니고 다니지 않고 받은 그 자리에 놓고 나와 버리는 격입니다. 그래서 늘 마음속에 새기는 공부가 중요합니다. 이것이 '지持'입니다. 금강경을 수지한다는 것은 그 가르침을 삶의 양식으로 삼아 경계에 부딪칠 때마다 나를 돌아보는 지표로 삼는다는 뜻입니다.

그렇게 사구게를 수지한 뒤에는 다른 사람도 이 가르침을 만나서 자유롭고 행복하게 살아갈 수 있도록 전해주어야 합니다. 이것은 단순히 사람들에게 금강경을 읽어보라고 권유하라는 것이 아닙니다. 상대의 상황과 조건을 잘 살펴서 그가 진심으로 이 법을 받아들일 수 있도록 전하는 한편, 이 법을 가슴에 지니고 일상에서 실천해 나갈 수 있게 도와주어야 합니다. 이것이 위타인설爲他人說입니다.

사구게를 받아 지니고 다른 사람에게 전하는 복덕은 삼천대천세계에 칠보를 가득 채워 보시하는 복덕과는 비할 수 없는 복덕입니다. 칠보로 보시하는 공덕이 아무리 크다 해도 그것은 언젠가 다함이 있는 유루복이지만, 상이 있는 모든 것이 다 허망함을 깨닫는 데서 오는 복은 다함이 없는 무루복입니다. 그러므로 그 둘은 도저히 비교가 되지 않습니다.

또한 깨달음으로 무루복을 닦아 나가는 이에게는 측량할 수 없는 복이 돌아올 뿐 아니라 유루복에 따라다니는 재앙이 찾아올 여지가 없습니다. 복덕이 없으므로 복덕이 많은 이치가 바로 이것입니다. 그런데도 사람들은 작은 복에 마음이 팔려 정말 큰 복을 놓치기 일쑤입니다.


### 방생의 공덕

세상에서 죽어가는 생명을 살려주는 은혜만큼 큰 은혜는 없습니다. 그래서 방생의 공덕이 크다고들 말합니다. 그런데 복에 마음이 팔리게 되면 방생의 참뜻인 생명을 살리는 일에는 관심이 없고 방생이라는 형식을 통해 복을 얻는 데에만 급급하게 됩니다. 복을 얻기 위해 남의 생명을 수단화시키는 일은 결코 방생이 아닙니다.

흥부가 제비 다리를 고쳐주듯이 생명의 아픔에 동참하는 것,

다른 이의 상처가 치유되는 기쁨을 함께 누림으로써 나 역시 행복하다는 것이 불법의 가르침입니다. 흥부는 제비 다리를 다만 안타까운 마음으로 치료해 주었고, 그랬기 때문에 그의 선행은 한량없는 공덕으로 돌아온 것입니다.

그런데 무주상보시의 공덕이 엄청나다는 말을 듣고는 보시를 하면서 한사코 이름을 밝히지 않겠다고 고집하는 사람도 있습니다. 물론 이름 내는 데 연연하기보다는 이름을 밝히지 않는 게 좋은 일이긴 합니다.

하지만 무주상보시의 참뜻은 이름을 내고 안 내고에 있지 않습니다. 많은 사람이 다니는 큰길가에 이름을 내걸었다 해도 돌아올 복에 대한 기대를 갖고 있지 않으면 그것이 오히려 무주상보시입니다. 반면에 이름은 드러내지 않으면서도 내심 자기에게 돌아올 복을 기대한다면 그것은 무주상보시가 아닙니다. 그러한 기대감은 언젠가는 실망과 배신감으로 돌아올 뿐이지요.

복이라 할 게 없음을 아는 것이 복 중에 가장 큰 복입니다. 깨달음의 눈으로 보면 복이라 할 게 없습니다. 그래서 부처님은 '다만 이름 하여 복이라 부른다'고 하셨습니다.

옳고 그름 역시 그렇습니다. 다만 인연 따라 그때그때 상황 속에서 잠시 형상을 갖추고 나타나는 것이지, 옳다 그르다 할 본래의 성품이 없습니다. 불법 또한 예외가 아닙니다. '이것이 불법이다'라고 절대화시킨 진리는 이미 진리가 아닙니다.

## 9  一相無相分
## 일상도 본래 상이 없으니

본래 보려고 하여도 볼 수 없고
들으려고 하여도 들을 수 없는
이 한 물건을
능히 얻었다고 하겠느냐.

## 제구 일상무상분
## 第九 一相無相分

須菩提 於意云何 須陀洹 能作是念 我得須陀洹果不 須菩
수보리 어의운하 수다원 능작시념 아득수다원과부 수보

提言 不也 世尊 何以故 須陀洹 名爲入流 而無所入 不入
리언 불야 세존 하이고 수다원 명위입류 이무소입 불입

色聲香味觸法 是名須陀洹 須菩提 於意云何 斯陀含 能作
색성향미촉법 시명수다원 수보리 어의운하 사다함 능작

是念 我得斯陀含果不 須菩提言 不也 世尊 何以故 斯陀含
시념 아득사다함과부 수보리언 불야 세존 하이고 사다함

名一往來 而實無往來 是名斯陀含 須菩提 於意云何 阿那
명일왕래 이실무왕래 시명사다함 수보리 어의운하 아나

含 能作是念 我得阿那含果不 須菩提言 不也 世尊 何以故
함 능작시념 아득아나함과부 수보리언 불야 세존 하이고

阿那含 名爲不來 而實無不來 是故 名阿那含 須菩提 於意
아나함 명위불래 이실무불래 시고 명아나함 수보리 어의

云何 阿羅漢 能作是念 我得阿羅漢道不 須菩提言 不也 世
운하 아라한 능작시념 아득아라한도부 수보리언 불야 세

尊 何以故 實無有法 名阿羅漢 世尊 若阿羅漢 作是念 我
존 하이고 실무유법 명아라한 세존 약아라한 작시념 아

得阿羅漢道 卽爲着我人衆生壽者 世尊 佛說我得無諍三昧
득아라한도 즉위착아인중생수자 세존 불설아득무쟁삼매

人中 最爲第一 是第一離欲阿羅漢 世尊 我不作是念 我是
인중 최위제일 시제일이욕아라한 세존 아부작시념 아시

離欲阿羅漢 世尊 我若作是念 我得阿羅漢道 世尊 卽不說
이욕아라한 세존 아약작시념 아득아라한도 세존 즉불설

須菩提是樂阿蘭那行者 以須菩提 實無所行 而名須菩提 是
수보리시요아란나행자 이수보리 실무소행 이명수보리 시

樂阿蘭那行
요아란나행

"수보리여! 그대는 어떻게 생각하느냐? 수다원이 '나는 수다원과를 얻었다'고 생각하겠느냐?"

수보리가 대답하였습니다.

"아닙니다, 세존이시여! 왜냐하면 수다원을 일러 흐름에 들어간다고 하지만 들어가는 바가 없으니 빛과 소리와 향기와 맛과 감촉과 법에 들어가지 않으므로 이름이 수다원입니다."

"수보리여! 그대는 어떻게 생각하느냐? 사다함이 '나는 사다함과를 얻었다'고 생각하겠느냐?"

수보리가 대답하였습니다.

"아닙니다, 세존이시여! 왜냐하면 사다함을 일러 한 번 왕래한다고 하지만 실로 왕래함이 없으므로 이름이 사다함입니다."

"수보리여! 그대는 어떻게 생각하느냐? 아나함이 '나는 아나함과를 얻었다'고 생각하겠느냐?"

수보리가 대답하였습니다.

"아닙니다, 세존이시여! 왜냐하면 아나함을 일러 되돌아오지 않는다고 하지만 실로 되돌아오지 않음이 없으므로 이름이 아나함입니다."

"수보리여! 그대는 어떻게 생각하느냐? 아라한이 '나는 아라한도를 얻었다'고 생각하겠느냐?"
수보리가 대답하였습니다.
"아닙니다, 세존이시여! 왜냐하면 실로 법이 있음이 없음을 일러 이름이 아라한이라 하기 때문입니다. 세존이시여! 만일 아라한이 '나는 아라한도를 얻었다'고 생각한다면, 아·인·중생·수자에 집착한 것입니다. 세존이시여! 부처님께서 말씀하시되 제가 다툼이 없는 삼매를 얻은 사람 가운데 가장 제일이 됨이라 하시니, 이는 제일의 욕을 여읜 아라한입니다. 세존이시여! 저는 제가 욕을 여읜 아라한이라고 생각하지 않습니다. 세존이시여! 제가 만일 '내가 아라한도를 얻었다'고 생각한다면 세존께서는 '수보리는 아란나행을 기꺼워하는 자'라고 말씀하시지 않았을 것입니다. 수보리가 실로 행하는 바가 없으므로 수보리를 이름 하시되 '아란나행을 즐긴다'고 하십니다."

## 성인의 흐름에 든 자

"수보리여! 그대는 어떻게 생각하느냐? 수다원이 '나는 수다원과를 얻었다'고 생각하겠느냐?"
수보리가 대답하였습니다.
"아닙니다, 세존이시여! 왜냐하면 수다원을 일러 흐름에 들어간다고 하지만 들어가는 바가 없으니 빛과 소리와 향기와 맛과 감촉과 법에 들어가지 않으므로 이름이 수다원입니다."

須菩提 於意云何 須陀洹 能作是念 我得須陀洹果不 須菩提言 不也 世尊 何以故 須陀洹 名爲入流 而無所入 不入色聲香味觸法 是名須陀洹

중생과 부처가 둘이 아니라는 가르침을 가슴에 새기던 수보리는 또 다른 의문과 마주치게 됩니다. 완전한 깨달음의 경지에 이르기 위해서는 성문사과(聲聞四果)의 네 단계를 거쳐야 한다고 했는데, 중생이 본래 부처라면 그 단계들이 왜 필요한가? 또 수행을 통해 성과를 얻는 게 무슨 의미가 있단 말인가?

수보리의 이런 마음을 알아차린 부처님이 질문을 던집니다.

"수다원이 스스로 '내가 이 정도 수행을 했으니 이제 나도 성인의 흐름에 들었구나' 하고 생각하느냐?"

순간 수보리는 자기가 다시 상에 집착했음을 알아차립니다.

성인의 흐름에 들었다는 것은 나와 너를 구분하는 분별과 아상을 버리기 시작했다는 것을 의미합니다. 만일 스스로 내가 성인의 흐름에 들었다고 생각한다면 그는 아상을 버리지 못한 것입니다. 성인의 길에 들어선 자신과 다른 중생을 구분하는 마음이 남아 있다면 그는 수다원이 아닙니다. 부처님의 물음에 수보리는 이 점을 깨달았던 것입니다.

'나는 깨달음을 얻었다' '나는 자유로운 사람이 되었다'고 소리치고 자랑하는 이가 있다면, 이는 그가 아직 깨달음을 얻지 못한 사람이라는 증거입니다. 깨달음을 얻은 이는 깨달음을 얻었다거나 얻지 못했다는 생각조차 일으키지 않는 법입니다. '나는 수다원에 들었다'는 생각은 마음이 아직 경계 따라 일어나고 사라진다는 뜻입니다. 경계에 이끌리는 수준이라면 수다원이라고 부를 수 없습니다.

수다원은 성문사과 중 첫 번째 지위를 말합니다. 성문사과는 성문들이 얻는 네 단계의 깨달음으로, 수다원·사다함·아나함·아라한이 있습니다.

수다원은 그릇된 견해를 버리고 성스러운 흐름에 들어섰다는 뜻으로 입류入流 또는 예류豫流라고 합니다. 또 생사의 흐름을 거슬러 괴로움이 없는 세계로 나아가는 사람이라는 뜻으로 역류逆流라고도 합니다.

세상의 흐름을 거스른다는 것은 쉽지 않은 일입니다. 하지만 물결에 휩싸여 떠내려가다 보면 결국엔 소용돌이에 휘말려 죽게 됩니다. 힘이 들더라도 흐름을 거슬러 밖으로 나와야만 괴로움의 삶에서 벗어날 수 있습니다.

그렇다면 어떻게 해야 그 세찬 흐름에서 벗어날 수 있을까요? 가장 먼저 해야 할 일은 더 이상 떠내려가지 않도록 구명보트의 밧줄을 단단히 움켜쥐는 것입니다. 바로 계戒를 지키는 일이지요.

하지만 밧줄을 잡고 매달려 있자면 버티기가 힘들어 자꾸만 손을 놓고 싶어집니다. 또 거대한 흐름을 거스르자니 혼자 외톨이가 되는 것 같고 뒤떨어지는 것만 같아 조바심도 납니다. 그래도 끝까지 정신을 차려 밧줄을 움켜쥐고 세찬 물결을 거슬러 강가로 헤엄쳐 나와야 합니다.

물론 밧줄을 단단히 움켜쥐었다고 해도 강가에 이르기까지는 수없이 많은 어려움이 있을 것입니다. 그래서 힘들 때마다 손을 놓을까 말까 하는 갈등이 수백 수천 번도 더 일어납니다. 그러나 밧줄을 단단히 쥔 사람은 적어도 더 이상 강물에 떠밀려 내려가지는 않습니다. 그것은 윤회의 사슬, 육도윤회에서 벗어나는 방법을 확연히 알아차렸다는 뜻입니다. 어떤 것이 죽음의 길인지, 어떻게 하면 괴로움이 일어나는지를 바르게 보고 바르게 알아차리는 정견正見을 갖게 되었다는 뜻이기도 합니다.

물론 정견에 눈을 떴다고 해서 과거의 습기가 일시에 사라지지는 않습니다. 자신도 알아차리지 못하는 사이에 자꾸만 어리석은 행동을 되풀이합니다. 하지만 예류에 든 사람이라면 잠시 어리석음에 휘둘려도 이내 정신을 차리고 돌이켜서 바른 길로 되돌아옵니다. 화를 냈다가도 아집에 사로잡혀 있음을 알아차리고, 욕심을 냈다가도 그것이 자기 욕심임을 알아차리고, 꿈을 꾸다가도 그것이 꿈인 줄 알아차립니다.

### 한 번 왕래하는 자

"수보리여! 그대는 어떻게 생각하느냐? 사다함이 '나는 사다함과를 얻었다'고 생각하겠느냐?"
수보리가 대답하였습니다.
"아닙니다, 세존이시여! 왜냐하면 사다함을 일러 한 번 왕래한다고 하지만 실로 왕래함이 없으므로 이름이 사다함입니다."

須菩提 於意云何 斯陀含 能作是念 我得斯陀含果不 須菩提言 不也 世尊 何以故 斯陀含 名一往來 而實無往來 是名斯陀含

사다함은 성문사과의 두 번째 지위로, 인간과 천상에 각각 한 번씩 생生을 받은 뒤에야 열반을 증득하게 됩니다. 즉, 인간 세계에서 사다함과를 얻으면 반드시 하늘 세계에 갔다가 다시 인간 세계로 돌아와 열반을 깨닫고, 하늘 세계에서 사다함과를 얻으면 먼저 인간 세계에 갔다가 다시 하늘 세계로 돌아와 열반의 증과를 얻게 됩니다. 이렇게 천상과 인간 세계를 한 번 왕래하므로 일래과 來果라고 합니다.

수다원이 경계에 이끌리는 마음을 제어하는 수준이라면 사다함은 육근 경계에 따라 일어나는 마음을 완전히 조복해 주체를 회복한 경지입니다. 수다원에서 계속 수행 정진하면 다겁 생래로 쌓인 과거의 습기가 차츰 사라져 사다함의 경지에 이릅니다. 사다함은 업식에 꺼둘리는 어리석음을 한 번만 더 되풀이하면 더 이상 어리석음을 되풀이하지 않는 경지를 말합니다.

사다함은 지혜를 얻어 번뇌와 미혹을 벗어나 진리를 보는 단계인 견도見道를 이룬 뒤 수도修道의 과정에 있는 사람입니다. 확연히 깨친 이치에 따라 수행해 나가는 중이라는 뜻입니다. 이렇듯 견도 후에 수도가 있는 것이지, 견도를 얻지 못한 상태에서 이리저리 왔다 갔다 하며 애쓰는 것은 수도가 아니라 방황입니다.

어떤 부부가 있었는데 평소에 남편은 조용하고 착한 사람이었습니다. 그런데 술만 먹으면 어찌나 심하게 주정을 해대는지 같은 얘기를 되풀이하며 밤을 새곤 했습니다. 그런 사람은 대개 어린 시절의 상처로 마음이 억압되어 있는 경우가 많습니다. 부인은 남편의 아픔을 이해해 상처를 어루만져 주고 술주정을 받아주겠다고 마음먹었습니다.

그런데 막상 술 취한 남편을 보면 처음 마음먹은 대로 남편을 받아주는 게 쉽지가 않았습니다. 남편이 술에 취해서 대문을 들어서는 순간 '아이고, 또 시작이구나!' 하고 짜증이 올라왔습니다. 부인의 이런 반응은 당연한 것입니다. 중요한 것은 그렇게 짜증이 솟아오르는 순간, 마음을 돌이키고 이치에 따라 행동할 수 있도록 연습을 해나가야 한다는 것입니다. 남편의 술주정은 어린 시절 상처로 말미암은 것이며 그의 이야기를 들어주는 것이 상처를 치유하고 극복하는 방법이라는 것을 알면 짜증이 났다가도 '아! 내가 또 내 생각에 빠졌구나' 하고 돌이키고 '여보, 미안해. 방금 했던 얘기 다시 한 번 해봐요'라고 말할 수 있습니다. 이것이 바로 수도의 과정입니다.

모든 일이 다 그렇습니다. 이치를 깨친 뒤에는 그 이치에 맞춰 한결같이 닦아나가야 합니다. 열 번 해서 안 되고 스무 번 해서 안 되고 백 번 해서 안 되다가도 어느 순간 불현듯 될 때가 있습니다. 자전거 타기를 배울 때 수없이 넘어지고 일어나고 하면서 타기를 반복하다가 어느 순간 균형을 잡고 타게 되듯이 말입니다.

물론 깨달음은 자전거 타기와는 달라서 한 번 되고난 뒤에도 다시 또 넘어집니다. 그것은 지극히 정상입니다. 한 번 깨닫기만 하면 그 순간 모든 게 완벽한 경지에 이르게 될 거라는 생각은 깨달음에 대한 환상입니다.

하지만 한 번도 깨달아본 적이 없는 사람과 한 번이라도 깨달음의 맛을 본 사람은 그 힘이 다릅니다. 단 한 번이라도 깨달음의 맛을 보고 나면 '확실히 이렇게 하면 되는 거구나!' 하는 믿음이 생깁니다.

처음에는 백 번 만에 한 번 되었다면 그다음에는 쉰 번에 한 번, 서른 번에 한 번… 이렇게 실패하는 횟수가 점점 줄어듭니다. 이런 식으로 자꾸 닦아가다 보면 다음에 한 번은 더 넘어져도 그 뒤로는 더 이상 넘어지지 않는 수준까지 가게 됩니다. 그 경지가 사다함입니다.

육근이 외부 경계에 부딪치면 업식이 반응을 일으킵니다. 몸에는 감각으로 마음에는 느낌으로 나타나는 그 반응을 수<sub>受</sub>라고 합니다. 수는 부싯돌이 부딪쳐 불이 일어나듯 순간적으로 일어납니다.

길을 가다가 사람이 죽는 모습을 보면 그가 전혀 모르는 사람이라도 순간 찡한 느낌을 받습니다. 그리고 조금 있다가 슬픈 감정이 생깁니다. 사람들은 대개 감정이 나타나기 전에 순간적으로 일어났다 지나가는 이러한 느낌을 감지하지 못하는데, 그 느낌은 바로 쾌快 또는 불쾌不快, 또는 쾌도 아니고 불쾌도 아닌 경우입니다.

이러한 쾌와 불쾌에 따라서 하고 싶다는 욕망이나 하기 싫다는 혐오가 일어납니다. 그 마음을 애愛라고 합니다. 애가 일어났을 때, 하고 싶다든가 하기 싫다는 욕망에 끌려가면 그 욕망을 따라 행동하게 되고, 그 행동에는 반드시 과보가 따릅니다. 이렇게 해서 어리석은 삶이 되풀이됩니다.

그런데 부지런히 수행 정진해서 쾌와 불쾌가 일어나는 그 순간을 바로 알아차릴 수 있으면 업식이 경계에 반응은 하되 새로운 욕망을 일으키지는 않게 됩니다. 그런데 수다원은 그 순간을 알아차리지 못하고 쾌·불쾌에 이끌려 욕망을 일으킵니다. 물론 수다원은 잠시 시간이 흐른 뒤에 자신이 욕망을 일으키고 있음을 알아차리고 바로 뉘우칩니다. 그러나 사다함은 이렇게 꺼들리고 깨치는 과정을 한 번만 더하면 더 이상 꺼들리는 일이 없어지는 거의 마지막 연습의 경지입니다.

다시 예를 들면, 가부좌를 틀고 앉아 있으면 다리가 저리고 욱신댑니다. 다리가 저리고 아프다는 느낌이 들면 대개는 접힌 다리를 펴고 통증을 없애려고 합니다. 아픔이 사라지면 다시 자세를 잡고, 아픔이 느껴지면 다시 펴서 주무르는 행동을 반복합니다. 혹은 통증에 시달리면서도 가부좌를 펴지 않고 참아내는 사람도 있습니다. 전자는 욕망을 따르는 경우고, 후자는 욕망을 참는 경우입니다. 이것을 쾌락과 고행이라고 합니다.

하지만 반면에 의사가 환자를 진찰하듯 통증을 다만 통증으로 관찰하는 사람도 있습니다. '지금 다리가 아프구나. 통증이 있구나' 이렇게 바라볼 뿐이지 거기에 좋고 싫은 느낌을 개입시키지 않는 것입니다. 이것이 중도입니다. 통증을 느끼는 순간 나도 모르게 한 번은 더 싫은 마음에 휩쓸리더라도 그다음부터는 항상 평정심을 유지해 자유로울 수 있다면 그는 사다함입니다.

### 어리석음을 되풀이하지 않는 자

"수보리여! 그대는 어떻게 생각하느냐? 아나함이 '나는 아나함과를 얻었다'고 생각하겠느냐?"
수보리가 대답하였습니다.
"아닙니다, 세존이시여! 왜냐하면 아나함을 일러 되돌아오지 않는다고 하지만 실로 되돌아오지 않음이 없으므로 이름이 아나함입니다."

須菩提 於意云何 阿那含 能作是念 我得阿那含果不 須菩提言 不也 世尊 何以故 阿那含 名爲不來 而實無不來 是故 名阿那含

아나함은 이번 생에만 욕계에 머무르고 나면 다시는 윤회의 세계로 오지 않는 세 번째 지위입니다. 그래서 불환不還 또는 불래不來라고 하지요. 다시는 어리석음을 되풀이하지 않는 사람, 번뇌의 윤회에 휩쓸리지 않는 경지에 이른 사람입니다.

사다함에게 엷게 남아 있던 탐심과 진심이 아나함에 이르면 완전히 소멸됩니다. 업식은 아직 남아 있어서 경계에 부딪쳤을 때 쾌·불쾌는 일어나지만 그 순간을 놓치지 않고 알아차림으로써 애의 반응이 일어나는 어리석음은 일으키지 않습니다.

그러나 아나함은 욕망에 끄들리지는 않지만, 물질과 순수한 정신에 대한 집착은 여전히 남아 있어서 색계와 무색계를 벗어나지는 못한 상태입니다. 아직까지도 무명無明의 뿌리가 남아 있어서 존재의 참된 이치를 완전히 꿰뚫은 수준은 안 되어 사성제四聖諦를 완전히 증득하지는 못했다고 할 수 있습니다.

### 일체 번뇌가 끊어진 자

"수보리여! 그대는 어떻게 생각하느냐? 아라한이 '나는 아라한도를 얻었다'고 생각하겠느냐?"
수보리가 대답하였습니다.
"아닙니다, 세존이시여! 왜냐하면 실로 법이 있음이 없음을 일러 이름이 아라한이라 하기 때문입니다. 세존이시여! 만일 아라한이 '나는 아라한도를 얻었다'고 생각한다면, 아·인·중생·수자에 집착한 것입니다."

須菩提 於意云何 阿羅漢 能作是念 我得阿羅漢道不 須菩提言 不也 世尊 何以故 實無有法 名阿羅漢 世尊 若阿羅漢 作是念 我得阿羅漢道 卽爲着我人衆生壽者

그러나 아라한은 그런 모든 번뇌와 집착이 사라진 최고의 단계를 성취한 경지입니다. 아라한은 육근 경계에 꺼들리는 마음, 색에 대한 집착, 무색에 대한 집착, 아만과 자만심, 들뜨고 흥분하는 마음, 불안하고 걱정하는 마음, 그 모두를 남김없이 여의었으므로 어떤 경계에 부딪쳐도 번뇌가 일어나지 않습니다. 그래서 일체 번뇌가 끊어진 자리, 완전히 고요하고 적적한 상태에 있습니다. 이런 아라한의 경지에 이르면 어떤 것을 공양 받아도 업의 흔적으로 남지 않아 마땅히 공양 받을 자격이 있다 해서 응공應供, 또는 응당히 진리를 행하는 사람이므로 응진應眞이라고 불립니다.

부처님의 가섭 3형제 교화 사례를 보면 아나함과 아라한의 경지에 대해 알 수 있습니다. 부처님은 우루벨라 가섭을 교화하기 위해 가섭 수행 집단에 머물며 그와 여러 가지 신통력 경합을 벌였습니다.

부처님은 우루벨라 가섭이 제시하는 종목을 매번 어려움 없이 통과했지만 가섭은 그래도 자기가 이 청년보다 낫다는 생각을 버리지 않았습니다. 그는 나이가 여든이었고 뛰어난 신통력으로 널리 이름이 알려져 있었지만 부처님은 겨우 서른대여섯의 이름 없는 수행자에 불과했기 때문입니다.

그러던 어느 날 큰 제사가 있는 아침이었습니다. 가섭의 제자 가운데 한 명이 제사를 지내기 위해 불을 붙이려는데 아무리 해도 불이 붙지 않았습니다. 제사 시간이 다가와도 도무지 불이 붙지를 않자 그는 허겁지겁 우루벨라 가섭에게 달려와 말했습니다.

"스승님, 무슨 일인지 불이 붙지를 않습니다."

그러자 우루벨라 가섭 옆에 있던 부처님이 그 말을 듣고 말씀하셨습니다.

"지금 막 불이 붙었습니다."

그러자 당황한 수행자가 큰소리를 냈습니다.

"방금 전까지 불이 붙지 않아서 뛰어왔는데 대체 무슨 소리요?"

우루벨라 가섭은 자리에서 일어나 서둘러 제사 지내는 곳으로 가보았습니다. 그런데 정말 부처님 말대로 불이 붙어 타고 있는 것이었습니다. 우루벨라 가섭은 그날 있을 제사가 잘 치러질지 약간 염려가 되었습니다.

그러나 우루벨라 가섭은 무사히 제사를 잘 지냈습니다. 몹시 성대한 제사였습니다. 제사가 끝나자 우루벨라 가섭은 그날 하루 종일 모습을 볼 수 없었던 부처님에게 자랑스럽게 말했습니다.

"하루 종일 어디 갔었소? 제사가 아주 잘 치러졌다오. 당신도 보았으면 좋았을 텐데."

그러자 부처님이 말씀하셨습니다.

"제가 없었으면 좋겠다고 생각하시지 않았습니까."

우루벨라 가섭은 그 한마디에 정신이 번쩍 들었습니다. 부처님은 말을 이었습니다.

"마음속에 질투가 있고는 해탈을 할 수 없습니다."

그 순간 우루벨라 가섭은 자기가 부처님을 질투하고 있다는 걸 알아차렸습니다. 그는 그동안 자기가 가장 위대한 수행자라고 생각했고, 그래서 자기에게는 질투심이란 게 없는 줄 알았습니다. 그런데 마음 밑바닥에 질투의 뿌리가 있다는 걸 발견한 것입니다. 우루벨라 가섭은 부처님 앞에 무릎을 꿇고 제자로 받아들여 달라고 청했습니다.

'그래도 내가 너보다 낫다'는 자만심, 젊은 수행자를 경계하는 마음 밑바닥에 숨은 질투심, 이런 마음은 탐심도 아니고 진심도 아닙니다. 욕망에서 벗어나고 화내고 짜증내는 마음이 다 사라진 뒤에도 자만이나 질투 같은 마음의 뿌리는 남습니다. 그것까지 확연히 깨쳐야만 아라한과를 증득할 수 있습니다. 이것이 바로 아나함에서 아라한으로 넘어가는 과정입니다.

수보리와의 성문사과에 대한 문답을 통해 부처님이 전달하려는 핵심은 상에 대한 것입니다. 학교에서 수업을 들을 때 졸지 않고 열심히 수업을 듣는 학생은 '나는 지금 졸지 않고 수업을 열심히 듣고 있다'는 생각을 하지 않습니다. 그저 수업을 들을 뿐이지요. '나는 졸지 않고 수업을 열심히 듣고 있다'라고 의식한다는 건 이미 수업에 집중하지 못하고 있다는 증거입니다.

깨달음의 눈을 떠서 해탈의 길에 있는 사람은 번뇌가 일어나면 그 번뇌를 여실히 지켜볼 뿐이지 '나는 여실히 번뇌를 보고 있다'는 사실을 의식하지 않습니다. 상을 가진 채로는 성인의 흐름에 들었다 할 수 없습니다. '나는 수다원과를 얻었다'는 상을 가진다면 아직 수다원과에 들지 못한 것입니다. 아나함이라면 '나는 아나함과를 얻었다'는 상을 짓지 않습니다.

### 다툼을 벗어난 삼매

"세존이시여! 부처님께서 말씀하시되 제가 다툼이 없는 삼매를 얻은 사람 가운데 가장 제일이 됨이라 하시니, 이는 제일의 욕을 여읜 아라한입니다. 세존이시여! 저는 제가 욕을 여읜 아라한이라고 생각하지 않습니다. 세존이시여! 제가 만일 '내가 아라한도를 얻었다'고 생각한다면 세존께서는 '수보리는 아란나행을 기꺼워하는 자'라고 말씀하시지 않았을 것입니다. 수보리가 실로 행하는 바가 없으므로 수보리를 이름 하시되 '아란나행을 즐긴다'고 하십니다."

世尊 佛說我得無諍三昧人中 最爲第一 是第一離欲阿羅漢 世尊 我不作是念 我是離欲阿羅漢 世尊 我若作是念 我得阿羅漢道 世尊 卽不說須菩提是樂阿蘭那行者 以須菩提 實無所行 而名須菩提 是樂阿蘭那行

부처님은 수보리를 가리켜 욕欲을 여읜 아라한으로 무쟁 삼매에 들어 아란나행을 즐기고 있다고 칭찬하셨습니다. 욕을 여의었다는 것은 중생의 참된 마음을 더럽히는 모든 욕망을 여의었다는 말입니다. 무쟁 삼매란 번뇌와 다툼을 벗어난 삼매를 말합니다. 만일 수보리의 마음속에 조금이라도 '내가 제일이다' '나는 무쟁 삼매에 들었다'라는 생각이 있다면 부처님은 그렇게 말씀하시지 않았을 것입니다.

산 하나를 두고 두 사람이 다툽니다. 한 사람은 동산東山이라고 주장하고 다른 한 사람은 서산西山이라고 주장합니다. 동산이라고 하는 실체, 서산이라고 하는 실체가 존재한다고 믿기 때문에 다투는 것입니다.

하나의 산을 놓고 서쪽에 사는 사람은 동산이라 하고 동쪽에 사는 사람은 서산이라고 하지만 그 산은 동산도 아니고 서산도 아닙니다. 그때그때 처한 상황과 인연에 따라 동산이기도 하고 서산이기도 합니다.

그런데 거기에 또 하나의 문제가 나타납니다. '이 산은 동산도 아니고 서산도 아니다'는 상을 짓는 것입니다. 그래 놓고는 동산이라고 하는 사람과 서산이라고 하는 사람 모두를 상대로 싸웁니다.

그렇다면 이것은 이전보다 한 단계 높은 싸움일까요? 아닙니다. 상을 짓는 데에는 높고 낮음이 없습니다. 아我에 집착하든 법法에 집착하든 집착하기는 마찬가지고 상을 짓기는 마찬가지입니다. 재물을 갖고 다투나 권력을 갖고 다투나 다를 바가 없는 것과 같습니다.

돈 못 벌었다고 우는 사람이나, 권력 못 잡았다고 우는 사람이나, 명예를 못 얻었다고 우는 사람이나, 도를 못 얻어서 우는 사람이나 상에 집착해서 생기는 괴로움 속에 있기는 마찬가지입니다. 상을 짓고 집착한다는 점에서는 하나도 다를 바가 없습니다.

모든 상을 내려놓으면 동산이라는 말을 들어도 다툼이 없고 서산이라는 말을 들어도 다툼이 없습니다. 동산이라는 말을 들으면 그가 서쪽에 사는 사람임을 알아차리고, 서산이라는 말을 들으면 그가 동쪽에 사는 사람임을 알아차리니 다툴 일이 없습니다.

성인의 경지에 이른 사람은 스스로 자기가 깨쳤다는 생각을 하지 않습니다. 주변 사람들은 그를 깨달은 이라 부르고 남을 돕는 선행자라고 말하지만, 깨달은 사람은 '나는 깨달았다'는 상을 짓지 않으며 '내가 남을 돕고 있다'는 생각도 하지 않습니다.

이를 『법성계』에서는 '법성원융무이상法性圓融無二相'이라고 표현했습니다. 법의 근본이 둥글고 두루 해서 두 가지 모습이 따로 없다는 뜻입니다. 하나의 상을 지으면 저절로 두 개의 상이 됩니다. 깨끗하다는 상을 지으면 반드시 그 옆에 더럽다는 상이 생기고, 선하다는 상을 세우면 그 옆에 저절로 악하다는 상이 생깁니다. 그래서 두 개의 상이 생긴다는 것은 만 개의 상이 생긴다는 의미입니다. 그러므로 법의 실상은 만 가지 상이 다 일상으로부터 일어난 것인데 그 일상마저도 없다는 무상인 것입니다.

흔히 '불법의 이치는 청정하다'고 말할 때의 청정함은 더럽다는 말과 반대되는 개념이 아닙니다. 번뇌와 분별심이 사라진 마음자리를 청정하다는 이름으로 부를 뿐입니다.

'지고한 행복'이라는 말도 행과 불행의 상대적 개념의 행복이 아니라 행불행을 떠난 경지, 어떤 상황에서도 괴로움으로 변하지 않는 기쁨을 뜻합니다. 경계에 꺼들리지 않는 경지, 아무 다툼이 없는 경지를 이릅니다. 그러한 경지를 모든 괴로움이 사라졌다는 뜻의 '열반', 모든 속박에서 벗어났다는 뜻의 '해탈'이라고 합니다.

## 10 莊嚴淨土分
### 정토를 장엄하다

정토를 장엄하는 것은
다만 마음만 청정히 하는 것이요
따로이 장엄할 것이 없나니라.

### 제십 장엄정토분
## 第十 莊嚴淨土分

佛告須菩提 於意云何 如來昔在燃燈佛所 於法 有所得不
불고수보리 어의운하 여래석재연등불소 어법 유소득부
不也 世尊 如來在燃燈佛所 於法 實無所得 須菩提 於意云
불야 세존 여래재연등불소 어법 실무소득 수보리 어의운
何 菩薩 莊嚴佛土不 不也 世尊 何以故 莊嚴佛土者卽非莊
하 보살 장엄불토부 불야 세존 하이고 장엄불토자즉비장
嚴 是名莊嚴 是故 須菩提 諸菩薩摩訶薩 應如是生淸淨心
엄 시명장엄 시고 수보리 제보살마하살 응여시생청정심
不應住色生心 不應住聲香味觸法生心 應無所住 而生其心
불응주색생심 불응주성향미촉법생심 응무소주 이생기심
須菩提 譬如有人 身如須彌山王 於意云何 是身爲大不 須
수보리 비여유인 신여수미산왕 어의운하 시신위대부 수
菩提言 甚大 世尊 何以故 佛說非身 是名大身
보리언 심대 세존 하이고 불설비신 시명대신

부처님께서 수보리에게 말씀하셨습니다.

"그대는 어떻게 생각하느냐? 여래가 옛적에 연등불 계시던 처소에서 법을 얻은 바가 있느냐?"

"없습니다, 세존이시여! 여래께서 연등불 계시던 처소에서 실로 법을 얻은 바가 없습니다."

"수보리여! 그대는 어떻게 생각하느냐? 보살이 불국토를 장엄하느냐?"

"아닙니다, 세존이시여! 왜냐하면 불국토를 장엄하는 것은 곧 장엄이 아니라 그 이름이 장엄이기 때문입니다."

"그러므로 수보리여!
모든 보살마하살은
응당 이와 같이 청정한 마음을 내되,
색에 머물러 마음을 내지 말며,
소리와 향기와 맛과 감촉과 법에 머물러 마음을 내지 말지니,
마땅히 머무는 바 없이 그 마음을 낼지니라.
수보리여! 비유컨대 어떤 사람의 몸이 수미산왕만 하다면 그대는 어떻게 생각하느냐? 이 몸이 크다고 하겠느냐?"

수보리가 대답하였습니다.

"매우 큽니다, 세존이시여! 왜냐하면 부처님께서 몸이 아닌 것을 이름 하여 큰 몸이라고 말씀하셨기 때문입니다."

### 깨달음의 약속

성문사과의 단계는 다만 그렇게 이름 하여 부를 뿐입니다. 깨달음의 길에 수다원·사다함·아나함·아라한이라는 단계가 고정되어 있지 않으며, 모든 법에는 그 본질을 규정할 만한 어떤 실체도 없습니다.

그런데 수보리는 그 가르침을 듣고 문득 또 다른 의심이 일었습니다. '부처님은 과거세에 연등 부처님을 뵙고 부처가 되리라는 수기授記를 받으셨는데, 그렇다면 그때 연등 부처님으로부터 어떤 법을 받아 지니신 게 아닌가.' 그러자 부처님은 수보리에게 바로 그 문제를 질문하고, 수보리는 자신이 또 법이라는 상을 지었음을 깨닫습니다.

부처님께서 수보리에게 말씀하셨습니다.
"그대는 어떻게 생각하느냐? 여래가 옛적에 연등불 계시던 처소에서 법을 얻은 바가 있느냐?"
"없습니다, 세존이시여! 여래께서 연등불 계시던 처소에서 실로 법을 얻은 바가 없습니다."

佛告須菩提 於意云何 如來昔在燃燈佛所 於法 有所得不 不也 世尊 如來在燃燈佛所 於法 實無所得

연등불의 수기는 석가모니 부처님의 전생담인 선혜 행자 이야기에 나옵니다. 선혜 행자는 연등 부처님이 지나가는 길이 흙탕길인 것을 보고는 입고 있던 옷을 벗어 깔고, 그것으로도 부족하자 진흙탕에 몸을 엎드려 머리를 풀어 진흙을 덮었습니다. 그리고 부처님이 자신의 몸을 밟고 지나가기를 서원합니다. 연등 부처님은 이런 선혜 행자의 모습에서 지극한 신심과 법을 구하는 간절함을 읽고 그 자리에서 수기를 내립니다.

"그대의 보리심은 참으로 갸륵하구나. 이같이 지극한 정성으로 수행 정진하면 그대는 후세에 기필코 부처가 되리니, 그 이름을 석가모니라 하리라."

선혜 행자는 부처님께 자기의 모든 것을 공양했습니다. 가지고 있던 돈을 남김없이 털어 꽃을 사서 공양하고, 입고 있는 옷을 벗어서 진흙탕에 깔고 머리카락을 풀고 온몸을 던졌습니다. 재물이든 지위든 육신이든 가치관이든 자기가 가진 모든 것을 부처님께 공양 올린 것입니다. 이것은 '나'로 삼을 만한 것은 무엇이든 다 내려놓았다는 뜻입니다. 그렇게 일체를 놓아버렸기에 선혜 행자는 부처님께 수기를 받을 수 있었습니다.

이렇게 수기란 어떤 법을 받아 움켜쥐는 것이 아니라, 움켜쥐고 있는 모든 것을 내려놓음으로써 부처를 이룰 수 있다는 깨달음의 약속입니다. 선혜 행자는 연등 부처님으로부터 무언가를 받은 것이 아니라 깨달음을 얻겠다고 한 마음을 일으키고 일체를 버림으로써 성불의 수기를 받은 것입니다.


### 이것이 불교라네

"수보리여! 그대는 어떻게 생각하느냐? 보살이 불국토를 장엄하느냐?"
"아닙니다, 세존이시여! 왜냐하면 불국토를 장엄하는 것은 곧 장엄이 아니라 그 이름이 장엄이기 때문입니다."

須菩提 於意云何 菩薩 莊嚴佛土不 不也 世尊 何以故 莊嚴佛土者卽非莊嚴 是名莊嚴

　수보리는 다시 궁금해집니다. 보살은 다겁 생래에 걸쳐 수많은 보살행을 함으로써 세계를 불국토로 장엄한다고 했는데, 모든 중생이 부처고 세계가 이미 불국토라면 도대체 보살은 어떻게 정토를 장엄한다는 말인가?
　그러자 그 마음을 읽은 부처님이 보살이 불국토를 장엄하느냐고 묻습니다. 수보리는 그제야 또 퍼뜩 정신을 차리고 자신이 불국토라는 상에 빠졌음을 깨닫습니다. 보살이 불국토를 장엄한다는 세속적인 상, 즉 물질적으로 풍요롭고 육체적으로 편안한 세계로 만드는 것이 장엄이라는 관념에 빠져 있었던 것입니다.

그렇다면 참된 장엄은 무엇일까요? 중생 스스로 편견과 업장을 버리고 번뇌를 소멸해 주인의 자리를 되찾는 것입니다. 사람들 모두의 마음이 편안하고 서로 사랑하며 돕고 사는 세상이야말로 불국토라고 할 수 있습니다.

사람들은 모두 제 나름대로 소신이라고 믿는 각자의 편견으로 세상을 봅니다. 그리고 그 편견의 눈에 비친 세상의 모습을 끊임없이 분별하면서 번뇌를 일으키고 괴로워합니다. 마치 자기만의 색안경을 끼고 세상을 보면서 제 눈에 보이는 빨간색, 파란색, 노란색의 세상이 옳다고 우기는 것과 같습니다. 이렇게 색안경을 끼고 보는 세상이 중생계라면, 저마다 끼고 있던 색안경을 벗는 것이 장엄이고, 모두가 있는 그대로의 실상을 보게 되는 세상이 불국토입니다.

오래전의 일입니다. 미국 여행 중에 하룻밤 묵을 곳을 찾아 어떤 절을 찾아갔습니다. 그때 노스님 한 분이 저를 맞이했습니다.

"지금 주인장은 출타 중이고, 나도 객승이네."

그러면서 노스님은 당신이 하루라도 먼저 왔으니 나를 대접하겠다며 손수 비빔밥을 만들어주셨습니다. 저녁 공양을 잘 얻어먹고 앉아 이런저런 이야기가 시작되었습니다.

그 시절 저는 한국 불교에 불만이 많았습니다. 그래서 마치 한국 불교가 잘못된 책임이 그 노스님에게 있다는 듯이 격앙된 목소리로 불만을 늘어놓기 시작했습니다. 불교가 이래서야 되겠느냐, 세상이 이렇게 돌아가는데 스님들은 뭐하고 있는 거냐, 이것도 문제고 저것도 문제다, 이것도 고쳐야 하고 저것도 고쳐야 한다… 그렇게 온갖 불평을 쏟아놓았습니다. 그렇게 두 시간이 넘도록 듣고만 있던 노스님이 마침내 조용한 목소리로 입을 열었습니다.

"여보게, 어떤 사람이 말이야, 논두렁에 앉아 그 마음을 청정히 하면 그 사람이 중이고 그 논두렁이 절이라네. 이것이 불교야."

그 말씀을 듣는 순간, 정신이 번쩍 들었습니다. 마음이 깨끗한 자가 스님이고, 마음이 깨끗한 자가 머무르는 곳이 법당이고, 그것이 불교라는 그 한마디가 저의 만 가지 분별을 끝내버렸습니다.

저는 머리 깎고 먹물 옷 입은 사람이 스님인 줄 알고, 불상을 모신 기와집이 법당인 줄 알고, 그런 게 불교라고 생각하고 있었던 것입니다. 그때까지 불교 아닌 것을 불교라 생각하고 그것을 뜯어고치려고 애를 쓰고 있었던 것입니다.

어리석은 자는 허공의 헛꽃을 꺾는다는 말이 있습니다. 실제로 없는 꽃을 아무리 꺾으려 한들 결코 꺾을 수 없는 것처럼, 불교 아닌 것을 불교라 생각하고 고치려 들었으니 죽을 때까지 애써봐야 될 수가 없는 일이었습니다. 노스님의 한마디로 그 어리석음이 탁 깨져버렸습니다. 그분이 바로 서암 큰스님입니다.

불국토를 장엄한다고 하면, 사람들은 절을 세우고 경전을 출판하고 사람들을 조직해야 한다고 생각합니다. 그러나 불국토는 바깥에 있지 않고 마음속에 있습니다. 마음이 청정하면 불국토고, 마음이 번뇌에 찌들면 예토(穢土)가 됩니다.

그렇다고 세상이야 어떻게 되든 아무 상관 말고 외면하라는 뜻이 아닙니다. 수행자는 무엇보다도 자기를 정화시키는 일을 먼저 해야 한다는 말입니다. 바깥 경계를 탓하기 전에 늘 자기 내면을 먼저 살펴야 합니다.

일체중생을 제도하겠다는 마음을 내되 만일 자기가 중생을 제도했다고 생각하면 그는 이미 보살이 아닌 것처럼 보살이 불국토를 장엄한다는 생각을 하면 그것은 이미 장엄이 아닙니다. 다만 보살의 행위를 이름 하여 장엄한다고 할 뿐입니다. 제도하는 자와 제도받는 대상을 나누고 분별하듯이 예토와 정토를 나누어 무언가를 만들고 꾸민다는 생각은 아상·인상·중생상·수자상을 벗어나지 못한 관념입니다.

하늘의 태양과 달과 별이 그 누구의 것도 아니듯이 공기와 물과 흙 또한 그 누구의 것도 아니며 집도 차도 사람도 그 누구의 것이 아닙니다. 다만 그때그때 필요에 따라 쓰일 뿐이니 누가 쓴다 해도 인연에 따르는 것일 뿐입니다. 보살은 그런 마음으로 분별심 없이 불국토를 장엄합니다.

한 신자가 절에 다니면서 마음의 평화를 누리지 못하다가 교회에 가서 설교를 듣고 삶의 보람을 느끼게 되었다면 그걸 기분

나빠해야 할까요, 같이 기뻐해야 할까요? 당연히 기쁜 일입니다. 또 절에 나와서는 자기 이익만 챙기던 사람이 교회에 나가고부터는 남을 돕고 살기 시작했다면 그것은 좋은 일입니까, 잘못된 일입니까? 더없이 좋은 일입니다.

그런데 그 사람이 불자라는 생각에 매달려 있으면 '저 사람은 왜 절에 다니다 교회 다니다 하는 거야' 하고 화가 치솟습니다. 상에 집착하는 중생심 때문입니다. 그 상만 버리면 그것은 다시 없이 좋은 일임을 알게 됩니다.

내 입장을 버리고 실상의 측면에서 본다면 세상에는 절대 있을 수 없는 일이란 없습니다. 윤리 도덕적인 고정관념의 상을 세우고 거기에 따라 옳고 그름을 재단하는 것은 괴로움을 자초하는 일입니다. 상을 깨고 한 발 물러나서 바라보면 누구를 만나고 어떤 일이 생기든지 미워하거나 원망할 일이 없습니다. 그가 내 마음을 오해해서 나를 미워할 수는 있겠지만, 적어도 나는 이 세상 누구하고도 원수질 일이 없고 미워할 일이 없습니다.

### 마땅히 머무는 바 없이 그 마음을 낼지니라

"그러므로 수보리여! 모든 보살마하살은 응당 이와 같이 청정한 마음을 내되, 색에 머물러 마음을 내지 말며, 소리와 향기와 맛과 감촉과 법에 머물러 마음을 내지 말지니, 마땅히 머무는 바 없이 그 마음을 낼지니라."

是故 須菩提 諸菩薩摩訶薩 應如是生淸淨心 不應住色生心 不應住聲香味觸法生心 應無所住 而生其心

참으로 행복하고 자유로운 사람이 되고자 하는 보살이라면 마땅히 청정한 마음을 내어야 한다고 했습니다. 여기서 청정한 마음이란 더러운 마음과 반대되는 깨끗한 마음을 말하는 게 아닙니다. 더러움과 대립하는 깨끗함, 악에 대립하는 선을 말하는 게 아니라, 어떠한 상도 짓지 않고 무엇에도 집착하지 않는 걸림 없는 마음, 육근 경계에 머문 바 없는 마음을 청정한 마음이라고 이름 지어 부를 뿐입니다.

머문 바 없는 마음에 대한 가르침은 앞서 제4분에서도 살펴본 적이 있습니다. 보살은 색과 소리와 향기와 맛과 감촉과 법에 머물러 보시하지 않는다고 했습니다. 육근 경계로 모양 지은 상에 집착하지 않고 보시하는 것처럼, 중생을 제도하고 불국토를 건설하겠다는 마음을 낼 때에도 상에 머무르지 않는 마음을 가져야 합니다.

'응무소주應無所住 이생기심而生其心'은 금강경에서 가장 유명한 구절 중 하나인데, 그것은 육조 혜능 대사가 그 구절을 듣고 깨달음을 얻었다는 일화가 깃들어 있는 구절이기 때문입니다.

중국 남북조시대, 인도에서 온 달마대사가 중국에 선불교를 전했습니다. 이 선불교가 어느 정도 교세를 떨치기 시작한 것은 육조 혜능 대사 때부터였습니다.

혜능은 양쯔강 이남의 가난한 집에서 태어났습니다. 양쯔강 이남 지역은 문화가 뒤떨어졌다고 해서 오래전부터 오랑캐로 천대받던 곳입니다. 혜능은 어려서 아버지를 여의고 어머니와 둘이 살면서 나뭇짐을 팔아다 하루하루를 연명하는 어려운 살림을 꾸려가고 있었습니다.

어느 날 혜능은 땔감을 팔고 나오는 길에 한 스님이 경을 읽는 소리를 듣게 되고, '응무소주 이생기심'이라는 구절에서 마음의 문이 열리게 됩니다. 금강경을 읽던 스님은 혜능이 범상한 인물이 아님을 알아차리고 황매산에 있는 홍인 대사를 찾아가 공부하라고 권했습니다. 그때 홍인 대사의 문하에는 700여 명에 이르는 제자가 있었고 신수神秀 스님이 상수上首 제자로 있었습니다.

혜능이 찾아가자 홍인 대사는 그에게 어디서 왔느냐고 물었습니다.

"영남에서 왔습니다."

"영남의 무지렁이가 어찌 부처가 될 수 있겠는가?"

홍인 대사의 한마디에 혜능은 주눅 들지 않고 대답했습니다.

"사람에게 남과 북이 있을 뿐 불성에 어찌 남과 북이 있겠습니까."

홍인 대사는 혜능의 대답으로 그의 그릇을 알아차렸지만 그런 기색은 비치지 않고 방앗간에서 방아 찧는 일만 시켰습니다. 수백 명이나 되는 제자들이 혜능의 존재를 도전으로 받아들이고 적대시할 것을 염려했기 때문입니다.

그렇게 여덟 달이 지난 어느 날 홍인 대사는 제자들에게 깨달음의 게송을 지어서 가져오라고 했습니다. 그러자 상수 제자였던 신수 스님이 조사당 남쪽 복도 벽에 게송을 적었습니다.

몸은 보리의 나무요 身是菩提樹
마음은 밝은 거울과 같으니 心如明鏡臺
때때로 부지런히 털고 닦아서 時時勤拂拭
티끌과 먼지가 묻지 않게 하리라 勿使惹塵埃

그 게송을 보고 홍인 대사가 말했습니다.

"범부 중생이 이 게송을 의지해 수행하면 타락하지 않겠지만, 이런 견해로는 위없는 보리를 얻지는 못하리라."

그때 혜능은 방앗간에서 일을 하다가 한 동자승이 신수의 게송을 외는 소리를 들었습니다.

"지금 외는 것이 무슨 게송인가?"

"모르고 있었소? 큰스님께서 가사와 법을 전해 주시고자 게송을 지어오라고 했는데 신수 스님이 조사당 남쪽 복도 벽에 이

게송을 써놓았소. 큰스님께서 우리에게 이 게송을 읽고 외어 수행에 지침이 되라고 하셨소."

그러자 혜능은 동자승에게 그곳에 데려다 주기를 부탁하였고, 동자승은 혜능을 조사당 남쪽 복도로 데려다 주었습니다. 그러자 혜능은 이 게송에 예배를 하고서는, 글자를 알지 못하므로 어느 사람에게 읽어주기를 청했습니다. 혜능은 듣고서 곧 뜻을 알았습니다. 그리고는 자신 역시 한 게송을 지어, 글을 쓸 줄 아는 이에게 청해 서쪽 벽 위에 써달라고 했습니다.

보리는 본래 나무가 없고 菩提本無樹
밝은 거울 또한 받침대가 없네 明鏡亦非臺
부처의 성품 본래 깨끗하니 本來無一物
어느 곳에 티끌과 먼지가 있으리오 何處惹塵埃

그리고 혜능은 곧이어 또 하나의 게송을 읊었습니다.

마음은 보리의 나무요 心是菩提樹
몸은 밝은 거울의 받침대라 身爲明鏡臺
밝은 거울은 본래 깨끗하거니 明鏡本淸淨
어느 곳이 티끌과 먼지에 물들리오 何處染塵埃

혜능이 써놓은 게송을 읽은 홍인 대사는 곧 큰 뜻을 잘 알았으나, 여러 사람들이 알까 두려워 말씀하기를 "이도 또한 아니로다" 하셨습니다. 그러고는 밤중에 몰래 혜능을 조사당으로 불러 금강경을 설해주었습니다. 혜능은 한 번 듣고 바로 그 뜻을 깨우쳤고, 홍인 대사는 혜능을 선종의 법을 이어받을 육조대사로 인정했습니다.

이 일화에서 보듯이, 절에 들어온 지 고작 여덟 달 만에 스님도 아닌 일자무식의 혜능에게 법이 전해진 그 모습이야말로 금강경에서 말하는 불법 그대로입니다. 응무소주 이생기심, 그 도리를 깨치기만 하면 처처가 불법이요, 매사가 수행이며, 만나는 사람 모두가 부처입니다.

법은 깊은 산속 절에 있는 것도 아니며 방대한 팔만대장경 안에 있는 것도 아닙니다. 내가 지금 몸담고 있는 현실 속에, 매일매일 부딪치며 살아가는 사람들 속에 있습니다.


### 다만 이름 할 뿐이다

"수보리여! 비유컨대 어떤 사람의 몸이 수미산왕만 하다면 그대는 어떻게 생각하느냐? 이 몸이 크다고 하겠느냐?"
수보리가 대답하였습니다.

"매우 큽니다, 세존이시여! 왜냐하면 부처님께서 몸이 아닌 것을 이름 하여 큰 몸이라고 말씀하셨기 때문입니다."

須菩提 譬如有人 身如須彌山王 於意云何 是身爲大不 須菩提言 甚大 世尊 何以故 佛說非身 是名大身

  인도의 세계관에 따르면 수미산은 이 세계의 중심에 자리 잡고 있는 가장 큰 산입니다. 그런데 수미산이 아무리 크다고 해도 이 세계 전체와 비교하면 아무것도 아닙니다. 또 이 세계가 아무리 크다 해도 삼천대천세계에는 비할 바가 아니고, 삼천대천세계가 아무리 크다고 해도 갠지스 강의 모래알 수만큼 많은 삼천대천세계와 비교하면 티끌에 불과합니다.

  지금 내 앞에 찻잔이 하나 있는데 이 잔을 크다고 해야 할까요, 작다고 해야 할까요? 간장 종지와 비교하면 크다고 할 수 있고, 된장 항아리와 비교하면 작다고 할 수 있습니다. 크다는 실체도 작다는 실체도 존재하지 않습니다. 기준이 무엇이냐에 따라서 상대적으로 크다고도 하고 작다고도 합니다. 다만 인연에 따라서 크다고 이름 할 뿐이고 작다고 이름 할 뿐입니다.

  이렇듯 고정불변의 절대적 기준이라는 것은 존재하지 않습니다. 모든 구분은 인연을 따라서 나타났다 인연을 따라 사라지는 상대적인 현상일 뿐입니다.

## 11  無爲福勝分
## 무위의 수승한 복

부처님께서 비유로써 법이
수승함을 나타내신 것이니
사구게로 중생을 위해 해설하는 것이
항하사 모래 수와 같은 세계에
가득한 칠보로 보시하는 것보다
승하다 하시니라.

## 제십일 무위복승분
## 第十一 無爲福勝分

須菩提 如恒河中 所有沙數 如是沙等恒河 於意云何 是諸
수보리 여항하중 소유사수 여시사등항하 어의운하 시제

恒河沙寧爲多不 須菩提言 甚多 世尊 但諸恒河 尙多無數
항하사영위다부 수보리언 심다 세존 단제항하 상다무수

何況其沙 須菩提 我今實言告汝 若有善男子善女人 以七寶
하황기사 수보리 아금실언고여 약유선남자선여인 이칠보

滿爾所恒河沙數三千大千世界 以用布施 得福多不 須菩提
만이소항하사수삼천대천세계 이용보시 득복다부 수보리

言 甚多 世尊 佛告須菩提 若善男子善女人 於此經中 乃至
언 심다 세존 불고수보리 약선남자선여인 어차경중 내지

受持四句偈等 爲他人說 而此福德 勝前福德
수지사구게등 위타인설 이차복덕 승전복덕

"수보리여! 항하의 모든 모래 수만큼이나 많은 항하가 있다면 그대는 어떻게 생각하느냐? 이 모든 항하의 모래 수는 많지 않겠느냐?"

수보리가 대답하였습니다.

"매우 많습니다, 세존이시여! 모든 항하만 해도 헤아릴 수 없이 많은데 어찌 하물며 그 모래이겠습니까?"

"수보리여! 내가 이제 진실한 말로 그대에게 말하노니, 만일 선남자 선여인이 그 모든 항하의 모래 수만큼의 삼천대천세계를 칠보로 가득 채워 보시한다면 그로써 얻는 복이 많지 않겠느냐?"

수보리가 대답하였습니다.

"매우 많습니다, 세존이시여!"

부처님께서 수보리에게 말씀하셨습니다.

"만일 선남자 선여인이 이 경 가운데 내지 사구게 등을 수지하여 다른 사람을 위해 설해 준다면 이 복덕이 앞의 복덕보다 더 뛰어나다."

## 이 조그만 등불의 공덕으로 부처가 되리라

남을 위해 나를 희생하고 이롭게 하고 도와주는 일은 말할 나위 없이 선한 일입니다. 하지만 더 중요한 일은 내 것이라는 상 없이, 베풀었다는 생각 없이 베푸는 것입니다. 내 것이라는 상을 떠나면, 내 앞에 놓인 물건을 필요한 이에게 건네주듯이 베풀 수 있습니다. 그리고 복덕에 대한 아무런 기대감이 없으므로 그 복덕은 세월이 흘러도 결코 고통으로 돌아오지 않는 무루복입니다.

부처님이 제자들과 사위성에 계실 때였습니다. 프라세나지트 왕이 부처님과 스님들이 안거에 드는 석 달 동안 옷과 음식과 침구와 약을 공양했고, 안거가 끝나는 날에는 수만 개의 등불을 켜서 연등회를 베풀었습니다. 그래서 사위성은 축제를 연 듯이 북적거렸습니다.

사위성에는 성실하지만 몹시 가난한 여인이 살고 있었습니다. 그 여인은 너무 가난해 이 집 저 집 돌아다니며 품을 팔아 밥을 얻어먹으며 겨우 목숨을 연명해 가고 있었습니다. 그 여인이 온 성안이 축제 분위기로 떠들썩한 것을 보고 지나가는 사람에게 무슨 일이냐고 이유를 물었습니다. 왕이 부처님을 위해 연등회를 열었다는 말을 듣고 여인은 생각했습니다.

'왕은 큰 복을 짓는구나. 저렇게 복을 지으니 내생에도 큰 복을 받겠구나. 나는 이생에도 박복해 가난하고, 또 복을 지을 수

도 없으니 내생에도 박복하겠지. 나도 등불을 하나 켜서 부처님께 공양하고 싶다.'

여인은 남의 집에 가서 일을 해주고 동전 두 닢을 얻어 기름을 샀습니다. 기름집 주인이 기름을 구해 무엇에 쓰려느냐고 묻자 여인이 대답했습니다.

"이 세상에서 부처님을 만나뵙기란 참으로 어려운 일입니다. 이제 부처님을 뵙게 되니 얼마나 다행한 일입니까. 나는 가난해서 부처님께 공양할 것이 아무것도 없으니 등불이라도 하나 공양할까 합니다."

여인은 그 기름으로 작은 등불을 만들어 부처님 처소로 갔습니다. 부처님 처소에는 이미 수많은 등불이 휘황찬란하게 빛나고 있었습니다. 여인은 길목의 구석진 곳에 등불을 걸어놓고 기도했습니다.

"보잘것없는 등불이지만 이 공덕으로 다음 생에는 나도 부처가 되게 해주세요."

가난한 여인은 왕이 되기를 소원한 것도 아니고, 굶주림을 면하게 해달라고 기원한 것도 아닙니다. 그 작은 등불의 인연으로 성불을 기원했습니다.

이윽고 부처님이 잠자리에 들 시간이 되자 아난다가 숲 주변의 등불을 하나씩 꺼나갔습니다. 등불을 모두 껐다고 생각하고 돌아서는데 저쪽 숲 가장자리에서 아주 작은 등 하나가 흔들리고 있었습니다. 아난다가 다가가 등불을 끄려 했지만 어쩐 일인지 아무리 해도 꺼지지가 않았습니다. 이때 처소에서 나온 부처님이 아난다에게 말씀하셨습니다.

"아난다여, 괜한 수고 하지 마시오. 그것은 비록 가난한 여인이 밝힌 작은 등불에 불과하지만 그 공덕은 진실로 무한하니 그대의 힘으로는 끌 수가 없습니다. 그 여인은 이 등불을 켠 공덕으로 오는 생에는 반드시 부처가 될 것입니다."

가난한 여인은 작은 등불 하나의 공덕으로 부처님께 성불의 수기를 받은 것입니다. 이 소식은 순식간에 온 성안으로 퍼져 나갔습니다. 프라세나지트 왕도 그 소문을 듣고 부처님의 처소로 황급히 마차를 몰았습니다.

"부처님, 저의 공덕은 어떻습니까? 저는 언제 성불할 수 있겠습니까?"

"대왕이여, 불도란 쉽고도 어려운 것입니다. 그것은 하나의 보시로도 얻을 수 있지만, 수천의 보시로도 얻지 못하기도 합니다. 불도를 얻기 위해서 가난한 자를 돕고 병든 자를 치료하고 외로운 자를 위로하여 만백성을 위해 선정을 베푸십시오. 많은 사람에게 보시하고 선행을 쌓으며 스스로 겸손해 남을 존경해야 합니다. 그러나 절대로 자기가 쌓은 공덕을 내세우거나 자랑해서는 안 됩니다. 이와 같이 오랜 세월을 닦으면 뒷날에 언젠가는 부처가 될 것입니다."

가난한 여인은 세속의 복을 기원하지 않았고 자기 정성에 대해 아무런 상도 없었기에 성불의 수기를 받은 것입니다. 하지만 프라세나지트 왕은 어마어마한 보시를 베풀고도 보시에 대한 상을 가지고 있었기에 불도를 얻을 수 없었던 것이지요. 무주상 보시를 행한 공덕이 얼마나 값진가를 이 가난한 여인은 잘 보여주고 있습니다.

## 사람들과 신들의 안락을 위해 법을 전하라

"수보리여! 항하의 모든 모래 수만큼이나 많은 항하가 있다면 그대는 어떻게 생각하느냐? 이 모든 항하의 모래 수는 많지 않겠느냐?"
수보리가 대답하였습니다.
"매우 많습니다, 세존이시여! 모든 항하만 해도 헤아릴 수 없이 많은데 어찌 하물며 그 모래이겠습니까?"

須菩提 如恒河中 所有沙數 如是沙等恒河 於意云何 是諸恒河沙寧爲多不 須菩提言 甚多 世尊 但諸恒河 尙多無數 何況其沙

항하는 갠지스 강을 말합니다. 갠지스 강은 인도의 젖줄이라고 불리는 거대한 강입니다. 강의 한쪽에서 바라볼 때 맞은편이 수평선처럼 보일만큼 강폭이 넓고 길이가 2500여 킬로미터나 됩니다. 그런 갠지스 강의 모래알 수만큼 많은 갠지스 강이 있고, 그 모든 갠지스 강의 모래알 수를 헤아린다면 도저히 헤아릴 수 없을 것입니다.

부처님은 이처럼 어마어마한 비유를 제시해 놓고는 '진실한 말로 말하노니'라는 말씀으로 다음 이야기를 이어갑니다. 아무리 믿음이 돈독한 이라도 이 엄청난 비유를 듣고 의심 없이 그대로 믿기란 쉽지 않다는 걸 알기 때문입니다.

"수보리여! 내가 이제 진실한 말로 그대에게 말하노니, 만일 선남자 선여인이 그 모든 항하의 모래 수만큼의 삼천대천세계를 칠보로 가득 채워 보시한다면 그로써 얻는 복이 많지 않겠느냐?"
수보리가 대답하였습니다.
"매우 많습니다, 세존이시여!"
부처님께서 수보리에게 말씀하셨습니다.
"만일 선남자 선여인이 이 경 가운데 내지 사구게 등을 수지하여 다른 사람을 위해 설해 준다면 이 복덕이 앞의 복덕보다 더 뛰어나다."

須菩提 我今實言告汝 若有善男子善女人 以七寶 滿爾所恒河沙數三千大千世界 以用布施 得福多不 須菩提言 甚多 世尊 佛告須菩提 若善男

子善女人 於此經中 乃至受持四句偈等 爲他人說 而此福德 勝前福德

  깨달음의 참된 기쁨을 얻고 나면 자연히 지금 내 옆에서 괴로워하는 사람, 힘들어하는 사람, 헤매는 사람이 눈에 들어옵니다. 괴롭던 내 마음을 돌이켜 보면 그의 마음이 충분히 이해가 가고, 내가 달라진 경험에 비추어 보면 저 사람도 분명히 좋아지리라는 것을 알기 때문에 부처님 법을 전하고 싶은 마음이 저절로 일어납니다. 지금 내가 누리는 평화와 기쁨을 함께 나누고 싶은 마음입니다.

  불법을 통해 참된 기쁨을 누리는 이가 그 기쁨을 다른 사람과 나누는 일은 지극히 자연스러운 일입니다. 불교는 원래 투철한 전법 정신으로 시작한 종교입니다.

  부처님이 보리수 아래에서 깨달은 그 순간 마왕 마라mara가 나타나서 말했습니다. 원하던 대로 깨달음을 얻었으니 어서 열반에 들라는 유혹의 말이었습니다. 어리석은 중생들은 부처님의 말씀을 알아듣지 못할 것이니 더 이상 수고하지 말라고 했습니다.

  그러나 부처님은 마왕의 유혹을 단호하게 물리치고 전법의 길에 나섰습니다. 부처님을 비난하며 떠났던 다섯 명의 수행자를 찾아가 법을 설하였습니다. 그리고 야사 등 55인을 교화한 뒤에 부처님은 60명의 제자들을 모아놓고 전법 선언을 하셨습니다.

"수행자들이여, 이제 모든 천인과 인간 속에서 그들을 제도하라. 많은 사람에게 이익이 되고 많은 사람에게 안락을 주기 위해, 현실 속에서 구체적인 이익과 안락을 구해주기 위해 속히 떠나가라. 마을로 들어갈 때는 홀로 스스로 갈 것이요, 두 사람이 함께 가지 말라.

수행자들이여, 유행을 할 때는 많은 사람을 위해 애민(哀愍)해 섭수(攝受)하고자 법을 전하되, 항상 처음과 중간과 끝을 모두 올바르게 설해서, 의미가 분명하고 어구가 명료해 의심이 없도록 하라. 자! 이제 전법의 길을 떠나라."

그리고 부처님 자신도 45년 동안 인도 전역을 걸어다니며 하루도 쉼 없이 전법을 하셨습니다.

부처님은 열반에 드는 마지막 순간까지도 설법을 그치지 않았습니다. 이생에서의 마지막 숨이 끊어지는 그 순간에 한 노인이 헐레벌떡 찾아와서 부처님을 만나겠다고 했습니다. 아난다가 절대로 안 된다고 거절했지만 노인은 고집을 꺾지 않았습니다. 그때 부처님이 아난다를 불렀습니다.

"그분을 들여보내시오. 그분은 나를 귀찮게 하러 온 게 아니라 나에게 법을 물으러 왔습니다."

부처님은 최후의 순간에도 노인을 맞아들여 그의 질문에 답하여 법을 설했습니다. 그 노인이 부처님의 마지막 제자 수바드라입니다.

부처님이 열반에 들자 많은 제자들이 법의 기쁨을 전하고자 인도 구석구석으로 흩어졌습니다. 부처님의 법은 히말라야를 넘고 타클라마칸 사막을 지나고 바다를 건너 전 세계로 퍼져나갔습니다. 불교는 그렇게 해서 우리나라까지 들어오게 된 것입니다. 이렇게 법의 이치를 받아 새기고 진실한 마음으로 대중을 위해 전파하는 일이 바로 보살의 길이며 성불의 길입니다.

## 12  尊重正教分
### 바른 가르침을 존중하다

이 법은 최상 제일 희유한 법이라
이 사구게가 온전히 법신불인 까닭에
곧 부처님이 계시는 것과 같음이오,
사구게 등 법을 설하는 것이
부처님이 설하시는 뜻과 둘이 아닌고로
존중한 제자와 같으니라.

## 제십이 존중정교분
## 第十二 尊重正教分

復次須菩提 隨說是經 乃至四句偈等 當知此處 一切世間天
부차 수보리 수설시경 내지사구게등 당지차처 일체세간천

人阿修羅皆應供養 如佛塔廟 何況有人 盡能受持讀誦 須菩
인아수라개응공양 여불탑묘 하황유인 진능수지독송 수보

提 當知是人 成就最上第一希有之法 若是經典所在之處 卽
리 당지시인 성취최상제일희유지법 약시경전소재지처 즉

爲有佛 若尊重弟子
위유불 약존중제자

"또한 수보리여! 이 경 설하심을 따라서 사구게만이라도 일러 주다면 마땅히 알라. 이곳은 일체 세간, 천인, 아수라가 다 부처님의 탑묘와 같이 응당 공양할 것이다. 하물며 어떤 사람이 다 능히 수지하며 독송함이겠느냐! 수보리여! 마땅히 알라. 이 사람은 가장 제일 높은 희유한 법을 성취하리라. 만일 이 경전이 있는 곳은 부처님과 존경받는 제자들이 있는 것과 같으니라."

### 우주에 가득 차고 먼지보다 작은 공덕

"또한 수보리여! 이 경 설하심을 따라서 사구게만이라도 일러 준다면 마땅히 알라. 이곳은 일체 세간, 천인, 아수라가 다 부처님의 탑묘와 같이 응당 공양할 것이다. 하물며 어떤 사람이 다 능히 수지하며 독송함이겠느냐! 수보리여! 마땅히 알라. 이 사람은 가장 제일 높은 희유한 법을 성취하리라. 만일 이 경전이 있는 곳은 부처님과 존경받는 제자들이 있는 것과 같으니라."

復次須菩提 隨說是經 乃至四句偈等 當知此處 一切世間天人阿修羅皆應供養 如佛塔廟 何況有人 盡能受持讀誦 須菩提 當知是人 成就最上第一希有之法 若是經典所在之處 卽爲有佛 若尊重弟子

금강경과 금강경의 사구게가 설해지는 곳이라면 거기가 어디든지 부처님의 사리를 모시는 탑묘와 같아 모든 세간과 천인 아수라가 받들어 공양할 것입니다. 세간은 영원하지 않은 것들이 서로 모여 있는 우주 공간을 말하고, 천인은 신들과 사람을 아울러 이르는 말입니다.

부처님 말씀을 수지 독송해 그 가르침대로 생각하고 행동하며 살아가는 사람이 있다면 그가 있는 그 자리가 바로 불법승佛法僧 삼보三寶가 함께하는 위대한 자리입니다.

삼보의 높고 귀함은 겉모습에 있지 않습니다. 어떠한 사람이라도 깨달음이 열리는 그 자리에 최고의 스승이신 부처님과 부처님의 위대한 가르침과 부처님의 뛰어난 제자들이 함께합니다. 이 금강경의 도리 안에 이미 불법승 삼보가 구족합니다.

하지만 그렇다고 해서 금강경이 최고다, 금강경만 있으면 다른 경전은 필요 없다는 뜻은 물론 아닙니다. 집착을 버리고 머무르는 바 없는 마음을 내라는 것이 금강경의 핵심입니다. 머름 없이 마음을 내는 이치를 깨치지 못한다면 그는 금강경을 진실로 수지 독송한 사람이 아닙니다.

미워하고 원망하고 슬프고 외로운 마음으로 괴로워하던 사람이 금강경을 읽고 '이 마음은 다 꿈같은 것이다' 하고 깨닫게 되었다면 그것이 '독讀'입니다. 그런데 아무리 열심히 경전을 읽고 깨쳤어도 책장을 덮고 돌아서면 잊어버리기 십상입니다. 또 경전을 외워 가르침을 가슴에 새기고 돌이키며 실천하는 것을 '송誦'이라고 합니다. 그래서 수지 독송이라 말합니다.

금강경을 읽고 깨달아 부처님의 가르침을 다른 사람에게 널리 전하는 공덕은 그야말로 한량없는 공덕입니다. 한계가 없는 마음, 한계가 없는 공덕은 크게 확대하면 우주에 가득 차고 작게 축소하면 콧구멍 속의 터럭보다도 작습니다. 본래 법에는 고정된 모양이 없으니 그 무엇으로도 한계를 지을 수가 없습니다.

그런데 사람들은 부처님 가르침의 참뜻을 내 마음에 받아들이지 않고 경전의 글귀에만 집착하기 일쑤입니다. 금강경을 읽으면 금강경에 집착하고, 법화경을 읽으면 법화경에 집착합니다. 부처님 말씀이 법화경 한 권에 다 들어 있다는 말을 들으면 '다른 경은 다 필요 없고 법화경만 최고다' 하고 받아들이는 식입니다. 금강경을 수지 독송하는 공덕이 높다고 하니까, 그저 무조건 읽기만 하면 되는 줄 알고 천 번 만 번 읽기만 하는 사람도 있습니다. 그러나 다시 한 번 말하지만, 수지 독송이란 금강경의 말씀을 내 삶에 받아들여 스스로 깨닫고자 끊임없이 수행하는 것을 뜻합니다.


### 처처가 불상이요, 하는 일마다 불공일지니

한 사찰에서 범종 불사를 하게 되었는데, 불사에 보시한 사람들의 이름을 종에 새겨서 그 공덕을 기리기로 했습니다. 그런데 종 만드는 장인이 깜빡 실수하는 바람에 가장 돈을 많이 낸 시주의 이름이 빠지고 말았습니다. 잔뜩 기대에 부푼 시주자는 종에 새겨진 이름 사이에서 자기 이름을 찾았지만 아무리 훑어보아도 찾을 수가 없었지요. 그는 기분이 몹시 상해서 주지 스님에게 항의했습니다.

그러자 주지 스님이 빙긋이 웃으며 대답했습니다.

"절에서 아침저녁으로 그 종을 쳐댈 테니 거기에 이름 적힌 분들이 얼마나 어지럽겠습니까. 그래서 제가 거사님 이름은 뺐습니다."

범종이 무사히 완성되어 많은 사람에게 소리 공양을 하게 되었습니다. 이 얼마나 기쁜 일입니까. 그런데 그 사람은 그 사실을 기뻐하는 자체가 복이고 공덕인 줄 모르고 자기 이름이 종에 새겨져야만 복을 받는다고 생각하고 거기에 집착했습니다. 만약 그의 생각처럼 종에 이름을 새겨야만 공덕이 되고 복을 받는 게 사실이라면, 종을 칠 때마다 거기에 이름이 적힌 사람들은 어지러워진다는 주지 스님의 말도 사실이라고 할 수 있을 것입니다.

그렇다고 '집착 없이 마음을 내라고 했는데 내가 아직 완전히 깨닫지 못해서 그렇게 안 되니까 남을 돕는 것도 아무 소용이 없겠다' 이렇게 생각해서 그저 주저앉는 것 역시 잘못입니다. 왜냐하면 수행의 목적은 남을 돕는 데 있지 않기 때문입니다. 내가 이 세상을 살아가는 데 흔들림 없는 참자유 참행복을 누리기 위해 수행하는 것입니다. 마음에 머무름이 없어야 한다는 참뜻을 바르게 알았다면, 완전한 자유와 행복에 이르기 위해 끊임없이 노력해 나갈 뿐입니다.

상이 있는 것은 다 허망하니 만일 모든 상이 상이 아님을 본다면 곧 여래를 보는 것이라 했습니다. 여기서 상이란 단순히 눈에 보이는 것만을 가리키지는 않습니다. 우리 마음속의 고정된 생각과 집착, 심지어 법에 대한 집착, 경전에 대한 집착도 다 상입니다.

금강경이라는 모양과 형식에 매여서는 금강경의 본뜻을 알 수 없고 불법을 올바르게 이해할 수도 없습니다. 모양에 집착하면 나도 모르게 다른 마음이 일어나게 됩니다.

진실로 머무르는 바 없이 있는 그대로를 응대할 수 있다면, 보이는 것과 들리는 것, 냄새 맡아지는 것과 맛보아지는 것, 손끝에 느껴지는 감촉까지가 다 불법이고 부처님입니다. 그러니 처처가 불상佛像이고, 하는 일마다 불공佛供입니다. 이럴 때 진실로 불법승 삼보가 갖추어지는 것입니다.

## 13  如法受持分
## 여법하게 받아 지니다

만일 세계 세계와 티끌 티끌이
곧 법신法身임을 깨칠진대
푸릇푸릇한 청송녹죽靑松綠竹이
다 진여眞如 법신이요,
불긋불긋한 봉선화와 희끗희끗한 오얏꽃이
반야般若 아님이 없으니
산하대지山河大地가 온전히 법왕신法王身이
드러남이로다.

## 제십삼 여법수지분
## 第十三 如法受持分

爾時 須菩提白佛言 世尊 當何名此經 我等 云何奉持 佛告
이시 수보리백불언 세존 당하명차경 아등 운하봉지 불고

須菩提 是經 名爲金剛般若波羅蜜 以是名字 汝當奉持 所
수보리 시경 명위금강반야바라밀 이시명자 여당봉지 소

以者何 須菩提 佛說般若波羅蜜 即非般若波羅蜜 是名般若
이자하 수보리 불설반야바라밀 즉비반야바라밀 시명반야

波羅蜜 須菩提 於意云何 如來有所說法不 須菩提白佛言
바라밀 수보리 어의운하 여래유소설법부 수보리백불언

世尊 如來無所說 須菩提 於意云何 三千大千世界所有微塵
세존 여래무소설 수보리 어의운하 삼천대천세계소유미진

是爲多不 須菩提言 甚多 世尊 須菩提 諸微塵 如來說非微
시위다부 수보리언 심다 세존 수보리 제미진 여래설비미

塵 是名微塵 如來說世界非世界 是名世界 須菩提 於意云
진 시명미진 여래설세계비세계 시명세계 수보리 어의운

何 可以三十二相 見如來不 不也 世尊 不可以三十二相 得
하 가이삼십이상 견여래부 불야 세존 불가이삼십이상 득

見如來 何以故 如來說三十二相 即是非相 是名三十二相
견여래 하이고 여래설삼십이상 즉시비상 시명삼십이상

須菩提 若有善男子善女人 以恒河沙等身命 布施 若復有人
수보리 약유선남자선여인 이항하사등신명 보시 약부유인

於此經中 乃至受持四句偈等 爲他人說 其福 甚多
어 차 경 중  내 지 수 지 사 구 게 등  위 타 인 설  기 복  심 다

그때 수보리가 부처님께 여쭈었습니다.

"세존이시여! 마땅히 이 경을 무엇이라 이름 하며, 저희가 어떻게 받들어 지녀야 하나이까?"

부처님께서 수보리에게 말씀하셨습니다.

"이 경 이름은 '금강반야바라밀'이니 이 이름으로 그대들은 마땅히 받들어 지녀야 하느니라. 왜냐하면 수보리여! 부처가 반야바라밀이라 말한 것은 반야바라밀이 아니라 그 이름이 반야바라밀이기 때문이다. 수보리여! 그대는 어떻게 생각하느냐? 여래가 법을 말한 바가 있느냐?"

수보리가 부처님께 말씀드렸습니다.

"세존이시여! 여래께서 말씀하신 바가 없습니다."

"수보리여! 그대는 어떻게 생각하느냐? 삼천대천세계에 있는 가는 티끌이 많다고 하겠느냐?"

수보리가 대답하였습니다.

"매우 많습니다, 세존이시여!"

"수보리여! 모든 가는 티끌은 여래가 가는 티끌을 말한 것이 아니라 그 이름이 가는 티끌이니라. 여래가 세계를 말한 것은 세계가 아니라 그 이름이 세계이니라. 수보리여! 그대는 어떻게 생각하느냐? 가히 삼십이상으로써 여래를 볼 수 있겠느냐?"
"없습니다, 세존이시여! 가히 삼십이상으로써 여래를 볼 수 없습니다. 왜냐하면 여래께서 말씀하신 삼십이상은 곧 상이 아니라 그 이름이 삼십이상이기 때문입니다."
"수보리여! 만일 선남자 선여인이 있어 항하의 모래 수 같은 몸과 목숨으로 보시하여도 만일 다시 어떤 사람이 이 경 가운데 내지 사구게 등을 받아 지녀 다른 사람을 위해 설한다면 그 복이 더 많으리라."

## 한 법도 설한 바가 없는 이치

그때 수보리가 부처님께 여쭈었습니다.
"세존이시여! 마땅히 이 경을 무엇이라 이름하며, 저희가 어떻게 받들어 지녀야 하나이까?"
부처님께서 수보리에게 말씀하셨습니다.
"이 경 이름은 '금강반야바라밀'이니 이 이름으로 그대들은 마땅히 받들어 지녀야 하느니라. 왜냐하면 수보리여! 부처가 반야바라밀이라 말한 것은 반야바라밀이 아니라 그 이름이 반야바라밀이기 때문이다."

爾時 須菩提白佛言 世尊 當何名此經 我等 云何奉持 佛告須菩提 是經名爲金剛般若波羅蜜 以是名字 汝當奉持 所以者何 須菩提 佛說般若波羅蜜 卽非般若波羅蜜 是名般若波羅蜜

부처님은 이날 법문의 제목을 '금강반야바라밀'이라 부르라고 이릅니다. 반야는 지혜의 가르침, 고해의 중생계에서 부처의 세계로 건너가는 나룻배와 같습니다.

그런데 왜 부처님은 '반야바라밀은 반야바라밀이 아니라 그 이름이 반야바라밀'이라고 하셨을까요? 그것은 모든 상을 여의는 것이 반야바라밀인데 반야바라밀이라는 이름으로 상을 취한다면 그것은 이미 반야바라밀이 아니기 때문입니다.

진리를 표현하고 전달하는 부처님의 설법은 언어가 갖고 있는 한계를 적절히 활용함으로써 그 한계를 뛰어넘습니다. 반야바라밀에 집착하는 순간 반야바라밀은 더 이상 '응무소주 이생기심'의 반야바라밀이 아니며, 불법에 집착하면 그 순간 불법은 이미 비법이 되어버립니다. 그 묘한 이치를 말로 표현한다는 것은 어쩌면 불가능한 일인지도 모릅니다. 그래서 부처님은 입을 다물고 아무 설명도 하지 않는 방법이나, 이것이 진리라고 못 박아 설명하는 방법, 그 양극단을 모두 경계한 것입니다.

깨달음은 체험을 통해서만 얻을 수 있지 말이나 글로 설명을 들어서 얻을 수 있는 게 아닙니다. 부처님의 설법은 그런 한계를 극복해 나가도록 한 최상의 언어 표현입니다. 그러나 아무리 최상의 표현이라 해도 그것에 대한 상마저도 끊어버리는 것이 바른 도리에 접근하는 것임을 또한 잊지 말기 바랍니다.

"수보리여! 그대는 어떻게 생각하느냐? 여래가 법을 말한 바가 있느냐?"
수보리가 부처님께 말씀드렸습니다.
"세존이시여! 여래께서 말씀하신 바가 없습니다."

須菩提 於意云何 如來有所說法不 須菩提白佛言 世尊 如來無所說

부처님의 설법은 거울과도 같다고 했습니다. 중생이 가진 번뇌의 모습에 따라 법이 나타날 따름이지 정해진 법이 따로 있는 게 아닙니다. 또한 부처님이 법을 설한다는 생각을 가지고 베푸신 것도 아닙니다. 그래서 부처님은 한 법도 설한 바가 없다고 하셨습니다.

큰 절에 가보면 설법전이 따로 마련되어 있는데, 그 전각을 무설전無說殿이라고 이름 짓는 경우가 있습니다. 한 법도 설한 바가 없는 이치가 담겨진 이름입니다. 그곳에서 법문을 듣는 이들이 말의 외형에 팔리지 말고 참뜻을 궁구하길 당부하는 의미이기도 합니다.

### 여래를 보지 못하리니

"수보리여! 그대는 어떻게 생각하느냐? 삼천대천세계에 있는 가는 티끌이 많다고 하겠느냐?"
수보리가 대답하였습니다.
"매우 많습니다, 세존이시여!"
"수보리여! 모든 가는 티끌은 여래가 가는 티끌을 말한 것이 아니라 그 이름이 가는 티끌이니라. 여래가 세계를 말한 것은 세계가 아니라 그 이름이 세계이니라."

須菩提 於意云何 三千大千世界所有微塵 是爲多不 須菩提言 甚多

世尊 須菩提 諸微塵 如來說非微塵 是名微塵 如來說世界非世界 是名世界


　미진微塵은 아주 작은 티끌이나 먼지를 말합니다. '티끌 같은 존재'라는 표현에서처럼 흔히 세상에서 가장 작은 물질로 비유됩니다. 하지만 아무리 작은 물질이라도 그보다 더 작은 물질에 견준다면 오히려 크다고 말할 수 있습니다.

　미진은 요즘 우리 상식으로 보면 분자와 같은 개념이라고 할 수 있습니다. 분자는 물질에서 화학적 형태와 성질을 잃지 않고 분리될 수 있는 최소의 입자를 말합니다. 그런데 이 분자는 아주 작디작은 원자들로 이루어져 있습니다. 원자의 반지름은 약 1억분의 1센티미터에 불과해 현미경으로도 보이지 않습니다. 그러니 미진이 아무리 작은 입자라 해도 그 존재 자체가 절대적으로 작다는 성질을 갖고 있는 것은 아닙니다.

　또 많고 적음을 구분할 때에도 절대적인 기준은 없습니다. 삼천대천세계도 갠지스 강의 모래알 수만큼 많은 삼천대천세계에 비하면 티끌과 같은 존재에 불과합니다. 태양계에 비하면 지구는 한 점과 같고, 은하계에 비하면 태양계는 티끌과 같고, 우주에 비하면 은하계는 미진에 불과합니다. 그러니 작다·크다, 적다·많다는 어느 순간을 기준으로 다만 그렇게 이름 붙인 것에 불과합니다. 티끌이 티끌이 아닌 것처럼 세계 또한 우리가 그렇게 이름 붙여 부를 뿐입니다.

"수보리여! 그대는 어떻게 생각하느냐? 가히 삼십이상으로써 여래를 볼 수 있겠느냐?"
"없습니다, 세존이시여! 가히 삼십이상으로써 여래를 볼 수 없습니다. 왜냐하면 여래께서 말씀하신 삼십이상은 곧 상이 아니라 그 이름이 삼십이상이기 때문입니다."

須菩提 於意云何 可以三十二相 見如來不 不也 世尊 不可以三十二相 得見如來 何以故 如來說三十二相 卽是非相 是名三十二相

　삼십이상으로 여래를 볼 수 있다는 말은, 몸의 특징에 의지한 형상으로 부처를 볼 수 있다는 말입니다. 눈으로 부처를 볼 수 있고, 소리로 부처를 들을 수 있다는 말이지요. 그러나 그런 식으로는 부처를 볼 수 없습니다. 왜냐하면 여래를 본다는 말은 깨달음을 얻는다는 말과도 같기 때문입니다. 깨달음은 눈에 보이는 모습이나 귀에 들리는 소리로 얻을 수 없습니다. 그것은 단지 육근 경계에 대한 집착이며 사로잡힘일 뿐입니다.

　가끔 불교 행사를 진행하는 도중에 하늘에 무지개가 떴다느니 구름이 관세음보살 모습으로 나타났다느니 하는 이야기들을 들을 수 있습니다. 그렇게 눈에 보이고 귀에 들리는 소리로 나타나는 현상은 여래를 보는 것이 아닙니다. 망상일 뿐입니다.

물론 그렇게 신기한 일이 일어날 수는 있습니다. 그러나 그런 일은 여래를 보는 것, 즉 깨달음과는 아무 상관이 없습니다.

그렇다면 부처의 삼십이상은 무엇이며 어떤 의미가 있을까요? 부처의 몸은 삼십이상이라는 특징이 있습니다. 미간에는 백호가 있고 정수리는 위로 솟았고 귀는 길게 늘어져 있고 목에는 세 개의 줄이 나 있고 팔은 무릎에 닿을 만큼 길다는 등의 특징들입니다. 수보리는 그런 특징들로 부처를 볼 수 있다는 생각이 형상에 대한 집착이었음을 깨닫습니다.

부처가 삼십이상의 특징을 갖는 것은 맞지만, 삼십이상의 특징을 보인다고 해서 그를 부처라고 할 수는 없습니다. 인도 전통 신앙에서는 세간을 다스리는 제왕을 전륜성왕이라고 하는데, 전륜성왕도 부처님처럼 삼십이상을 가졌다고 합니다.

어떤 사람이 열심히 수행한 끝에 욕심도 짜증도 성냄도 일으키지 않는 경지를 얻었습니다. 우리는 그의 모습을 보고 키와 몸무게는 얼마고 눈과 귀와 코의 모양은 이러이러하다고 자세히 묘사할 수 있습니다. 하지만 그렇다고 해서 그런 특징을 가진 사람이 모두 깨달음을 얻은 사람이라고 말할 수는 없습니다.

부처에게 삼십이상의 특징이 존재하지만, 그런 특징들로써 부처를 확인할 수는 없습니다. 부처의 몸이 가지는 특징은 상에 불과합니다. 모든 상으로부터 벗어나 제법이 공한 이치를 깨치지 않고는 부처를 바로 볼 수 없습니다. 눈으로 보고 귀로 듣고 코로 냄새 맡고 혀로 맛보고 손으로 만지고 머리로 상상하는 것들에 매달려서는 부처를 보고도 부처인 줄을 모릅니다.

### 누구나 할 수 있는 보살행

"수보리여! 만일 선남자 선여인이 있어 항하의 모래 수 같은 몸과 목숨으로 보시하여도 만일 다시 어떤 사람이 이 경 가운데 내지 사구게 등을 받아 지녀 다른 사람을 위해 설한다면 그 복이 더 많으리라."

須菩提 若有善男子善女人 以恒河沙等身命 布施 若復有人 於此經中 乃至受持四句偈等 爲他人說 其福 甚多

삼천대천세계를 칠보로 가득 채워서 보시한다 해도 자기 목숨을 내어놓는 보시의 공덕과는 비교가 되지 않습니다. 아무리 재물을 소중히 여기는 사람이라도 재물과 목숨 중 하나만 선택하라고 하면 목숨을 선택할 테니까요. 살아 있는 생명체에게 목숨의 소중함은 그 무엇과도 비할 바가 없습니다. 그러니 목숨을 한 번 버려서 보시하는 것만으로도 공덕이 이렇게 큰데 그 목숨을 갠지스 강의 모래알 수만큼 버려서 보시했다면 이것은 참으로 한량없는 공덕일 것입니다.

설법이 진행될수록 비유의 규모가 점점 커지고 있습니다. 이는 무주상보시의 공덕, 일체의 상이 본래 없는 줄 깨닫고 행하는 복덕이 얼마나 큰지를 보다 생생하게 전달하기 위해서입니다.

자기 스스로 이치를 깨닫고 다른 사람이 깨달을 수 있도록 돕는 공덕은 그 끝을 도저히 알 수 없습니다.

불법이다 보살행이다 하는 말을 들으면 '아이고, 그런 건 스님이나 하지 우리 같은 중생이 어떻게 하겠습니까' 하고 한 발짝 물러서는 사람들이 있습니다. 하지만 부처가 어디 따로 있는 게 아닙니다. 괴로움에서 벗어나는 것을 이름 하여 부처라고 할 뿐입니다. 괴로움에서 벗어나는 것은 모든 중생이 다 원하는 바입니다. 이는 출가한 스님만이 할 수 있는 보살행이 아니라 누구나가 할 수 있는 보살행입니다.

불법은 갖가지 괴로움에 시달리는 삶을 자유로운 삶으로 바꾸는 가르침입니다. 지금 내가 처한 현실의 삶과 아무 상관없는 진리의 세계에 따로 존재하는 가르침이 아닙니다. 부처님의 가르침은 지금 이 순간 여기서 괴로움에서 벗어나는 해탈의 길을 제시합니다. 그래서 불법은 가장 바른 법이고 가장 쉬운 법이며 누구나 생활 속에서 실천 가능한 법입니다.

## 14 離相寂滅分
## 상을 여의어 적멸함

주住함이 있는 마음은
무명無明에 속한 것이라
마음 지경에 장애가 되는 것인 고로
사람이 어두운 곳으로 들어가는 것과 같고,
주함이 없는 마음은
인아상人我相이 없는 고로
해가 하늘에 오르매 밝게
만상을 비추는 것과 같으니라.

## 제십사 이상적멸분
## 第十四 離相寂滅分

爾時 須菩提 聞說是經 深解義趣 涕淚悲泣 而白佛言 希有
이시 수보리 문설시경 심해의취 체루비읍 이백불언 희유
世尊 佛說如是甚深經典 我從昔來 所得慧眼 未曾得聞如是
세존 불설여시심심경전 아종석래 소득혜안 미증득문여시
之經 世尊 若復有人 得聞是經 信心淸淨 卽生實相 當知是
지경 세존 약부유인 득문시경 신심청정 즉생실상 당지시

人 成就第一希有功德 世尊 是實相者 卽是非相 是故 如來
인 성취제일희유공덕 세존 시실상자 즉시비상 시고 여래
說名實相 世尊 我今得聞如是經典 信解受持 不足爲難 若
설명실상 세존 아금득문여시경전 신해수지 부족위난 약
當來世後五百歲 其有衆生 得聞是經 信解受持 是人 卽爲
당내세후오백세 기유중생 득문시경 신해수지 시인 즉위
第一希有 何以故 此人 無我相無人相無衆生相無壽者相 所
제일희유 하이고 차인 무아상무인상무중생상무수자상 소
以者何 我相 卽是非相 人相衆生相壽者相 卽是非相 何以
이자하 아상 즉시비상 인상중생상수자상 즉시비상 하이
故 離一切諸相 卽名諸佛 佛告須菩提 如是如是 若復有人
고 이일체제상 즉명제불 불고수보리 여시여시 약부유인
得聞是經 不驚不怖不畏 當知是人 甚爲希有 何以故 須菩
득문시경 불경불포불외 당지시인 심위희유 하이고 수보

提 如來說第一波羅蜜 卽非第一波羅蜜 是名第一波羅蜜 須
리 여래설제일바라밀 즉비제일바라밀 시명제일바라밀 수

菩提 忍辱波羅蜜 如來說非忍辱波羅蜜 是名忍辱波羅蜜 何
보리 인욕바라밀 여래설비인욕바라밀 시명인욕바라밀 하

以故 須菩提 如我昔爲歌利王 割截身體 我於爾時 無我相
이고 수보리 여아석위가리왕 할절신체 아어이시 무아상

無人相無衆生相 無壽者相 何以故 我於往昔節節支解時 若
무인상무중생상 무수자상 하이고 아어왕석절절지해시 약

有我相人相衆生相壽者相 應生瞋恨 須菩提 又念過去於五
유아상인상중생상수자상 응생진한 수보리 우념과거어오

百世 作忍辱仙人 於爾所世 無我相無人相無衆生相無壽者
백세 작인욕선인 어이소세 무아상무인상무중생상무수자

相 是故 須菩提 菩薩 應離一切相 發阿耨多羅三藐三菩提
상 시고 수보리 보살 응리일체상 발아뇩다라삼먁삼보리

心 不應住色生心 不應住聲香味觸法生心 應生無所住心 若
심 불응주색생심 불응주성향미촉법생심 응생무소주심 약

心有住 卽爲非住 是故 佛說菩薩心 不應住色布施 須菩提
심유주 즉위비주 시고 불설보살심 불응주색보시 수보리

菩薩 爲利益一切衆生 應如是布施 如來說一切諸相 卽是非
보살 위이익일체중생 응여시보시 여래설일체제상 즉시비

제14 이상적멸분 237

相 又說一切衆生 卽非衆生 須菩提 如來 是眞語者 實語者
상 우설일체중생 즉비중생 수보리 여래 시진어자 실어자
如語者 不誑語者 不異語者 須菩提 如來所得法 此法 無實
여어자 불광어자 불이어자 수보리 여래소득법 차법 무실
無虛 須菩提 若菩薩 心住於法 而行布施 如人 入闇 卽無
무허 수보리 약보살 심주어법 이행보시 여인 입암 즉무
所見 若菩薩 心不住法 而行布施 如人 有目 日光 明照 見
소견 약보살 심부주법 이행보시 여인 유목 일광 명조 견
種種色 須菩提 當來之世 若有善男子善女人 能於此經 受
종종색 수보리 당래지세 약유선남자선여인 능어차경 수
持讀誦 卽爲如來以佛智慧 悉知是人 悉見是人 皆得成就無
지독송 즉위여래이불지혜 실지시인 실견시인 개득성취무
量無邊功德
량무변공덕

그때 수보리가 이 경 설하심을 듣고 깊이 깨닫고는 감격해 눈물을 흘리고 울며 부처님께 말씀드렸습니다.

"희유하십니다, 세존이시여! 부처님께서 이와 같이 깊은 경을 말씀하심은 제가 옛적부터 얻은 혜안으로는 일찍이 이와 같은 경을 얻어 들은 적이 없습니다. 세존이시여! 만일 다시 어떤 사람이 이 경을 얻어 듣고 믿는 마음이 청정하여 곧 실상을 내면 마땅히 이 사람이 제일 희유한 공덕을 성취하였음을 알겠나이다. 세존이시여! 이 실상이라는 것은 곧 상이 아닌 까닭에 여래께서 그 이름을 실상이라고 말씀하십니다. 세존이시여! 제가 이제 이 경을 얻어 듣고 믿고 알아 받아 지니기는 어렵지 아니하지만, 미래 후오백세에 어떤 중생이 이 경을 얻어 듣고서 믿고 이해하고 받아 지니면 이 사람은 곧 제일 희유한 사람이 될 것입니다. 왜냐하면 이 사람은 아상·인상·중생상·수자상이 없기 때문입니다. 왜냐하면 아상이 곧 상이 아니며, 인상·중생상·수자상이 곧 상이 아니기 때문입니다. 왜냐하면 일체 상을 여의면 곧 그 이름이 부처이기 때문입니다."

부처님께서 수보리에게 말씀하셨습니다.

"그렇다, 그렇다. 만일 다시 어떤 사람이 이 경을 얻어 듣고 놀라지 않고 겁내고 두려워하지 않는다면 이 사람은 심히 희유한 사람인 줄 알아야 한다. 왜냐하면 수보리여! 여래가 제일바라밀을 말함이 제일바라밀이 아니라 그 이름이 제일바라밀이기 때문이다. 수보리여! 인욕바라밀이 여래가 인욕바라밀을 말함이 아니라 그 이름이 인욕바라밀이니라. 왜냐하면 수보리여! 내가 옛적에 가리왕에게 신체를 베이고 끊김을 당할 때 내가 그때 아상이 없으며 인상이 없으며 중생상이 없으며 수자상이 없었느니라. 왜냐하면 내가 지나간 옛적에 마디마디 사지를 베이고 끊길 때에 만일 아상과 인상과 중생상과 수자상이 있었다면 응당 성내고 원망하는 마음이 생겼을 것이기 때문이다. 수보리여! 또 과거 오백세에 인욕선인이었을 때에도 아상이 없으며 인상이 없으며 중생상이 없으며 수자상이 없었느니라. 그러므로 수보리여! 보살은 응당 일체 상을 여의어 아뇩다라삼먁삼보리심을 일으키나니, 색에 머물러 마음을 내지 말며 소리와 향기와 맛과 감촉과 법에 머물러 마음을 내지 말지니, 마땅히 머무는 바 없는 마음을 내어야 한다. 만일 마음이 머물러 있으면 그것은 곧 머무름이 아니니, 이런 까닭에 보살의 마음은 색에 머물러 보시하지 않는다고 부처가 말하느니라. 수보리여! 보살은 일체중생의 이익을 위하여 응당 이와 같이 보시하느니라. 여래가 일체 모든 상을 말하는 것은 곧 상이 아니며 또 일체중생을 말하는 것도 곧 중생이 아니니라. 수보리여! 여래는 참된 말을 하는 자고, 실다운 말을 하는 자며, 여여한 말을 하는 자며, 미치광이의 말을 하지 아니하는 자며, 다른 말을 하지 않는 자이니라. 수보리여! 여래가 얻은 법에는 실다운 것도 없고 헛된 것도 없느니라. 수보리여! 만일 보살의 마음이 법에 머물러 보시를 행하면 마치 사람이 어두운 데에 들어가 아무것도 볼 수 없는 것과 같고, 보살의 마음이 법에 머무르지 않고 보시를 행하면 사람이 눈이 있어 광명이 비추어 여러 가지 모양을 보는 것과 같으니라. 수보리여! 미래세에 만일 선남자 선여인이 능히 이 경을 수지 독송하면 여래는 부처의 지혜로써 이 사람들을 다 알며 다 보나니, 모두 무량무변한 공덕을 성취할 것이니라."

## 이와 같은 경을 일찍이 들은 바 없습니다

그때 수보리가 이 경 설하심을 듣고 깊이 깨닫고는 감격해 눈물을 흘리고 울며 부처님께 말씀드렸습니다.
"희유하십니다, 세존이시여! 부처님께서 이와 같이 깊은 경을 말씀하심은 제가 옛적부터 얻은 혜안으로는 일찍이 이와 같은 경을 얻어 들은 적이 없습니다. 세존이시여! 만일 다시 어떤 사람이 이 경을 얻어 듣고 믿는 마음이 청정하여 곧 실상을 내면 마땅히 이 사람이 제일 희유한 공덕을 성취하였음을 알겠나이다."

爾時 須菩提 聞說是經 深解義趣 涕淚悲泣 而白佛言 希有世尊 佛說如是甚深經典 我從昔來 所得慧眼 未曾得聞如是之經 世尊 若復有人 得聞是經 信心淸淨 卽生實相 當知是人 成就第一希有功德


한 치 앞이 보이지 않는 깜깜한 밤길을 헤매며 걷는 사람처럼 괴로운 인생을 살던 사람이 부처님 법문을 듣고 깨달아서 인생의 모든 어둠이 일시에 사라져버립니다. 그런 깨달음의 순간을 만나면 그의 얼굴은 더없이 환하게 빛나고 눈에서는 눈물이 하염없이 흘러내릴 겁니다.

수보리가 흘린 눈물, 체루비읍涕淚悲泣은 바로 그런 기쁨의 눈물입니다. 법문을 듣고 크게 깨달은 수보리가 눈물을 흘리며 부처님께 고합니다.

"제가 옛적부터 얻은 혜안으로는 일찍이 이와 같은 경을 얻어 들은 적이 없습니다."

수보리는 20년을 하루같이 부처님 곁에 머물면서 모든 법문을 다 들었고, 그 가르침을 통해 지혜의 눈이 열린 사람입니다. 그런 그가 이 법문을 듣고 이와 같은 경을 처음 들었다고 고백합니다. 왜 그럴까요? 이는 부처님의 법문은 어제와 오늘이 다를 바 없는데 수보리 자신이 오늘에야 비로소 모든 상을 여의고 부처님의 말씀을 깨닫게 되었다는 뜻으로 이해할 수 있습니다.

"세존이시여! 이 실상이라는 것은 곧 상이 아닌 까닭에 여래께서 그 이름을 실상이라고 말씀하십니다."

世尊 是實相者 卽是非相 是故 如來說名實相

시비 분별을 끊고 아집을 타파해 모든 번뇌가 사라졌다 해도 실상이란 또 하나의 상에 이끌린다면 그는 또다시 법을 고집하는 어리석음, 법집法執의 수렁에 빠지고 맙니다. 허상이라는 실체와 실상이라는 실체가 따로 존재하는 게 아닙니다. 허상을 떠난 실상이 별도로 있지 않습니다. '이것이 사실이다' '이것이 현실이다' 하고 알던 그것이 실은 허망한 것이고 꿈같은 것이고 아지랑이 같은 것이고 헛것이라는 사실을 깨달으면 그것이 바로 실상을 보는 것이고 실상을 깨닫는 것입니다.

중생은 허상이라는 것이 따로 있고 실상이라는 것이 따로 있어서 허상을 벗겨내면 그 밑에 있는 실상을 보게 된다는 헛생각에 빠져 있기 일쑤입니다. 실상이라는 말에 실상이라는 또 하나의 상을 지으려고 합니다. 그러나 허상이라는 것도 실상이라는 것도 없습니다. 상이라 할 것이 없기에 그 이름이 실상일 뿐입니다.

### 내 머리에 쓰고 있는 바가지를 벗으면

"세존이시여! 제가 이제 이 경을 얻어 듣고 믿고 알아 받아 지니기는 어렵지 아니하지만, 미래 후오백세에 어떤 중생이 이 경을 얻어 듣고서 믿고 이해하고 받아 지니면 이 사람은 곧 제일 희유한 사람이 될 것입니다. 왜냐하면 이 사람은 아상·인상·중생상·수자상이 없기 때문입니다. 왜냐하면 아상이 곧 상이 아니며, 인상·중생상·수자상이 곧 상이 아니기 때문입니다. 왜냐하면 일체 상을 여의면 곧 그 이름이 부처이기 때문입니다."

世尊 我今得聞如是經典 信解受持 不足爲難 若當來世後五百歲 其有衆生 得聞是經 信解受持 是人 卽爲第一希有 何以故 此人 無我相無人相無衆生相無壽者相 所以者何 我相 卽是非相 人相衆生相壽者相 卽是非相 何以故 離一切諸相 卽名諸佛

부처님이 열반에 들고 후오백세가 되면 부처님의 바른 법을 찾기 어려운 시기를 맞게 됩니다. 부처님 당시의 제자들도 금강경의 가르침을 깨치기가 어려웠는데, 과연 이러한 말법 시대를 살아가는 중생이 이 경을 듣고 받아 지닐 수 있을까요? 어쩌면 불가능한 일인 듯이 보이기도 합니다.

하지만 수보리는 우리의 그런 걱정을 다 알고 씻어주려는 듯이, 말법 시기의 중생이라도 이 가르침을 듣고 믿고 이해하고 받아 지닌다면 그 공덕이 참으로 한량없다고 말하고 있습니다. 부처님의 가르침을 받아 지니는 사람이라면 그는 아상·인상·중생상·수자상이 없는 사람이므로 충분히 이 가르침을 믿고 받아들일 수 있다는 것입니다.

흔히 '번뇌를 여의었다'는 말을 합니다. 그런 말을 들으면 마치 번뇌의 세계가 따로 있고 번뇌 없는 세계가 따로 있는 것 같습니다. 번뇌가 있고 보리가 있어서 번뇌를 버리고 보리를 얻어야 한다는 식으로 말입니다.

하지만 번뇌가 번뇌인 줄 알면 그것이 보리입니다. 번뇌가 번뇌인 줄 아는 것은 번뇌가 다만 자기 망상임을 깨닫는 것입니다. 번뇌가 다만 망상인 줄 아는 것은 꿈을 깨는 것과 같고, 꿈을 깨면 그것이 헛것이고 집착할 바가 못 되는 줄을 저절로 알게 됩니다. 그러면 번뇌는 더 이상 나를 괴롭힐 수 없습니다. 그것이 바로 보리입니다.

번뇌를 번뇌인 줄 아는 것이 곧 깨달음이니, 번뇌를 떠나서 존재하는 깨달음의 실체가 따로 있지 않습니다. '번뇌 즉 보리'입니다. 그와 마찬가지로 모든 상을 떠나면 그것이 부처지 부처라는 존재가 어디 따로 있는 게 아닙니다.

우리는 순간순간 상에 사로잡혀 삽니다. 지금 내가 상에 사로잡혀 있음을 알아차려야 합니다. 그래야 희망이 있지 그렇지 않으면 죽을 때까지 꿈속을 헤매게 됩니다.

상에 사로잡힌 사람은 머리에 큰 바가지를 뒤집어쓴 채로 사는 사람입니다. 바가지가 눈을 가린 탓에 앞이 보이지 않으니 늘 이 사람 저 사람과 부딪칠 수밖에 없습니다.

그래서 사람들과 부딪치지 않으려면 바가지를 벗어야 한다고 일러주면, '왜 내가 바가지를 벗어야 됩니까?' 하고 불평불만을 합니다. 내가 바가지를 벗으면 상대와 부딪치지 않게 피할 수 있으니 내게 가장 좋은 일입니다.

물론 나는 그대로 있고 상대가 바가지를 벗어도 그와 나는 부딪치지 않을 수 있습니다. 하지만 나와 부딪치지 않는 사람은 바가지를 벗은 그 한 사람일 뿐, 나는 여전히 온갖 사람들과 사방팔방 부딪치며 살아야 합니다. 그러나 내 바가지를 벗으면 나는 더 이상 누구와도 부딪치지 않는 자유로운 삶을 살게 됩니다.

**부처님께서 수보리에게 말씀하셨습니다.**

"그렇다, 그렇다. 만일 다시 어떤 사람이 이 경을 얻어 듣고 놀라지 않고 겁내고 두려워하지 않는다면 이 사람은 심히 희유한 사람인 줄 알아야 한다. 왜냐하면 수보리여! 여래가 제일바라밀을 말함이 제일바라밀이 아니라 그 이름이 제일바라밀이기 때문이다."

佛告須菩提 如是如是 若復有人 得聞是經 不驚不怖不畏 當知是人 甚爲希有 何以故 須菩提 如來說第一波羅蜜 卽非第一波羅蜜 是名第一波羅蜜

 상을 가지고 있는 사람은 금강경의 가르침을 듣고 이해하고 받아 지니기는커녕 무슨 말도 안 되는 소리를 하냐고 거부하려 듭니다. 당신이 가진 상을 깨뜨려야 한다고 말하면 반발심이 일어나 저항하려 합니다. '정말 이렇게 해도 괜찮을까? 그러다 나만 손해 보는 게 아닐까?' 이렇게 의심하는 마음이 듭니다. 가르침대로 하면 안 될 것 같고 큰일 날 것 같고 불가능할 것 같습니다. 그렇게 가르침을 믿지 못하는 마음은 불안과 두려움을 낳습니다.

 이렇게 하나라도 더 가지는 데 집착하고 권위와 명예를 얻기 위해 노심초사하는 사람에게는 모든 상에 집착하지 말라는 금강경의 가르침이 큰 두려움으로 다가올 것입니다. 그동안 의지해 온 삶의 기둥을 송두리째 빼앗기는 것 같아 겁이 나기도 하겠지요.

 그러니 누군가 금강경의 가르침을 듣고 놀라거나 겁내거나 두려워하지 않고 받아들인다면 그는 세상에서 제일 희유한 사람입니다. 이치로 따져 이 도리가 옳다고 이해하는 수준만 되어도 그는 이미 도의 길에 들어선 셈입니다.

### 본래 참을 것이 없는 행

"수보리여! 인욕바라밀이 여래가 인욕바라밀을 말함이 아니라 그 이름이 인욕바라밀이니라. 왜냐하면 수보리여! 내가 옛적에 가리왕에게 신체를 베이고 끊김을 당할 때 내가 그때 아상이 없으며 인상이 없으며 중생상이 없으며 수자상이 없었느니라. 왜냐하면 내가 지나간 옛적에 마디마디 사지를 베이고 끊길 때에 만일 아상과 인상과 중생상과 수자상이 있었다면 응당 성내고 원망하는 마음이 생겼을 것이기 때문이다. 수보리여! 또 과거 오백세에 인욕선인이었을 때에도 아상이 없으며 인상이 없으며 중생상이 없으며 수자상이 없었느니라."

須菩提 忍辱波羅蜜 如來說非忍辱波羅蜜 是名忍辱波羅蜜 何以故 須菩提 如我昔爲歌利王 割截身體 我於爾時 無我相無人相無衆生相無壽者相 何以故 我於往昔節節支解時 若有我相人相衆生相壽者相 應生瞋恨 須菩提 又念過去於五百世 作忍辱仙人 於爾所世 無我相無人相無衆生相無壽者相

내가 옳다는 생각을 버리고 나면 더 이상 아무 참을 것이 없는 행을 하게 됩니다. 그것이 인욕바라밀입니다.

베푼다는 생각 없이 베푸는 행이 보시바라밀이며, 하고 싶고 하기 싫다는 모든 욕망을 끊어버림으로써 계율을 지킨다는 생각 없이 계율을 지키는 것이 지계바라밀이고, 노력한다고 할 것이 없는 행이 정진바라밀입니다. 고요하려는 생각이 없는 행이 선정바라밀이며, 깨달음을 얻겠다는 생각이 없는 행이 지혜바라밀입니다. 인욕바라밀이 여래가 인욕바라밀을 말함이 아니라 그 이름이 인욕바라밀이라고 한다는 가르침이 그런 이치입니다. 모든 상을 떠남으로써 더 이상 참을 것이 없는 행이 참다운 인욕바라밀입니다.

부처님이 전생에 인욕선인이었을 때의 일입니다. 어느 날 숲속에 머물러 고요히 수행을 하고 있는데 그 나라의 왕이 사냥을 나왔습니다. 사냥을 즐기던 왕은 점심을 먹고 나무 밑에서 쉬다가 잠이 들었습니다.

왕의 낮잠이 길어지자 궁녀들은 꽃도 꺾고 나물도 뜯으면서 시간을 보냈습니다. 그렇게 궁녀들은 꽃을 따라 걸음을 옮기다 인욕선인을 만나게 되었습니다. 나무 밑에서 고요히 명상에 들어 있는 선인의 모습은 거룩하기 이를 데 없었습니다. 궁녀들은 선인에게 그동안 마음에 품었던 괴로움을 털어놓았고 선인은 답을 해주었습니다. 궁녀들은 선인의 말에 심취해 시간이 가는 줄도 모르고 왕을 모셔야 한다는 생각도 잊어버렸습니다.

그러다 낮잠에서 깨어난 왕은 궁녀들이 사라진 것을 알아차렸습니다. 왕은 한참이나 숲 속을 뒤지며 찾아다닌 끝에 선인 주위에 빙 둘러앉은 궁녀들을 발견했습니다. 왕은 화가 나서 고래고래 고함을 질러댔습니다.

"감히 왕의 여자들을 빼앗아가다니 살아남지 못하리라!"

"나는 왕의 여자들을 빼앗아간 적이 없습니다."

"여기 있는 여자들은 내 여자들이다. 그런데 지금 네가 차지하고 있지 않느냐!"

"이 여인들이 물어서 말해 주고 있었을 뿐입니다."

"너는 누구냐?"

"나는 선인입니다."

"여기서 무엇을 하고 있느냐?"

"인욕의 도를 닦고 있습니다."

왕은 화를 내면서 소리쳤습니다.

"거짓말 마라. 남의 여자를 넘보는 주제에 네가 인욕을 닦는 사람이라고? 어디 한 팔을 내밀어 봐라. 잘 참는지 시험해 보자."

그러자 선인은 선뜻 한 팔을 내밀었습니다. 왕은 선인의 팔을 칼로 베어버리고 다시 물었습니다.

"너는 누구냐?"

"나는 인욕을 닦는 사람입니다."

왕은 다시 남은 한 팔을 내밀라 한 뒤 이내 베어버리고는 다시 또 물었습니다. 하지만 선인의 대답은 한결같았습니다. 화가 난 왕은 선인의 두 발을 베고 두 귀를 자르고 코를 베어냈습니다. 왕은 이렇게 선인의 몸을 일곱 조각 냈습니다. 그러자 선인이 말했습니다.

"왕이시여, 내 몸이 겨자씨처럼 잘린다 해도 나는 성내지 않을 것입니다. 오늘 내게 아무런 허물이 없는데도 그대는 내 몸을 일곱 토막이 나게 하고 일곱 군데의 상처를 냈습니다. 그러므로 나는 다음 생에 깨달음을 이루게 되면 큰 자비의 마음으로 제일 먼저 그대로 하여금 일곱 가지 도를 닦고 일곱 가지 번뇌를 끊게 하겠습니다."

인욕선인은 궁녀들이 찾아와 법을 묻기에 일러준 것뿐인데 산 채로 난도질을 당했습니다. 이런 상황이면 누구라도 원한에 찰 것입니다.

하지만 인욕선인은 성을 내지도 원한을 품지도 않았습니다. 나라는 생각, 내 몸이라는 생각이 없었기 때문입니다. 아상·인상·중생상·수자상이 없기에 참을 것조차 없었습니다. 나다, 내 몸이다 하는 생각이 없으니 칼이 제 몸을 찌르는 것을 허공을 가르는 것처럼 지켜보았던 것입니다.

또한 인욕선인은 화가 머리끝까지 나서 칼을 휘두르는 왕의 마음을 이해하고 불쌍히 여깁니다. 왕의 괴로운 마음과 하나가 되어 동체대비同體大悲의 심정으로 다음 생에 그를 구원할 것을 서원합니다. 이것이 바로 인욕바라밀의 이치입니다.

### 화의 뿌리

사람들은 대부분 화가 나면 참지 못하고 그대로 화를 냅니다. 그리고 그 결과는 상대뿐 아니라 자신에게도 고통이 되어 되돌아옵니다. 그러니 화를 참는 것이 너와 나 모두를 위해 현명한 일이고 그것이 수행의 첫 단계입니다. 하지만 화가 나는데도 무조건 참기만 하면 화가 쌓여 도리어 병이 됩니다. 치솟는 화를 꾹꾹 눌러 참으면 언젠가는 결국 폭발하거나 아니면 울화병이 납니다.

수행자는 문제를 피하거나 묻어두지 않고 끝까지 풀어내려고 노력해야 합니다. 참는 것만으로는 완전히 행복해질 수 없고 그것은 수행의 목적이 아닙니다. 여기서 수행의 두 번째 단계가 시작됩니다.

화가 날 때 화를 내거나 마음속에 그대로 쌓아두는 게 아니라 대자대비 부처님께 하소연해서 푸는 방법입니다. 기도를 하는 절실함은 여기에서 출발합니다. 그러나 이 방법으로도 수행의 궁극적 목적인 완전한 자유와 행복을 이루지는 못합니다.

지고한 평화와 행복에 이르려면 화 자체가 생겨나지 않아야 합니다. 화가 나는 마음의 근본을 살펴보면 거기에는 반드시 '나다!' 하는 아상이 버티고 있습니다. 무슨 일로든 화가 잔뜩 났을 때의 자신을 돌이켜보면 그때의 내 마음은 '내가 옳다' '상대가 잘못했다'는 생각으로 가득 차 있습니다. '내가 잘못했다'는 생각이 들 때에는 화가 나지 않습니다. 또 비록 상대가 잘못했더라도 '저 사람 입장에서는 그럴 수밖에 없었겠구나' 하고 그의 처지와 마음을 이해하면 화가 나지 않습니다. 또 남을 탓하는 것뿐만 아니라 '나는 왜 이 모양일까?' 하고 자책하고 스스로를 탓하며 화내는 것 역시 '나는 남보다 잘나야 한다'는 아상에서 비롯된 태도입니다.

그러므로 아상·인상·중생상·수자상을 여의면 더 이상 아무 참을 것이 없습니다. 인욕바라밀이란 참아야 하는 일을 참아내는 것이 아니라 본래 참을 것이 없음을 아는 도리입니다. 사상을 여의고 사구게의 가르침을 깨달아 아는 사람이라면 참을 것이 본래 없는 인욕바라밀에 이르게 됩니다. 아상에 매달린 사람들이 보기에는 '저 사람은 저런 경우에도 화 한번 안 내고 잘도 참는구나!' 하고 감탄하겠지만, 아상을 떠난 사람은 정작 아무것도 참는 바가 없습니다.

인욕의 핵심은 원망하고 화내는 진심瞋心을 다스려서 사물을 바로 보는 것입니다. 만법이 공한 이치를 확연히 알면 진심이 일어날 뿌리도 없지만, 또한 진심을 잘 다스려 흔들림 없는 맑은 의식으로 만물을 대하면 아상·인상·중생상·수자상의 온갖 상은 본래 존재하지 않음을 알게 되어 진심의 뿌리가 저절로 사라집니다. 아상·인상·중생상·수자상이 없다면 참을 것이 없고, 참을 것이 없는 그 행을 인욕바라밀이라고 합니다.

### 무량무변한 공덕을 성취하리니

"그러므로 수보리여! 보살은 응당 일체 상을 여의어 아뇩다라삼먁삼보리심을 일으키나니, 색에 머물러 마음을 내지 말며 소리와 향기와 맛과 감촉과 법에 머물러 마음을 내지 말지니, 마땅히 머무는 바 없는 마음을 내어야 한다. 만일 마음이 머물러 있으면 그것은 곧 머무름이 아니니, 이런 까닭에 보살의 마음은 색에 머물러 보시하지 않는다고 부처가 말하느니라. 수보리여! 보살은 일체중생의 이익을 위하여 응당 이와 같이 보시하느니라. 여래가 일체 모든 상을 말하는 것은 곧 상이 아니며 또 일체중생을 말하는 것도 곧 중생이 아니니라."

是故 須菩提 菩薩 應離一切相 發阿耨多羅三藐三菩提心 不應住色生心 不應住聲香味觸法生心 應生無所住心 若心有住 卽爲非住 是故 佛說

菩薩心 不應住色布施 須菩提 菩薩 爲利益一切衆生 應如是布施 如來
說一切諸相 卽是非相 又說一切衆生 卽非衆生


보살이 일체중생을 위해 행하는 보시바라밀도 중생을 위해 보시한다는 생각이 없기 때문에 보시바라밀이라고 이름 합니다. 남을 위해 보시한다는 것은 이미 나와 남을 구분하는 것입니다.

보살에게는 나니 남이니 하는 구분이 없습니다. 나와 남의 구분이 없는 경지에서 보면 무슨 일을 해도 그것은 모두 자기 자신을 위한 당연한 행위입니다. 다만 나와 남을 구분하기에 바쁜 범부 중생의 눈에 '보살은 자기를 희생하고 남을 위해 보시를 행한다'고 보일 뿐입니다.

왼손에 상처가 나면 오른손이 그 상처를 치료합니다. 오른손은 왼손을 치료하면서 남을 위해 희생한다든가 보시한다는 생각을 하지 않습니다. 그 둘은 본래 한 몸이므로 오른손은 왼손의 아픔을 함께합니다.

보살이 중생의 고통을 치유하는 마음도 그와 같습니다. 그렇게 너를 위해 내가 희생한다는 생각이 없는 베풂, 너를 위해 내 것을 내준다는 생각이 없는 보시가 보시바라밀입니다.

하지만 아상·인상·중생상·수자상을 여읜 무주상보시나 육바라밀과 같은 보살행이 아무리 위대한 가르침이라 해도, 그것을 단지 부처님의 좋은 말씀으로만 여기고 행하지 않으면 아무 소용이 없습니다. 부처님은 중생들의 물러나는 마음을 염려해 다시 한 번 간곡히 말씀하십니다.

"수보리여! 여래는 참된 말을 하는 자고, 실다운 말을 하는 자며, 여여한 말을 하는 자며, 미치광이의 말을 하지 아니하는 자며, 다른 말을 하지 않는 자이니라. 수보리여! 여래가 얻은 법에는 실다운 것도 없고 헛된 것도 없느니라. 수보리여! 만일 보살의 마음이 법에 머물러 보시를 행하면 마치 사람이 어두운 데에 들어가 아무것도 볼 수 없는 것과 같고, 보살의 마음이 법에 머무르지 않고 보시를 행하면 사람이 눈이 있어 광명이 비추어 여러 가지 모양을 보는 것과 같으니라. 수보리여! 미래세에 만일 선남자 선여인이 능히 이 경을 수지 독송하면 여래는 부처의 지혜로써 이 사람들을 다 알며 다 보나니, 모두 무량무변한 공덕을 성취할 것이니라."

須菩提 如來 是眞語者 實語者 如語者 不誑語者 不異語者 須菩提 如來所得法 此法 無實無虛 須菩提 若菩薩 心住於法 而行布施 如人 入闇 卽無所見 若菩薩 心不住法 而行布施 如人 有目 日光 明照 見種種色 須菩提 當來之世 若有善男子善女人 能於此經 受持讀誦 卽爲如來 以佛智慧 悉知是人 悉見是人 皆得成就無量無邊功德

가난한 친구가 있습니다. 그 친구가 불쌍해서 그를 도와야겠다고 마음먹었다면 그것은 상에 집착하는 보시입니다. 상에 머무는 보시에는 반드시 바라는 마음이 따르게 마련입니다. 그래서 상대가 고맙다는 인사를 안 하거나, 진심으로 고마워하는 빛을 보이지 않거나, 나중에 잘살게 되었으면서도 은혜를 갚지 않으면 배은망덕한 놈이라고 미워하고 원망하는 마음이 생깁니다. 이것은 내가 내 스스로를 괴롭히는 행위입니다.

그런데 정말로 아무 바라는 마음 없이 베풀었다 해도 그것이 도리어 상대를 괴롭히는 경우가 있습니다. 나한테 도와달라고 부탁한 것도 아닌데 친구에게 돈이 필요할 것 같아서 그의 호주머니에 막무가내로 돈을 넣어주는 경우입니다. 내가 보기에는 그가 궁핍해 보여도 사실 그는 돈이 없는 불편함을 문제 삼지 않는 사람일 수도 있습니다. 혹은 그가 원하는 것은 돈이 아니라 일자리나 다른 것일 수도 있습니다. 이렇게 '이 사람은 가난하다', '이 사람은 돈이 필요하다'는 모양을 짓고 도와주었다면, 거기에 아무 바라는 마음이 없었다 해도 그 베풂은 보시바라밀이 되지 못합니다.

자기 생각, 자기 관점, 자기 상에 사로잡혀 남에게 무언가를 해주는 것은 결국 서로에게 괴로움이 됩니다. 상대가 필요하니 달라고 하는 것은 주지 않아서 문제가 생기고, 상대가 필요 없다고 거절하는 것은 주려고 해서 문제가 됩니다. 이것이 자기를 중심에 놓고 중생을 구제하려 하는 어리석음입니다. 이런 식의 보시는 중생을 이롭게 하지 못합니다.

보살은 어떤 상도 짓지 않고 중생의 요구에 수순합니다. 자기 생각과 요구대로 중생을 이끄는 게 아니라, 중생의 처지와 요구에 따라 그에게 필요한 이로움으로써 제도합니다. 그래서 중생은 보살에게 빚졌다는 생각이 없습니다. 이것이 보시바라밀입니다.

하지만 중생은 매사를 자기 식으로 자기 입장에서 바라봅니다. 이렇게 세상 사람 각자가 자기 관점을 고집하다 보니 갈등이 생기고 싸움이 일어날 수밖에 없습니다. 내 고집과 내 생각에 갇힌 채로 세상을 보고 있었음을 깨우쳐야 합니다. 그래야 '그 사람은 그럴 수도 있었겠구나' 하는 이해와 참회의 마음이 일어납니다.

내가 옳다는 상을 내려놓으면 상대의 생각과 입장이 눈에 들어오고, 상대의 생각과 입장을 이해하면 그것이 바로 상에서 벗어나는 길입니다. 나에게는 내 입장이 있듯이 상대에게는 상대의 입장이 있다는 그 사실만이 유일한 객관입니다. 그 이치를 깨쳐 아상에 매달린 내 삶을 뉘우치면, 그 사람은 무량무변한 공덕을 성취하리라고 부처님은 말씀하십니다.

## 15 持經功德分
### 경을 받아 가지는 공덕

이 극히 미세한
아견·인견·중생견·수자견이
공한 사람은
여래의 무상정각無上正覺의 도를
항상 어깨에 메고 있는 것이
되느니라.

## 제십오 지경공덕분
## 第十五 持經功德分

須菩提 若有善男子善女人 初日分 以恒河沙等身 布施 中
수보리 약유선남자선여인 초일분 이항하사등신 보시 중
日分 復以恒河沙等身 布施 後日分 亦以恒河沙等身 布施
일분 부이항하사등신 보시 후일분 역이항하사등신 보시
如是無量百千萬億劫 以身布施 若復有人 聞此經典 信心不
여시무량백천만억겁 이신보시 약부유인 문차경전 신심불
逆 其福勝彼 何況書寫受持讀誦 爲人解說 須菩提 以要言
역 기복승피 하황서사수지독송 위인해설 수보리 이요언
之 是經 有不可思議不可稱量無邊功德 如來爲發大乘者 說
지 시경 유불가사의불가칭량무변공덕 여래위발대승자 설
爲發最上乘者 說 若有人 能受持讀誦 廣爲人說 如來悉知
위발최상승자 설 약유인 능수지독송 광위인설 여래실지
是人 悉見是人 皆得成就不可量不可稱無有邊不可思議功
시인 실견시인 개득성취불가량불가칭무유변불가사의공
德 如是人等 卽爲荷擔如來阿耨多羅三藐三菩提 何以故 須
덕 여시인등 즉위하담여래아뇩다라삼먁삼보리 하이고 수
菩提 若樂小法者 着我見人見衆生見壽者見 卽於此經 不能
보리 약요소법자 착아견인견중생견수자견 즉어차경 불능

聽受讀誦 爲人解說 須菩提 在在處處 若有此經 一切世間
청수독송　위인해설　수보리　재재처처　약유차경　일체세간

天人阿修羅 所應供養 當知此處 卽爲是塔 皆應恭敬作禮
천인아수라　소응공양　당지차처　즉위시탑　개응공경작례

圍繞 以諸華香 而散其處
위요 이제화향 이산기처

"수보리여! 만일 선남자 선여인이 초일분에 항하사만큼의 몸으로 보시하고 중일분에 다시 항하사만큼의 몸으로 보시하고 후일분에 또한 항하사만큼의 몸으로 보시하되, 이와 같이 한량없는 백천만억겁 동안 보시하여도 만일 다시 어떤 사람이 이 경을 듣고 신심으로 거스르지 않으면 그 복이 저 복보다 더 승하리라. 하물며 사경하고 수지 독송하여 다른 사람을 위해 해설해 줌이랴! 수보리여! 종요로이 말하건대 이 경은 생각할 수도 없고 헤아릴 수도 없는 한없는 공덕이 있느니라. 여래는 대승의 마음을 발한 자를 위해 말하며 최상승의 마음을 발한 자를 위해 말하느니라. 만일 어떤 사람이 능히 수지 독송하여 널리 다른 사람을 위해 설한다면 여래는 이 사람을 다 알며 다 보나니, 이 사람은 모두 헤아릴 수도 없고 칭할 수도 없으며 끝이 없는 불가사의한 공덕을 성취할 것이니라. 이와 같은 사람들은 여래의 아뇩다라삼먁삼보리를 짊어진 사람이니라. 왜냐하면 수보리여! 만일 작은 법을 즐기는 자는 아견과 인견과 중생견과 수자견에 집착함이니, 이 경을 듣고 받아들여 독송하며 다른 사람을 위해 해설하지 못하느니라. 수보리여! 만일 곳곳마다 이 경전이 있으면 일체 세간 천인 아수라가 응당 공양할 것이니, 마땅히 알아야 한다. 이곳은 곧 탑묘가 됨이라. 모두 응당 공경히 예를 짓고 주위를 돌며 온갖 꽃과 향을 뿌리리라."

## 자타일시성불도

"수보리여! 만일 선남자 선여인이 초일분에 항하사만큼의 몸으로 보시하고 중일분에 다시 항하사만큼의 몸으로 보시하고 후일분에 또한 항하사만큼의 몸으로 보시하되, 이와 같이 한량없는 백천만억겁 동안 보시하여도 만일 다시 어떤 사람이 이 경을 듣고 신심으로 거스르지 않으면 그 복이 저 복보다 더 승하리라. 하물며 사경하고 수지 독송하여 다른 사람을 위해 해설해 줌이랴! 수보리여! 종요로이 말하건대 이 경은 생각할 수도 없고 헤아릴 수도 없는 한없는 공덕이 있느니라. 여래는 대승의 마음을 발한 자를 위해 말하며 최상승의 마음을 발한 자를 위해 말하느니라. 만일 어떤 사람이 능히 수지 독송하여 널리 다른 사람을 위해 설한다면 여래는 이 사람을 다 알며 다 보나니, 이 사람은 모두 헤아릴 수도 없고 칭할 수도 없으며 끝이 없는 불가사의한 공덕을 성취할 것이니라. 이와 같은 사람들은 여래의 아뇩다라삼먁삼보리를 짊어진 사람이니라."

須菩提 若有善男子善女人 初日分 以恒河沙等身 布施 中日分 復以恒河沙等身 布施 後日分 亦以恒河沙等身 布施 如是無量百千萬億劫 以身布施 若復有人 聞此經典 信心不逆 其福勝彼 何況書寫受持讀誦 爲人解說 須菩提 以要言之 是經 有不可思議不可稱量無邊功德 如來爲發大乘者 說 爲發最上乘者 說 若有人 能受持讀誦 廣爲人說 如來悉知

是人 悉見是人 皆得成就不可量不可稱無有邊不可思議功德 如是人等
卽爲荷擔如來阿耨多羅三藐三菩提


    초일분은 아침나절을 중일분은 점심나절을 후일분은 저녁나절을 말합니다. 초일분·중일분·후일분에 항하사 수와 같은 몸으로써 보시한다는 말은 하루 종일 쉼 없이 보시를 한다는 말입니다.
    하지만 부처님은 금강경을 듣고 아주 조그마한 믿음이라도 낸다면 이런 물질적인 보시와는 비교도 할 수 없을 만큼 크나큰 공덕이 있다고 말씀하셨습니다. 하물며 금강경을 수지 독송하고 남을 위해 설한 사람의 공덕은 말할 바도 없습니다. 그 복덕의 크기는 우리의 상상을 넘어서는 불가사의한 복덕이라고 밖엔 표현할 길이 없습니다.
    하지만 그렇다고 경전을 수지 독송하는 공덕이 보시의 공덕보다 더 크다는 뜻으로 이해하면 안 됩니다. 이 말씀의 핵심은 상에 매달린 행이냐 상을 버린 행이냐의 문제입니다. 대가를 바라는 보시와 대가를 바라지 않는 보시바라밀, 참을 것이 있어서 참는 인욕과 참을 것이 없는 인욕바라밀의 차이를 말하는 것입니다.
    단순히 경전 글귀에 매여 금강경을 읽는 공덕이 어떤 보시나 선업보다 크다는 식으로 이해해서는 안 됩니다. 금강경을 수지 독송하고 남을 위해 설한다는 것은 금강경의 참뜻을 마음에 새겨 일체의 상을 버린다는 의미입니다.

어디에도 집착함이 없는 사람은 보시를 해도 바라는 마음이 없고, 계를 지켜도 계율에 매달리지 않고, 인욕을 해도 참는 마음이 없습니다. 부처라는 상이든 법이라는 상이든 그 어떤 상이든지 상을 짓는 사람은 윤회의 세계를 벗어날 수 없습니다. 상을 여읜 사람만이 해탈의 길, 깨달음의 길로 나아갈 수 있습니다.

또한 금강경을 수지 독송하고 남을 위해 설한다는 뜻에는 자타일시성불도自他一時成佛道의 가르침이 들어 있습니다. 경전의 가르침을 온전히 이해하고 법을 깨쳐서 나와 너, 우리 함께 성불에 이르자는 말입니다.

이를 또 다른 말로 표현하면 위로는 법을 구하고 아래로는 중생을 제도하는 상구보리上求菩提 하화중생下化衆生이며, 자신을 위할 뿐 아니라 남을 위해 불도를 닦는 자리이타自利利他입니다. 자리와 이타가 둘이 아니고 상구보리와 하화중생 또한 둘이 아니니 자타일시성불도의 이치가 거기에 있습니다.

남을 이해하는 것은 그를 위하는 일인 것 같지만 사실은 나 자신에게 가장 큰 이익이 됩니다. 남을 미워하는 것은 그를 해치는 일인 것 같지만 미워하는 마음으로 괴로운 사람은 나 자신이고 결국 나에게 더 큰 해악이 됩니다.

나를 이롭게 하기 위해 남을 해치는 것이 부처님의 가르침이 아니듯이, 남을 이롭게 하기 위해 나를 해치는 것도 부처님의 가르침이 아닙니다. 나에게 이로운 일이 남에게도 이로운 일이고,

남을 살리는 일이 나를 살리는 일이기도 합니다. 모든 것이 연관되어 있는 연기緣起의 이치를 알면 나의 행복과 그의 행복, 그의 불행과 나의 불행이 둘이 아님을 알게 됩니다.

### 복을 짓는 자, 보살

그런데 세상 사람 누구나가 그렇게도 간절히 구하는 복이란 대체 무엇일까요? 흔히 재복이 있다는 말을 하는데 도대체 얼마만큼의 돈이 있어야 재복이라고 부를 수 있을까요?

열심히 일하는 사람을 보면서 '저렇게 부지런히 일하는 걸 보니 족히 천만 원은 벌겠구나' 했는데 알고 보니 오백만 원쯤 번다면 그 사람을 두고 돈복이 있다고 말하지는 않습니다. 반대로 백만 원쯤 벌 게 생긴 사람이 뜻밖에 오백만 원을 번다고 하면 오히려 돈복이 있다고 생각합니다. 한마디로 노력에 비해 수입이 많을 때 재복이 있다고 하고, 자기 능력보다 높은 지위에 오르면 관복이 있다고 합니다.

하지만 한번 생각해 봅시다. 내가 노력보다 수입이 많으려면 누군가는 노력보다 수입이 적어야 합니다. 내가 능력보다 높은 지위에 오르려면 누군가는 능력보다 낮은 지위에 있어야 합니다. 또 내가 아내 복이 있으려면 아내는 남편 복이 없어야 합니다.

그렇게 보면 우리가 바라는 복이란 결국 누군가의 손실을 바탕으로 얻어지는 것입니다. 하지만 세상 모든 존재는 서로 연결되어 움직입니다. 그러므로 내가 복을 얻음으로써 남이 손실을 받았다면 그 손실은 언젠가는 나에게 되돌아올 수밖에 없습니다. 그것이 재앙이지요.

어떤 사람의 집에 한 여인이 찾아와 머물기를 청했습니다. 아리따운 옷차림과 맑은 목소리에 단아한 외모를 갖춘 여인이었습니다. 집주인은 신기한 마음에 부드러운 목소리로 그 여인에게 누구냐고 물었습니다.

"저는 공덕천입니다. 제가 가는 곳은 언제나 복이 쏟아진답니다."

아름다운 모습을 보는 것만으로도 기분이 좋은데 거기다 복까지 준다니 주인은 몹시 기뻐하며 공덕천을 가장 좋은 방으로 맞아들였습니다.

그런데 잠시 뒤에 남루한 행색에 못생긴 여자가 콧물을 훌쩍이며 찾아와 그 집에 머물게 해달라고 큰소리를 쳐댔습니다. 여인의 행색을 보고 주인은 아연실색해 차갑게 거절했습니다.

"당신에게 줄 방은 없으니 다른 데로 가보시오."

그러자 그 여인이 말했습니다.

"나는 흑암천이에요. 내가 가는 곳은 재앙이 따라다닙니다. 이곳에 언니인 공덕천이 와 있기에 나도 왔을 뿐이에요. 나는 언니와 늘 같이 다닌답니다."

이 이야기는 유루복은 언젠가 재앙이 되어 돌아온다는 이치를 말해줍니다. 그래서 공덕천과 흑암천이 왔을 때, 현명한 사람은 둘 다 내보내고, 어리석은 사람은 둘 다 받아들인다고 합니다. 아무리 천문학적인 돈을 보시해서 쌓은 공덕일지라도 유루복은 결코 윤회의 굴레를 벗어나지 못합니다.

하지만 금강경의 도리를 깨치는 공덕은 흔들림 없는 자유와 행복에 이르는 무루복입니다. 또한 남을 위해 법을 전한다는 상에 머무르지 않고 법을 전하는 사람 역시 무루복의 무량한 공덕을 짓는 것입니다.

그러므로 보살은 나와 내 가족을 떠나 온 인류를 생각하고 온 생명을 위하는 무주상의 보살행을 실천합니다. 남을 이롭게 하고, 남을 살리고, 남을 즐겁게 하고, 남을 편안하게 하는 사람이 바로 보살입니다. 세상의 복을 구하는 사람이 아니라 세상을 위해 복을 짓는 사람이 보살입니다.

### 뉘우치고 또 뉘우치는 마음

"왜냐하면 수보리여! 만일 작은 법을 즐기는 자는 아견과 인견과 중생견과 수자견에 집착함이니, 이 경을 듣고 받아들여 독송하며 다른 사람을 위해 해설하지 못하느니라."

何以故 須菩提 若樂小法者 着我見人見衆生見壽者見 卽於此經 不能
聽受讀誦 爲人解說

　오래전에 겪었던 일입니다. 어느 날 아침, 낯선 남자들에게 양팔을 잡혀 눈을 가린 채 어디론가 끌려갔습니다. 그러고는 어딘지도 모르는 지하실에서 이유도 모른 채 두들겨 맞기 시작했습니다. 살면서 그런 고문을 당하리라고는 꿈에도 상상한 적이 없었습니다. 그렇게 무자비하게 맞고 있자니 분노가 이루 말할 수 없이 치솟았습니다.

　고문은 그칠 줄을 몰랐습니다. 그들은 나에게 그들이 원하는 대로 대답하라고 윽박질렀지만, 나는 그들의 요구대로 대답해줄 수 없었습니다. 도대체 내가 한 일도 아닌 걸 했다고 할 수도 없고, 내가 모르는 일을 안다고 할 수도 없는 일이었으니까요. 그들은 원하는 대답이 나오지 않자 점점 더 심하게 고문을 했습니다.

　물고문으로 숨이 거의 넘어갈 지경이 되자 저절로 관세음보살 소리가 터져 나왔습니다. 관세음보살을 부르다가 고통을 참지 못해 고래고래 악을 쓰다가 또다시 관세음보살 부르기를 되풀이했습니다.

　그렇게 관세음보살을 부르며 정신이 아득해지는 어느 한순간, 갑자기 영화를 보듯 환한 영상이 눈앞에 떠올랐습니다. 개구리 한 마리가 죽어가면서 네 다리를 달달 떨고 있는 모습이었습니다.

시골에서 살던 어린 시절에 개구리를 잡으며 놀곤 했습니다. 싸릿대를 가지고 논두렁의 개구리를 딱딱 때리면 개구리가 단번에 사지를 떨며 죽었습니다. 그렇게 잡은 개구리 주둥이를 줄줄이 꿰어서 스무 마리 서른 마리씩 잡아와서는 닭 모이로도 주고 다리를 잘라 구워 먹기도 했습니다.

바로 어린 시절의 그 개구리가 그때 갑자기 떠오른 것입니다. 죽음의 공포로 사지를 달달 떠는 내 모습이 그때의 개구리 모습과 똑같았습니다. 그 순간, 뉘우치고 또 뉘우치는 마음이 밀려왔습니다. 그리고 나 같은 인간은 죽어도 싸다는 마음이 들었습니다.

그렇게 많은 개구리를 잔인하게 잡아 죽였으니 나도 죽는 게 당연했습니다. 그들이 나를 고문하는 것이나 내가 어린 시절에 개구리를 잡아 괴롭혔던 것이나 다를 게 없었습니다. 내가 별 의식 없이 개구리를 잡았듯이 그들도 별 의식 없이 자기에게 주어진 업무를 하고 있는 것이었지요.

그렇게 뉘우치니 살고자 하는 발버둥이 저절로 멈추어졌습니다. 그리고 그와 동시에, 거짓말같이 고문이 멈추었습니다. 나중에 나를 고문했던 사람에게 왜 그때 고문을 그만두었냐고 물어봤더니, 내가 살고자 하는 마음을 버리고 저항을 놓아버리는 모습을 보니 '아, 이놈은 정말 모르는구나' 하고 판단하게 되었다고 합니다.

이렇게 나는 내 잘못과 어리석음을 뉘우침으로써 분노와 증오심에서 벗어날 수 있었습니다. 만약 그런 뉘우침이 없었다면 억울함과 화를 참지 못해서 풀려난 뒤에도 폐인이 되었을 겁니다.

삶을 크게 뉘우치고 깨우치는 공덕은 부처님에게 빌고 하느님에게 빌어서 이루어지는 작은 행복과는 비교가 되지 않습니다. 고통을 통해 그동안의 어리석음을 깨치게 된 사람에게 그 고통은 불행이 아니라 오히려 큰 복일 뿐입니다. 그렇게 참회하고 깨치고 보리심을 내는 공덕은 내 몸 하나 기적같이 살아나는 요행과는 비교가 되지 않습니다. 이치를 깨치고 참회하는 해탈의 복덕이야말로 최고의 복덕입니다.

### 나쁜 일이 오히려 부처님 가피인 줄 알면

옛날에는 호랑이가 마을로 내려와 사람을 물어 죽이는 일이 종종 있었다고 합니다. 부모가 호랑이에게 물려 죽었다면 그 자식은 원수를 갚을 작정으로 호랑이를 잡겠다고 나설 겁니다. 그렇게 분노와 적개심에 차서 호랑이를 죽인다면 그것은 살생이고 그때의 마음은 중생심에 불과합니다.

하지만 다시는 나 같은 불행을 당하는 사람이 없도록 살생의 죄업을 받겠다는 마음으로 호랑이를 죽였다면 그것은 중생심이 아닙니다. 그러한 행위는 한풀이도 복수도 세상을 외면하는 것도 아닌, 보살이 세상을 정토로 만들어가는 마음입니다.

만약 호랑이가 마을의 다른 사람을 물어 죽였다면 안타까운 마음은 들겠지만 남의 일이라고만 여기겠지요. 내심으로는 내 일이 아닌 게 다행이라는 마음도 들 겁니다. 하지만 호랑이가 내 부모를 죽였기 때문에 나는 그 고통이 얼마나 큰지 알게 되었고 남의 불행을 막으려는 보살행까지 할 수 있게 되는 것입니다.

사람들은 불행을 행복으로 삼고 보살심의 씨앗으로 삼는다는 게 현실과는 동떨어진 불가능한 일이라고 생각하는데, 사실은 우리 삶 속에서 얼마든지 실현 가능하고 또 실제로 일어나는 일들입니다. 길을 걷다가 돌부리에 걸려 넘어졌을 때 보살은 넘어진 김에 그 돌부리를 캐내어 다른 사람들이 다치지 않도록 치워버립니다. 넘어져서 무릎이 깨지는 손실을 입었다고 생각하는 게 아니라, 넘어짐으로써 돌을 발견했으니 그 돌을 캐낼 수 있는 기회가 생겼다고 생각합니다. 마침 내가 걸려 넘어진 게 다행이지 그러지 않았다면 얼마나 많은 아이들이 이 돌부리에 넘어져서 다쳤을까 이렇게 보는 것입니다. 부처님의 가르침이 어렵고 비현실적인 것 같아 보이지만, 맑은 눈으로 마음을 열고 보면 얼마나 진실하고 현실적이고 지혜로운 길인지를 알 수 있습니다.

이렇게 깨달음과 뉘우침과 보살행은 가장 나쁜 일을 가장 좋은 일로 만들어버립니다. 좋은 일도 나쁜 일도 복덕도 재앙도 없는 이치가 그것입니다. 사람들은 자신이 원하는 좋은 일만 일어나는 게 부처님의 가피인 줄 압니다. 하지만 나쁜 일이라는 것이 오히려 부처님의 가피인 줄 아는 이 경지에 이르면 일체가 다 걸림 없는 자유로운 삶이 열립니다.

## 나를 위한 기도

"수보리여! 만일 곳곳마다 이 경전이 있으면 일체 세간 천인 아수라가 응당 공양할 것이니, 마땅히 알아야 한다. 이곳은 곧 탑묘가 됨이라. 모두 응당 공경히 예를 짓고 주위를 돌며 온갖 꽃과 향을 뿌리리라."

須菩提 在在處處 若有此經 一切世間天人阿修羅 所應供養 當知此處 卽爲是塔 皆應恭敬作禮圍繞 以諸華香 而散其處

탑묘에는 부처님의 사리가 모셔져 있습니다. 오늘날 우리는 정성을 다해 부처님의 탑묘에 꽃을 올리고 향을 피우고 절을 합니다. 그러니 이 경전이 있는 곳이 탑묘와 같다는 말은 거기에 부처님이 계시는 것과 같다는 뜻입니다. 꽃과 향을 뿌린다는 것도 그곳이 부처님이 계신 곳과 같다는 말입니다. 금강경의 가르침이 그만큼 소중하다는 뜻이고, 금강경을 수지 독송하고 남을 위해 설하는 공덕이 이루 헤아릴 수 없이 크다는 뜻이기도 합니다.

너를 위해서 하고 있는 일이 사실은 나를 위하는 일인 줄을 알면 그 일을 하면서 상대에게 기대하는 마음이 깃들지 않습니다. '너를 위해서'라는 마음이 따라붙으면 '나는 널 위해 이렇게까지 하는데 너는 도대체 뭘 하고 있는 거냐?' 하고 기대하고 원망하는 마음이 자라납니다.

남을 위해 기도하는 것은 좋은 일이지만 그것이 결국은 나를 위한 일이라는 깨침이 없다면 그 기도에는 부작용이 따를 수밖에 없습니다. 부모를 위해, 자식을 위해, 남편을 위해, 아내를 위해, 너를 위해 기도한다는 생각에 빠져 있으면 그 기도는 오히려 재앙을 자초하는 기도가 됩니다.

입시철이 되면 아이가 좋은 대학에 붙기를 바라는 마음에 절에 가서 기도하는 어머니들이 많습니다. 그렇게 기도하고 집에 왔는데 아이가 마침 열심히 공부하고 있으면 어머니는 더할 수 없이 기분이 좋을 테지요. '부처님께서 내 기도에 응답하시는구나' 하면서 신심이 소록소록 자랄 겁니다.

그런데 절에 가서 빌고 왔는데 아이가 공부는커녕 TV나 보고 컴퓨터 게임이나 하고 있으면 '나는 너를 위해 이렇게까지 애쓰는데 네가 그럴 수가 있나!' 하고 화가 불쑥 치솟을 겁니다. 간절히 기도를 했기에 오히려 더 화가 납니다. 그것은 내가 너를 위해 기도한다는 상에 매달려 있기 때문입니다. 기도하는 것 자체가 잘못이라는 게 아니라 상에 매달린 기도는 재앙이 되어버린다는 것입니다. 이럴 때 흔히 안 하느니만 못하다는 말을 하는데, 그 말 역시 상을 버리라는 것이지 아예 기도를 하지 말라는 뜻이 아닙니다.

사실 날마다 절에 가서 기도와 108배를 하고 온다면 무엇보다 스스로의 마음과 건강에 좋습니다. 그러니 '내가 네 덕에 요새 기도를 해서 마음이 편하고 절도 해서 운동도 잘하고 있구나. 애야, 고맙다' 이런 마음을 가져야 합니다.

상에 매달리고 요행을 바라는 중생심으로 기도하면 부작용이 생길 뿐더러 자기 뜻대로 기도가 성취되지 않으면 부처님마저도 보기 싫어집니다. '내가 그렇게 기도했는데 영험이 없더라' 면서 기도해 봤자 소용없다는 원망이 일어납니다. 그래서 관세음보살 부르며 절하다가 안 되면 지장보살로 바꿔 절하고, 이 절 가서 기도하다가 안 되면 저 절 가서 기도하고, 그래도 안 되면 아예 종교까지 바꿔버립니다. 법에 귀의하는 마음 없이 그런 식으로 불교를 받아들이면 고락에 흔들리는 중생의 삶에서 영원히 벗어날 길이 없습니다.

## 16 能淨業障分
## 업장을 맑히고

부처님께서 이 경을
수지 독송하는 공덕을 칭찬하시되,
비단 죄만 멸할 뿐 아니라
또한 정각을 얻으리라
하심이니라.

## 제십육 능정업장분
## 第十六 能淨業障分

復次須菩提 善男子善女人 受持讀誦此經 若爲人輕賤 是人
부차수보리 선남자선여인 수지독송차경 약위인경천 시인
先世罪業 應墮惡道 以今世人 輕賤故 先世罪業 卽爲消滅
선세죄업 응타악도 이금세인 경천고 선세죄업 즉위소멸
當得阿耨多羅三藐三菩提 須菩提 我念過去無量阿僧祇劫
당득아뇩다라삼먁삼보리 수보리 아념과거무량아승기겁
於燃燈佛前 得値八百四千萬億那由他諸佛 悉皆供養承事
어연등불전 득치팔백사천만억나유타제불 실개공양승사
無空過者 若復有人 於後末世 能受持讀誦此經 所得功德
무공과자 약부유인 어후말세 능수지독송차경 소득공덕
於我所供養諸佛功德 百分 不及一 千萬億分 乃至算數譬喩
어아소공양제불공덕 백분 불급일 천만억분 내지산수비유
所不能及 須菩提 若善男子善女人 於後末世 有受持讀誦此
소불능급 수보리 약선남자선여인 어후말세 유수지독송차
經 所得功德 我若具說者 或有人聞 心卽狂亂 狐疑不信 須
경 소득공덕 아약구설자 혹유인문 심즉광란 호의불신 수
菩提 當知 是經義不可思議 果報 亦不可思議
보리 당지 시경의불가사의 과보 역불가사의

"또한 수보리여! 선남자 선여인이 이 경을 수지 독송하면서도 만일 사람들에게 천대받는다면, 이 사람이 선세의 죄업으로 악도에 떨어져야 마땅하겠지만 금세의 사람들이 천대하는 것으로 선세 죄업이 소멸되어 아뇩다라삼먁삼보리를 얻으리라. 수보리여! 내가 과거 헤아릴 수 없이 긴 아승기겁을 생각하니, 연등불 이전 팔백사천만억 나유타 부처님을 만나 모두 공양하고 받들어 섬겨 그냥 지나침이 없었느니라. 만일 다시 어떤 사람이 이후 말세에 능히 이 경을 수지 독송하면, 내가 모든 부처님을 공양한 공덕으로는 그 공덕의 백 분의 일도 미치지 못하며, 천만억 분의 일 내지는 숫자로 헤아리는 어떤 비유로도 능히 미치지 못할 것이니라. 수보리여! 만일 선남자 선여인이 이후 말세에 이 경을 수지 독송하여 얻은 공덕을 내가 만일 갖추어 말하면, 혹 어떤 사람은 듣고 마음이 광란하여 여우같이 의심하고 믿지 않으리라. 수보리여! 마땅히 알아야 한다. 이 경의 뜻은 가히 생각할 수도 없고 과보 또한 불가사의하니라."

## 빚 갚을 좋은 기회

"또한 수보리여! 선남자 선여인이 이 경을 수지 독송하면서도 만일 사람들에게 천대받는다면, 이 사람이 선세의 죄업으로 악도에 떨어져야 마땅하겠지만 금세의 사람들이 천대하는 것으로 선세 죄업이 소멸되어 아뇩다라삼먁삼보리를 얻으리라."

復次須菩提 善男子善女人 受持讀誦此經 若爲人輕賤 是人 先世罪業 應墮惡道 以今世人 輕賤故 先世罪業 卽爲消滅 當得阿耨多羅三貌三菩提

금강경을 수지 독송하는 공덕이 한량없다면 죽을병이 하루아침에 낫고, 가난한 사람이 부자가 되고, 공부를 안 하고도 원하는 대학에 들어가야 할 것만 같습니다. 그러면 정말 금강경을 수지 독송한 공덕이 얼마나 대단한지 금방 믿을 수 있게 될 겁니다. 그런데 금강경을 수지 독송하였는데도 온갖 복덕이 쏟아지기는커녕 오히려 남들이 나를 깔보고 욕하고 괄시한다면 어떻게 된 일일까요?

이런 의문에 부처님은 대답하십니다.

'본래 그 사람은 과거 전생으로부터 지어온 인연으로 지옥에 떨어져 고통을 받아야 마땅한데, 금강경을 수지 독송한 공덕으로 비웃음과 멸시를 당하는 정도로 선세의 죄업이 소멸되었다.

또한 그는 결국에는 이런 장애를 이겨내고 최고의 깨달음을 얻게 된다.'

그런데 사실 중생의 사량 분별로는 복과 재앙을 구별하기가 어렵습니다. 그래서 사람들이 추구하는 복이라는 것이 실은 재앙일 확률이 더 높습니다. 쥐가 쥐약이 든 음식을 먹는 것처럼 말입니다.

어리석은 사람이 쥐약이 든 음식을 먹기를 발원한다면, 그 음식을 먹지 못하게 하는 것이 진정한 부처님의 가피입니다. 그런데 사람들은 쥐약이 든 음식을 먹게 해달라고 기도하면서 그것이 이루어지지 않으면 기도의 공덕이 없다고 푸념하며 원망합니다. 내가 지금 원하는 대로 이루어지는 것, 내가 지금 피하고 싶은 일을 피하는 것만이 복덕이라고 믿습니다.

하지만 남이 나를 욕할 때 그게 도리어 복임을 알아야 합니다. 남이 나를 칭찬할 때 그것이 도리어 재앙이 될 수 있음을 알아야 합니다. 그것을 아는 사람은 경계에 꺼들리지 않으니 그는 마땅히 아뇩다라삼먁삼보리를 증득하게 됩니다.

사람들은 남에게 나쁜 소리 듣는 걸 참기 힘들어 합니다. 내가 잘못했다는 걸 뻔히 알고 있으면서도 막상 욕을 먹으면 기분 나쁜 게 사람 마음입니다. 그러니 아무 나쁜 짓도 하지 않고 오히려 좋은 일을 하고 욕을 먹는 건 말할 필요도 없을 것입니다.

하지만 제법이 공한 이치를 알아서 복이 복 아니고 재앙이 재앙 아닌 이치를 깨친다면, 남이 나를 미워하고 욕해도 오히려 고마운 마음을 낼 수가 있습니다. 그러한 장애를 오히려 부처님의 가피로 볼 수 있는 눈을 뜨면, 거기에 해탈의 길이 열립니다.

그런데 지금 우리의 모습은 어떠한가요? 지금까지 지어놓은 업으로 본다면 태산 같은 과보를 받아야 하는데도 불구하고 어떻게든 그 과보를 받지 않으려고 부처님을 불러가면서 요리조리 피하려고만 듭니다. 자기가 받아야 할 과보는 관세음보살님께 어떻게 좀 해결해 달라고 다 떠넘기고 제 몸 하나 도망치려고 꾀를 피웁니다.

어리석은 사람은 그렇게 자기가 지은 인연의 과보를 무시하고 욕심에 눈이 어두워서 어리석은 삶을 되풀이합니다. 그러나 인연법을 아는 사람은 '지은 인연의 과보는 피할 수 없다. 내가 지은 것은 내가 받는다'는 마음으로 기꺼이 자기 과보를 받습니다.

금강경의 이 구절은 내가 지은 인연 과보를 몰라 하루하루를 억울하고 분한 마음으로 탄식하며 살아가는 이에게 주는 희망의 메시지입니다. 내가 지은 인연의 과보가, 세세생생 쌓인 업장이 소멸되어 가는 중입니다.

수행하는 사람에게는 꾸준히 지켜보고 참아내는 자세가 중요합니다. 자칫 잘못해서 부정적인 마음에 휘둘리면 '나는 도저히 안 돼' 하는 생각에 좌절하기 십상입니다. 다 되어가는 공부를 놓치지 않으려면 꾸준하게 지켜보는 여유와 인내가 필요합니다.

그러니 수행자는 눈앞에 다가오는 재앙을 부처님의 가피로 여깁니다. 재앙이 다가오면 그것을 그동안 진 빚을 갚는 좋은 기회로 여깁니다. 하루라도 빨리 빚을 갚을 수 있어 다행이라고 생각합니다. 이런 도리를 깨치면 설령 지옥에 있어도 희망이 있습니다. 좋은 일이든 나쁜 일이든 언제 어느 때 어떤 일이 생겨도 그 일이 나에게 온 이치를 아니 흔들림 없이 나아갈 수 있습니다. 나에게 일어나는 모든 일을 내가 지은 인연의 결과로 받아들이는 삶이야말로 세세생생 켜켜이 쌓인 온갖 업장을 사라지게 하는 길입니다.

### 불가사의한 공덕

"수보리여! 내가 과거 헤아릴 수 없이 긴 아승기겁을 생각하니, 연등불 이전 팔백사천만억 나유타 부처님을 만나 모두 공양하고 받들어 섬겨 그냥 지나침이 없었느니라. 만일 다시 어떤 사람이 이후 말세에 능히 이 경을 수지 독송하면, 내가 모든 부처님을 공양한 공덕으로는 그 공덕의 백 분의 일도 미치지 못하며, 천만억 분의 일 내지는 숫자로 헤아리는 어떤 비유로도 능히 미치지 못할 것이니라. 수보리여! 만일 선남자 선여인이 이후 말세에 이 경을 수지 독송하여 얻은 공덕을 내가 만일 갖추어 말하면, 혹 어떤 사람은 듣고 마음이 광란하여 여우같이 의심하고 믿지 않으리라. 수보리여! 마땅히 알아야 한다. 이 경의 뜻은 가히 생각할 수도 없고 과보 또한 불가사의하니라."

須菩提 我念過去無量阿僧祇劫 於燃燈佛前 得値八百四千萬億那由他諸佛 悉皆供養承事 無空過者 若復有人 於後末世 能受持讀誦此經 所得功德 於我所供養諸佛功德 百分 不及一 千萬億分 乃至算數譬喩 所不能及 須菩提 若善男子善女人 於後末世 有受持讀誦此經 所得功德 我若具說者 或有人聞 心卽狂亂 狐疑不信 須菩提 當知 是經義不可思議 果報 亦不可思議

경전에는 항하사恒河沙, 아승기阿僧祇, 나유타那由他, 불가사의不可思議, 무량수無量數 등등 상상하기도 어려울 만큼의 큰 숫자 개념이 나옵니다. 항하사는 10의 52곱절, 아승기는 10의 56곱절, 나유타는 10의 60곱절, 불가사의는 10의 64곱절, 무량수는 10의 68곱절을 말하며, 무량수는 모든 수 가운데 가장 큰 수 단위입니다.

또 겁劫이란 시간 개념도 나옵니다. 겁은 하늘과 땅이 한 번 개벽한 때에서부터 다음 개벽할 때까지를 말하지요. 우주가 한 번 성주괴공하는 동안을 한 대겁大劫이라고 합니다. 1대겁은 다시 성겁成劫, 주겁住劫, 괴겁壞劫, 공겁空劫의 4개 중겁中劫으로 나누어지고, 1중겁은 다시 20개의 소겁小劫으로 이루어져 있습니다.

이를 현대물리학으로 표현하자면, 허공의 우주에서 몇십억 년을 두고 소립자가 모여 원자가 만들어지고, 그 원자가 모여 분자가 만들어지고 거기에서 갖가지 물질이 형성되면서 지금의 우주와 지구가 형성되었다고 말할 수 있습니다. 그리고 지금의 이 우주는 또 그만큼의 기간을 거쳐 다시 허공의 소립자 상태로 돌아갈 것입니다.

팔백사천만억 나유타란 팔백×사천×만×억×나유타라고 이해하면 됩니다. 부처님은 억겁의 긴 시간 동안 자신이 그런 엄청난 수의 부처님들께 진실한 공양을 올린 무량 공덕조차 금강경을 수지 독송하는 사람의 공덕에 비교하면 백 분의 일, 천 분의 일에도 미치지 못한다고 했습니다.

더구나 말세에 이르러 금강경을 수지 독송하는 공덕은 표현하기도 어렵고 믿기도 어려울 만큼 끝이 없어, 그 공덕을 자세히 말한다면 너무 어마어마해서 듣는 이의 마음이 어지러워 미칠 지경이 될 수도 있고 여우처럼 의심하여 믿지 않을 수도 있다고 했습니다.

### 여우의 의심

작은 우물에서 태어나 평생을 그 안에서 살아온 개구리가 있었습니다. 어느 날 바닷가에 살던 개구리가 그 우물 안으로 들어오게 되었습니다. 우물에 살던 개구리가 물었습니다.

"바닷가에서 살다 왔다고? 그 바다라는 게 얼마만 해?"

"굉장히 커."

"굉장히? 저기 있는 돌덩이만 해?"

"어림도 없지. 훨씬 더 커."

"그럼 이 우물 반쯤?"

"아니, 도저히 비교가 안 돼."

"아니 그럼, 이 우물만 하다는 거야?"

"에이, 이 우물은 어림도 없지."

"야! 거짓말 마! 세상에 이 우물보다 큰 게 어디 있어?"

우물 속에서 평생을 산 개구리는 바다에서 온 개구리의 말을 도저히 믿을 수가 없었겠지요. 사실을 알면 마음이 곧 미쳐버릴지도 모른다는 건 이런 정도의 비유를 말합니다.

그럼 여우처럼 의심한다는 건 무슨 뜻일까요?

하루는 여우가 숲 속을 지나가는데 고깃덩어리 하나가 땅에 떨어져 있었습니다. 아무 수고 없이 공짜로 고기를 먹게 된 여우는 흡족한 미소를 지었습니다. 그런데 먹이를 입에 넣으려는 순간 꾀가 많은 여우는 문득 불안해졌습니다.

"이 세상에 공짜가 어디 있어. 이런 고깃덩어리가 왜 여기에 떨어져 있는 걸까? 사람들이 독을 넣어서 미끼로 떨어뜨려 놓은 게 분명해!"

여우는 집었던 고깃덩어리를 내려놓고는 뒤도 돌아보지 않고 지나갔습니다. 그런데 산모퉁이를 돌아갈 때쯤 다른 생각이 떠올랐습니다.

"독을 넣은 미끼라면 그렇게 아무렇게나 던져 놨겠어? 그릇이나 나뭇잎에 잘 싸서 올려두었겠지. 땅에 떨어져 흙이 묻었다는 건 우연히 떨어졌다는 증거야. 다른 동물들은 독이 들었을까 봐 겁이 나서 못 먹겠지만 지혜로운 나는 먹을 수가 있지."

여우는 다시 고기가 놓인 곳으로 돌아왔습니다. 다행히 고기는 그대로 남아 있었습니다. 하지만 고기를 입에 넣으려는 순간 다시 또 의심이 들었습니다.

"아니지. 음식을 얌전히 잘 올려놓으면 독이 든 음식인 줄 알아차리고 먹지 않을 테니 우연히 떨어진 것처럼 보이려고 일부러 땅에 던져놓은 게 아니겠어? 다른 동물들은 어리석어서 이런 생각을 못 하고 덥석 물겠지만 나는 절대 안 속아."

그리고 고깃덩어리를 내려놓고 다시 돌아섰습니다. 여우는 그 뒤로도 아홉 번이나 산길을 왔다 갔다 하면서 의심과 망설임을 되풀이했습니다.

부처님 가르침을 듣고 또 들으면서도 의심하는 마음을 버리지 못하는 것이 바로 이 여우와 같습니다. 부처님 말씀을 듣고 지난 어리석음을 돌이켜서 참회하다가도 막상 일상생활에서 경계에 부딪치면 '아니야, 현실은 그렇지 않아. 아무리 부처님 말씀이라도 요즘 같은 세상에 다 맞을 수 있겠어?' 하는 의심이 살금살금 싹틉니다. 그래서 다시 제 생각대로 살다가 인생살이의 괴로움에서 도저히 벗어날 길이 없으니 '그래, 부처님 말씀이 맞아. 지난번엔 내가 어리석었어' 하며 다시 부처님 말씀을 찾아 듣고 참회합니다. 하지만 그 뒤로도 또 현실의 경계에 부딪치면 '대체 부처님 말씀이 어디가 맞는다는 거야? 이렇게 열심히 사는데 왜 자꾸 나쁜 일만 생기는 거야? 사람이 부처님처럼 살 수는 없지' 하고 마음이 흔들립니다. 여우 마음은 아홉 번 바뀌었다지만 사람 마음은 백 번도 더 흔들립니다.

그런데 아홉 번 의심하던 여우는 결국 그 먹이를 먹었을까요, 먹지 않았을까요? 독이 든 고기라면 먹었을 테고, 독이 들지 않은 고기라면 먹지 못했을 겁니다. 깨달음의 지혜로 세상을 보지 못하고 어리석은 마음으로 잔꾀를 부리면 결국 제 꾀에 제가 넘어가게 마련이니까요.

## 17 究竟無我分
## 마침내 나도 없으니

그런 고로 종문중宗門中에 말하되,
향상일로向上一路는 삼세제불三世諸佛이라도
봄見을 허락하지 아니하니
만일 볼 것이 있으면 곧 눈 먼 자라 하나니,
다만 모든 법에 단멸심斷滅心을
일으키지 아니하면
이 법이 실다움도 없고 허함도 없느니라.

## 제십칠 구경무아분
## 第十七 究竟無我分

爾時 須菩提白佛言 世尊 善男子善女人 發阿耨多羅三藐三
이시 수보리백불언 세존 선남자선여인 발아뇩다라삼먁삼

菩提心 云何應住 云何降伏其心 佛告須菩提 若善男子善女
보리심 운하응주 운하항복기심 불고수보리 약선남자선여

人 發阿耨多羅三藐三菩提心者 當生如是心 我應滅度一切
인 발아뇩다라삼먁삼보리심자 당생여시심 아응멸도일체

衆生 滅度一切衆生已 而無有一衆生 實滅度者 何以故 須
중생 멸도일체중생이 이무유일중생 실멸도자 하이고 수

菩提 若菩薩 有我相人相衆生相壽者相 卽非菩薩 所以者何
보리 약보살 유아상인상중생상수자상 즉비보살 소이자하

須菩提 實無有法 發阿耨多羅三藐三菩提心者 須菩提 於意
수보리 실무유법 발아뇩다라삼먁삼보리심자 수보리 어의

云何 如來於燃燈佛所 有法 得阿耨多羅三藐三菩提不 不也
운하 여래어연등불소 유법 득아뇩다라삼먁삼보리부 불야

世尊 如我解佛所說義 佛 於燃燈佛所 無有法 得阿耨多羅
세존 여아해불소설의 불 어연등불소 무유법 득아뇩다라

三藐三菩提 佛言 如是如是 須菩提 實無有法 如來得阿耨
삼먁삼보리 불언 여시여시 수보리 실무유법 여래득아뇩

多羅三藐三菩提 須菩提 若有法 如來得阿耨多羅三藐三菩
다라삼먁삼보리 수보리 약유법 여래득아뇩다라삼먁삼보

提者 燃燈佛 卽不與我授記 汝於來世 當得作佛 號 釋迦牟
리자 연등불 즉불여아수기 여어내세 당득작불 호 석가모

尼 以實無有法 得阿耨多羅三藐三菩提 是故 燃燈佛 與我
니 이실무유법 득아뇩다라삼먁삼보리 시고 연등불 여아

授記 作是言 汝於來世 當得作佛 號 釋迦牟尼 何以故 如
수기 작시언 여어내세 당득작불 호 석가모니 하이고 여

來者 卽諸法如義 若有人 言 如來得阿耨多羅三藐三菩提
래자 즉제법여의 약유인 언 여래득아뇩다라삼먁삼보리

須菩提 實無有法 佛 得阿耨多羅三藐三菩提 須菩提 如來
수보리 실무유법 불 득아뇩다라삼먁삼보리 수보리 여래

所得 阿耨多羅三藐三菩提 於是中 無實無虛 是故 如來說
소득 아뇩다라삼먁삼보리 어시중 무실무허 시고 여래설

一切法 皆是佛法 須菩提 所言一切法者 卽非一切法 是故
일체법 개시불법 수보리 소언일체법자 즉비일체법 시고

名一切法 須菩提 譬如人身 長大 須菩提言 世尊 如來說人
명일체법 수보리 비여인신 장대 수보리언 세존 여래설인

身長大 卽爲非大身 是名大身 須菩提 菩薩 亦如是 若作是
신장대 즉위비대신 시명대신 수보리 보살 역여시 약작시

言 我當滅度無量衆生 卽不名菩薩 何以故 須菩提 實無有
언 아당멸도무량중생 즉불명보살 하이고 수보리 실무유

法 名爲菩薩 是故 佛說一切法 無我無人無衆生無壽者 須
법   명위보살   시고   불설일체법   무아무인무중생무수자   수

菩提 若菩薩 作是言 我當莊嚴佛土 是不名菩薩 何以故 如
보리  약보살   작시언   아당장엄불토   시불명보살   하이고  여

來說莊嚴佛土者 卽非莊嚴 是名莊嚴 須菩提 若菩薩 通達
래설장엄불토자   즉비장엄   시명장엄   수보리   약보살   통달

無我法者 如來說名眞是菩薩
무아법자   여래설명진시보살

그때 수보리가 부처님께 여쭈었습니다.

"세존이시여! 선남자 선여인이 아뇩다라삼먁삼보리의 마음을 발하였다면 어떻게 머물러야 하며 어떻게 그 마음을 항복시켜야 합니까?"

부처님께서 수보리에게 말씀하셨습니다.

"만일 선남자 선여인이 아뇩다라삼먁삼보리의 마음을 발하였다면 마땅히 이와 같은 마음을 낼지니라. '내가 마땅히 일체중생을 멸도하리라.' 하지만 일체중생을 멸도하기를 마침에 한 중생도 멸도를 얻은 자가 없느니라. 왜냐하면 만일 보살에게 아상과 인상과 중생상과 수자상이 있으면 보살이 아니기 때문이다. 왜 그런가 하면 수보리여! 실로 법이 있어서 아뇩다라삼먁삼보리심을 발한 것이 아니기 때문이다. 수보리여! 그대는 어떻게 생각하느냐? 여래가 연등불 처소에서 법이 있어 아뇩다라삼먁삼보리를 얻었느냐?"

"아닙니다, 세존이시여! 제가 부처님 말씀을 이해한 바로는 부처님께서 연등불 처소에서 법이 있어서 아뇩다라삼먁삼보리를 얻으신 것이 아닙니다."

부처님께서 말씀하셨습니다.

"그렇다, 그렇다. 수보리여! 실로 법이 있어서 여래가 아뇩다라삼먁삼보리를 얻음이 아니니라. 수보리여, 만일 법이 있어서 여래가 아뇩다라삼먁삼보리를 얻었다면 연등불께서 나에게 수기를 주시면서 '너는 내세에 마땅히 부처를 이루리니 이름을 석가모니라 하리라' 고 하시지 않으셨을 것이다. 실로 법이 있어서 아뇩다라삼먁삼보리를 얻음이 아니기에 이러한 연고로 연등불께서 나에게 수기를 주시면서 '내세에 마땅히 부처를 이루리니 이름을 석가모니라 하리라' 고 말씀하셨느니라. 왜냐하면 여래란 곧 모든 법이 여여하다는 뜻이니라. 만일 어떤 사람이 말하되 '여래께서 아뇩다라삼먁삼보리를 얻었다' 고 하더라도 수보리여! 실로 법이 있어 부처가 아뇩다라삼먁삼보리를 얻음이 아니니라. 수보리여! 여래가 얻은 아뇩다라삼먁삼보리는 이 가운데에 실다움도 없고 공허함도 없다. 이러한 까닭에 여래가 말하기를 '일체 법이 다 불법'이라고 하느니라. 수보리여! 일체 법은 곧 일체 법이 아니므로 이름이 일체 법이니라. 수보리여! 비유컨대 사람의 몸이 큰 것과 같다."

수보리가 말하였습니다.

"세존이시여! 여래께서 몸이 크다고 말씀하심이 곧 큰 몸이 아니라 그 이름이 큰 몸입니다."

"수보리여! 보살 또한 이와 같아서 만일 '내가 마땅히 한량없는 중생을 멸도하리라' 하면 곧 보살이라 이름 할 수 없느니라. 왜냐하면 수보리여! 실로 법이 있음이 없기에 이름이 보살이니라. 이러한 까닭에 부처가 '일체 법에 아가 없으며 인이 없으며 중생이 없으며 수자가 없다'고 말하느니라. 수보리여! 만일 보살이 '내가 마땅히 불국토를 장엄하리라' 하면 곧 보살이라 이름 할 수 없느니라. 왜냐하면 여래가 말하는 불국토를 장엄한다는 것은 곧 장엄이 아니라 그 이름이 장엄이기 때문이다. 수보리여! 만일 보살이 무아법을 통달하였다면 여래가 그 이름을 참다운 보살이라 하느니라."

### 꿈에서 깨어나듯

그때 수보리가 부처님께 여쭈었습니다.

"세존이시여! 선남자 선여인이 아뇩다라삼먁삼보리의 마음을 발하였다면 어떻게 머물러야 하며 어떻게 그 마음을 항복시켜야 합니까?"

부처님께서 수보리에게 말씀하셨습니다.

"만일 선남자 선여인이 아뇩다라삼먁삼보리의 마음을 발하였다면 마땅히 이와 같은 마음을 낼지니라. '내가 마땅히 일체중생을 멸도하리라.' 하지만 일체중생을 멸도하기를 마침에 한 중생도 멸도를 얻은 자가 없느니라. 왜냐하면 만일 보살에게 아상과 인상과 중생상과 수자상이 있으면 보살이 아니기 때문이다. 왜 그런가 하면 수보리여! 실로 법이 있어서 아뇩다라삼먁삼보리심을 발한 것이 아니기 때문이다.

爾時 須菩提白佛言 世尊 善男子善女人 發阿耨多羅三藐三菩提心 云何應住 云何降伏其心 佛告須菩提 若善男子善女人 發阿耨多羅三藐三菩提心者 當生如是心 我應滅度 一切衆生 滅度一切衆生已 而無有一衆生 實滅度者 何以故 須菩提 若菩薩 有我相人相衆生相壽者相 卽非菩薩 所以者何 須菩提 實無有法 發阿耨多羅三藐三菩提心者

위없는 깨달음을 얻겠다는 원을 세운 사람은 그 마음을 어떻게 머무르며 어떻게 다스려야 하는지 수보리는 다시 한 번 부처님께 묻습니다. 그러자 부처님은 일체중생을 제도하려는 마음을 내고, 그리고 그 모두를 열반에 들게 했어도 사실은 한 중생도 제도한 바가 없다고 생각하는 것이 그 길의 출발점이라고 말씀하십니다.

불교의 궁극적인 목표는 극락세계에 태어나는 게 아닙니다. 이생에서 복을 받아 부자로 오래오래 사는 것도 아니고, 명예를 얻어 길이길이 이름을 남기는 것도 아닙니다. 불교의 이상은 언제 어디 어떤 상황에서도 괴로움이 없는 행복, 걸림이 없는 자유를 누리는 것입니다. 이는 곧 열반과 해탈의 증득을 말합니다. 그러기 위해서는 미혹을 깨치고 지혜의 눈을 떠야 합니다. 그래야만 비로소 이 세상의 모습을 존재하는 그대로 볼 수 있게 됩니다.

여기 한 사람이 비단 이부자리에 누워 밤새 악몽에 시달립니다. 실제로는 편안한 잠자리인데도 꿈속에서 밤새도록 괴롭다고 아우성을 칩니다. 하지만 잠에서 깨어나면 그 모든 괴로움은 흔적도 없이 사라집니다. 강도에게 쫓기고 맹수에게 쫓기고 죽음의 공포에 시달렸더라도 꿈을 깨는 그 순간 두려움도 괴로움도 순식간에 사라집니다. 우리의 삶도 이와 마찬가지입니다. 미혹을 깨치면 모든 괴로움과 속박이 흔적도 없이 사라집니다.

그가 악몽을 꾸면서 괴로워하는 동안에도 현실 세상에서는 그가 괴로워할 만한 어떤 일도 일어난 적이 없습니다. 그는 밤새 편히 누워 있었고, 그의 괴로움은 단지 꿈에 사로잡혀서 생겨났을 뿐입니다.

지금 나의 괴로움도 그렇습니다. 누가 어떤 사건이 나를 괴롭히는 게 아닙니다. 내 고집과 내 생각에 빠진 어리석음이 괴로움을 불러일으키는 것일 뿐입니다. 그러니 괴로움이란 본래 없습니다. 이렇게 괴로움이란 것이 본래 없다는 것을 아는 이가 부처고, 본래 없는 괴로움에 사로잡혀 허우적거리는 이가 중생입니다.

괴로움에서 벗어났다, 괴로움이 사라졌다고 말하지만 실은 벗어나거나 사라질 괴로움이란 실체가 있는 게 아닙니다. 괴로움에서 벗어났다, 괴로움이 사라졌다는 것은 단지 지금 내 마음이 더 이상 괴롭지 않다는 뜻입니다. 내 마음이 괴로운 이유는 괴로움이라는 실체가 있어서 나를 괴롭히는 게 아니라, 내가 다만 어리석기 때문입니다.

내 괴로움은 괴로워할 만한 일이 존재하기 때문이 아니라 내 마음이 지은 어리석음, 내가 지어놓은 환상에서 비롯되었습니다. 그러니 무지에서 깨어나 이 괴로움이 환상이라는 것만 깨치면 세상 무엇도 나를 괴롭히지 못합니다.

부모들은 갓난아이를 품에 안고 행복해합니다. 하지만 갓난아이는 늘 자기 하고 싶은 대로 해달라고 부모를 애먹이지요.

새벽 두 시에 배고프다고 울고 세 시에 기저귀 갈아달라고 울고 밥상 앞에서 똥 누고 졸리면 재워줘야 하고 완전히 자기 마음대로입니다. 그런데도 그런 갓난아이 때문에 괴롭고 답답해서 못 살겠다는 부모는 없습니다. 왜 그럴까요? 이는 부모가 갓난아이에게 바라는 것이 없기 때문입니다. 하지만 아기가 조금 자라서 서너 살만 되어도 부모는 아이와 싸움을 합니다. '이제는 말귀를 알아들을 만하잖아. 이것쯤은 해주었으면 좋겠는데' 하는 기대감 때문입니다.

사람들은 늘 '누가 날 좀 도와줬으면' '나를 사랑해 줬으면' 하는 사랑받고 싶은 기대 속에서 살아갑니다. 그리고 그 마음은 이내 '왜 나를 도와주지 않는 거지?' '왜 나를 사랑해 주지 않는 걸까?' '왜 나를 이해하지 못하지?' 하는 방향으로 흘러갑니다.

또 길가는 사람이나 이웃하고는 싸우지 않으면서 사랑하는 가족하고는 허구한 날 싸웁니다. 이 역시 가까운 사람에게는 '나한테 이만큼은 해줘야 한다'는 생각이 있기 때문입니다. 나와 가까울수록 그에게 바라는 수위는 높아지고 그것이 충족되지 않을 때 괴로워합니다. 그러니 내가 답답하고 괴로운 이유는 그 사람 때문이 아니라 그에게 무언가를 바라는 내 마음 때문입니다.

바라는 마음이 잘못됐다 나쁘다는 말이 아닙니다. 바라는 마음을 가지고도 괴롭지 않다면 아무 문제가 없습니다. 하지만 너도나도 괴롭다고 아우성을 치면서도 정작 그 이유는 남에게서만 찾으려 하니 해결이 되지 않습니다. 이제 그 괴로움의 원인이 바라는 내 마음에 있음을 알아야 한다는 것입니다. 자꾸 바깥으로 책임을 전가하면 문제는 해결되지 않고 괴로움만 가중될 뿐입니다.

## 집착의 습기

이런 이유로, 괴로움이 없는 사람이 되겠다고 마음을 일으킨 이는 바라는 마음을 버려야 합니다. 그리고 거기서 한 걸음 더 나아가 그동안 나를 사랑해 주고 이해해 주기만을 바라던 사람들에게 이제는 내가 도와주겠다는 마음을 내야 합니다. 바라는 마음이 아니라 도와주겠다는 마음을 내면, 내는 그만큼 내 괴로움이 줄어듭니다.

이렇게 내 가족, 내 친구, 내 이웃을 돕겠다는 마음이 점점 커지면, 그것이 바로 '일체중생을 제도하겠다'는 마음입니다. 일체중생을 제도하겠다는 마음을 내면 괴로움은 사라집니다. 행복과 자유로 가는 길은 이렇게 우리 모두에게 열려 있습니다. 이 길은 누구나 갈 수 있는 길입니다.

그런데 일체중생을 제도하겠다는 마음을 내는 것으로 끝이 아닙니다. 일체중생을 다 제도해 마쳤다 하더라도 '내가 중생을 제도했다'는 생각이 없어야 합니다. 내가 너를 도와주었다, 내가 너를 제도했다는 생각이 있으면 어떤 형태로든 보상을 바라는 마음이 일어납니다. 그것 또한 바라는 마음이므로 그런 마음으로는 괴로움과 속박에서 완전히 벗어날 수 없습니다. 일체중생을 제도하겠다고 마음을 내되, 그 마음마저도 집착하지 말아야 합니다.

형편이 급한 친구가 있어서 그에게 백만 원을 도와주었습니다. 그가 도움을 청한 것도 아니고 내가 자진해서 호의를 베풀었는데도 내 마음에는 '내가 너를 도와줬다'는 생각이 남아 있는 게 보통입니다. 반대로 내가 형편이 어려워 친구에게 백만 원을 빌려 썼다면 나중에 돈을 갚으면서 고맙다고 인사를 합니다. 그리고 그것으로 끝입니다. 내가 그에게 백만 원을 주었다는 생각이 남지 않습니다. 그 돈은 애초에 내 것이 아니었으니 당연합니다. 그의 돈을 그에게 돌려준 것뿐이니까요.

이렇게 그 돈이 처음부터 내 것이 아닌 줄 알면 돈을 주고도 주었다는 마음이 일어날 여지가 없습니다. 그 돈이 내 것이라는 생각 때문에 내가 그에게 돈을 주었다는 마음이 남는 것입니다. 남을 도와준 뒤에 도와줬다는 생각이 자꾸 떠오르는 것은 그것이 '내 것'이라는 마음 때문입니다.

하지만 세상 만물은 본래 누구의 것도 아닙니다. 다만 지금 거기에 존재할 뿐입니다. 그것을 아는 것이 깨달음입니다. 실상을 깨치면 남을 도와주고도 도와줬다는 생각이 없습니다.

그런데 빚 갚는 마음으로 내어주라는 말은 사실은 하나의 방편일 뿐입니다. 내 것이 아닌 이치를 분명히 알면 '빚을 갚는 것'이라는 식의 생각 같은 건 애초에 아무 필요가 없습니다. 자꾸만 내 것이라는 생각에 사로잡혀서 괴로움에서 벗어나지 못하니 빚을 갚는다는 생각을 해서라도 내 것임을 고집하지 않게 하려는 것입니다. 베푼다고 생각했는데 사실은 모든 게 내 빚이다, 전생에 신세 진 일을 깜빡 잊고 있었다, 이렇게 생각하면 무거운 기대감에 발목 잡히지 않을 수 있으니까요.

하지만 근본은 내 것이란 본래 없다, 내 것이니 네 것이니 하는 구분은 다 내 생각이 지어놓은 상이라는 데 있습니다. 내 것이다·네 것이다, 깨끗하다·더럽다, 높다·낮다, 생긴다·사라진다, 만법이 다 생각 따라 마음 따라 일어납니다. 이 이치를 깨닫고 집착을 버릴 수만 있다면 마음은 금세 편안해집니다. 그 실상을 깨친 자리에는 일체 번뇌가 자리할 수 없습니다.

하지만 집착이 그렇게 쉽게 단번에 버려지지가 않습니다. 가족, 사업, 건강, 연애 등등 그 어떤 이유로 괴로워하던 사람이라도 불법을 알게 되면 자기의 괴로움이 집착 때문임을 알게 됩니다.

그러나 괴로움의 원인을 알았다고 해서 괴로움이 사라지는 건 아닙니다. 괴로움의 원인이 집착 때문임을 알면서도 그 집착을 놓지 못한다는 괴로움까지 더해져 오히려 더 큰 괴로움에 허덕이기도 합니다. 집착을 놓지 못하는 자기가 한심하게 여겨져 자기 비하와 탄식의 수렁으로 빠져들기도 합니다.

또는 괴로움의 원인이 내 집착 때문이라는 걸 알고 나서 집착을 좀 놓은 것도 같은데 시간이 지나면 슬그머니 다시 집착을 하게 되는 내 모습을 보고 실망하기도 합니다. 남들은 잘되는 것 같은데 나는 왜 안 될까 비교하는 마음까지 들어서 더 괴로워집니다. 전에는 '돈만 벌면 마음이 좀 편안해질 텐데' 하고 아쉬워하다가, 이제는 '돈에 대한 집착을 버려야 마음이 편안해질 텐데' 하고 아쉬워하니, 결국 집착에 매이기는 불교 공부를 하기 전과 후가 다르지 않은 꼴입니다.

이것은 오랫동안 젖어온 집착의 습기 때문입니다. 전에는 돈에 집착했던 탓에 마음이 괴로운 상황을 자초했다면, 이제는 마음의 편안함에 집착해서 마음을 더욱 불편하게 만드는 것입니다. 돈에 집착할 때에는 남보다 더 빨리 쉽게 돈을 벌 욕심에 가득 차 온갖 궁리를 했다면, 이번에는 빨리 도를 구하려는 마음에 명상을 했다, 참선을 했다, 염불을 했다 하며 우왕좌왕합니다.

몸에 밴 집착하는 버릇을 뿌리 뽑지 못한 사람은 설령 재물에 대한 욕망을 놓더라도 또 다른 무언가를 찾아내 새로운 집착의 대상으로 삼습니다. 그래서 공부는 공부대로 진전이 없고 마음만 불안하고 초조해집니다. 분명히 알아야 할 것은, 공부의 핵심은 집착을 놓는 것에 있다는 것입니다. 곧 무아의 이치를 터득하는 데에 있습니다.


## 빙긋이 웃지 못하는 이유

부처님이 걸식 중에 한 바라문의 집을 들렀는데, 그 바라문이 부처님에게 큰 소리로 욕을 퍼부어댔습니다. 부처님은 그런 바라문을 쳐다보며 빙긋이 웃을 뿐이었습니다. 그저 빙긋이 웃으셨다니, 대체 어떤 마음이면 그럴 수 있을까요. 남이 내게 욕을 해도 빙긋이 웃을 수 있는 무슨 비법 같은 게 있는 걸까요?

사람은 누구나 자기 생각에 빠져서 매사를 판단합니다. 부처님이 걸식을 위해 집 앞에 섰을 때에도 '수행자가 우리 집에 공양을 얻으러 왔구나. 내게 복 지을 기회를 주는구나' 이렇게 생각할 수도 있고, '오늘 아침부터 재수 더럽게 없네. 왜 아침부터 거지가 집 앞에 와서 서성대는 거야!' 이렇게 생각할 수도 있습니다. 같은 현상을 대하는데 사람마다 다 다른 마음이 일어납니다.

봄비가 내리면 땅 속에 묻혀 있던 씨앗들이 너도나도 싹을 틔웁니다. 수십 수백 가지의 새싹이 젖은 흙을 밀치고 올라옵니다. 같은 땅, 같은 햇빛, 같은 수분, 같은 조건에 처해 있는데도 수없이 다른 종류의 싹이 올라오는 이유는 씨앗이 달라서입니다. 그처럼 같은 상황에 처했더라도 사람마다 제각각 생각이 다른 것은 저마다 마음의 씨앗인 업식이 다르기 때문입니다. 좋다는 마음도 자기 씨앗으로부터 일어나고, 싫다는 마음도 자기 씨앗으로부터 일어납니다. 부처님이 빙긋이 웃으신 이유도 바라문의 그러한 마음자리가 환히 보였기 때문입니다.

사람들이 세상일에 빙긋이 웃지 못하는 이유는 자기 생각에 사로잡혀 있기 때문입니다. 자기 생각에 사로잡혔다는 것은 아상·인상·중생상·수자상에 사로잡혔다는 뜻입니다. 우리는 지금 그렇게 숱한 망념, 자기 생각에 사로잡혀 살아가고 있습니다.

### 보살이라는 이름

"수보리여! 그대는 어떻게 생각하느냐? 여래가 연등불 처소에서 법이 있어 아뇩다라삼먁삼보리를 얻었느냐?"
"아닙니다, 세존이시여! 제가 부처님 말씀을 이해한 바로는 부처님께서 연등불 처소에서 법이 있어서 아뇩다라삼먁삼보리를 얻으신 것이 아닙니다."
부처님께서 말씀하셨습니다.
"그렇다, 그렇다. 수보리여! 실로 법이 있어서 여래가 아뇩다라삼먁삼보리를 얻음이 아니니라. 수보리여, 만일 법이 있어서 여래가 아뇩다라삼먁삼보리를 얻었다면 연등불께서 나에게 수기를 주시면서 '너는 내세에 마땅히 부처를 이루리니 이름을 석가모니라 하리라'고 하시지 않으셨을 것이다. 실로 법이 있어서 아뇩다라삼먁삼보리를 얻음이 아니기에 이러한 연고로 연등불께서 나에게 수기를 주시면서 '내세에 마땅히 부처를 이루리니 이름을 석가모니라 하리라'고 말씀하셨느니라."

須菩提 於意云何 如來於燃燈佛所 有法 得阿耨多羅三藐三菩提不 不也 世尊 如我解佛所說義 佛 於燃燈佛所 無有法 得阿耨多羅三藐三菩提 佛言如是如是 須菩提 實無有法 如來得阿耨多羅三藐三菩提 須菩提 若有法 如來得阿耨多羅三藐三菩提者 燃燈佛 卽不與我授記 汝於來世 當得作佛 號 釋迦牟尼 以實無有法 得阿耨多羅三藐三菩提 是故 燃燈佛 與我授記 作是言 汝於來世 當得作佛 號 釋迦牟尼

석가모니 부처님은 과거세에 연등 부처님으로부터 수기를 받았다고 전해집니다. 그런데 과연 '이것이 법이다' 할 만한 법이 있어서 석가모니 부처님은 그 법을 연등 부처님께 전해 받았던 것일까요? 그러니까 이 구절은 한마디로, 법이라는 정해진 형상이 있어서 그 법을 얻은 것인지 묻고 있는 것입니다.

어떤 정해진 법이 있어서 아뇩다라삼먁삼보리를 얻은 것이 아니라 정해진 법이 없음을 알았을 때 비로소 아뇩다라삼먁삼보리를 얻었다고 할 수 있습니다. 법을 얻었다고 말하지만 사실 깨달음이란 어떤 정해진 법을 배워서 도달하거나 누구에게 받아 얻는 것이 아닙니다. 다만 정해진 법이 없음을 아는 것입니다.

오고 감이 없는 경지, 취하고 버림이 없는 경지, 이런 경지에 이르면 내가 깨달음을 얻었다거나 부처가 되었다는 생각마저도 일어날 여지가 없습니다. 책을 읽으면서 책 내용에 집중해야겠다는 생각을 하고 있다면 그것은 지금 책읽기에 집중하지 못하고 있다는 반증입니다. 집중하는 중에는 아무 생각도 비집고 들어올 자리가 없어서 집중하겠다는 생각이 일어날 수가 없습니다.

깨달음이 있다, 깨달음을 얻겠다는 생각을 하고 있다면 지금 나는 번뇌 속에 있는 것입니다. 헛된 세계와 진실한 세계가 따로 있어서 헛된 세계를 떠나 진실한 세계로 들어가는 게 아니라, 본래 헛된 것도 없고 진실한 것도 없음을 자각할 때 비로소 그 세계가 진실한 세계임을 깨닫게 되는 것입니다.

어느 날 한 생각 돌이켜 이제껏 미워하고 원망하던 사람을 어여삐 여기는 마음을 낸다면 그는 이미 보살입니다. 그가 본래 아무런 잘잘못이 없는 존재임을 알고, 그래서 그의 요구에 따라 기꺼이 쓰이고자 한다면 세상 사람들은 그를 보고 보살이라고 부릅니다. 그러나 '이 사람 때문에 힘들지만 내가 참고 보살펴 줘야지. 이 사람은 문제가 많은 사람이지만 그래도 받아주고 맞춰주어야겠다' 이런 식으로 생각해서는 겉보기에 아무리 그럴듯하고 훌륭해 보여도 그는 보살이라 할 수 없고 깨달음을 얻었다고 할 수 없습니다.

그래서 혜능 대사는 중생이 깨달으면 부처고 부처가 어리석으면 중생이라고 했습니다. 부처와 중생이 따로 있는 게 아니라, 마음이 미혹하면 중생이라 이름 하고 마음이 깨달으면 부처라고 부릅니다.

내가 옳다는 데 사로잡히면 화가 나지만, 내가 옳다는 생각이 없으면 어떤 상황에서도 화가 일어나지 않습니다. 또 순간적으로 내가 옳다는 생각에 사로잡혀 화를 내더라도 그것이 내가 옳다는 내 생각에 사로잡혀서 일어난 줄을 알아차리면 화는 금세 사라져버립니다.

## 나는 옳고 너는 그르다는 고달픔

"왜냐하면 여래란 곧 모든 법이 여여하다는 뜻이니라. 만일 어떤 사람이 말하되 '여래께서 아뇩다라삼먁삼보리를 얻었다'고 하더라도 수보리여! 실로 법이 있어 부처가 아뇩다라삼먁삼보리를 얻음이 아니니라. 수보리여! 여래가 얻은 아뇩다라삼먁삼보리는 이 가운데에 실다움도 없고 공허함도 없다. 이러한 까닭에 여래가 말하기를 '일체 법이 다 불법'이라고 하느니라. 수보리여! 일체 법은 곧 일체 법이 아니므로 이름이 일체 법이니라."

何以故 如來者 卽諸法如義 若有人 言 如來得阿耨多羅三藐三菩提 須
菩提 實無有法 佛 得阿耨多羅三藐三菩提 須菩提 如來所得阿耨多羅三
藐三菩提 於是中 無實無虛 是故 如來說一切法 皆是佛法 須菩提 所言
一切法者 卽非一切法 是故 名一切法


　더러운 것은 버리고 깨끗한 것만을 취하고, 나쁜 것은 버리고 좋은 것만을 취하며, 잘못된 것은 버리고 잘된 것만을 취하는 것이 여래의 법이라고 생각한다면 그것은 법을 전혀 모르고 하는 소리입니다.

　사람들은 선과 악, 깨끗함과 더러움, 생겨남과 사라짐, 시작과 끝, 내 것과 네 것을 구별하고 좋은 것만 골라 내 것으로 삼고 싶어 합니다. 또 세속의 철학에서는 인간이 선하든 악하든 어떤 본성을 가지고 있다고 주장합니다. 인간의 본성에 실체가 있다는 말입니다.

　하지만 부처님은 그 모든 구분에 정해진 기준이나 실체가 없다고 하셨습니다. 상황과 조건에 따라, 인연이 어떻게 일어나느냐에 따라 그것은 선으로 나타나기도 하고 악으로 나타나기도 합니다. 인연에 상관없이 하나로 고정되어 불변하는 성품이란 존재하지 않습니다.

　내 생각과 관념을 떠난 눈으로 넓고 길게 본다면 행위 자체는 선도 아니고 악도 아님을 알 수 있습니다. 이해관계나 가치관,

관념이나 상황에 따라 그 모습이 선이 되기도 하고 악이 되기도 합니다.

이것은 역사를 통해 살펴보면 좀 더 잘 이해할 수 있습니다. 김유신도 계백도 다 훌륭한 장군입니다. 당시 신라 입장에서 보면 계백이, 백제 입장에서 보면 김유신이 악인이었지만 지금 우리의 눈에는 두 사람 모두 조국과 역사를 위해 자신의 삶을 바친 위인입니다.

그렇게 본래 정해진 성품이 없음을 알게 되면, 인류는 오랜 반목과 갈등을 풀어내고 화해와 평화를 향해 한 걸음 다가갈 수 있습니다. 이 사람은 좋은 사람이고 저 사람은 나쁜 사람이다, 이 사람은 은혜로운 사람이고 저 사람은 철천지원수다, 이렇게 고정불변한 사실인 양 구별해서 취급하지만 사실 그것은 다 자기의 이해관계와 입장에 따라 제 눈에 비친 이미지에 불과합니다. 본래 좋고 나쁜 본질이 없는 실상을 보게 되면 마음속에 묵은 번뇌와 괴로움이 한순간에 사라지는 환희를 만나게 됩니다.

자기 생각에 빠져 옳고 그름을 판단하려 들지 말고 있는 그대로를 인정하는 것이 중요합니다. 무조건 상대가 옳다, 잘했다고 생각하라는 말이 아닙니다. 아이가 게임 중독에 빠지고 아내가 바람을 피우고 남편이 술독에 빠져 사는데 무조건 잘했다고 칭찬할 수는 없습니다.

그러나 사람의 행위에는 그렇게 할 수밖에 없는 원인과 조건의 흐름이 있고, 그 흐름 뒤에는 또 그 이전부터 이어져 온 업의 흐름이 있습니다. 소나무가 절벽 위 바위 사이에 뿌리를 내리고 살아남기까지는 일정한 조건과 주변 상황과의 상호작용이 있었듯이 사람의 행위도 마찬가지입니다. 지금의 행동은 오래전부터 형성되어 온 일정한 조건과 주변의 관계 속에서 일어난다는 것, 이전부터 쌓아온 업에서 비롯된다는 것을 알아야 한다는 것입니다.

우선 지금 일어난 사실을 인정하는 것에서부터 출발해야 합니다. 내 주관과 시비를 내려놓고, 이미 일어난 일을 최대한 있는 그대로의 모습으로 살피고 인정할 때 진실의 문이 열립니다. 그 사실이 내 도덕적 기준에 합당한지 아닌지는 그다음 일입니다. 인정하는 것이 먼저고 합당함을 살피는 것은 그 뒤의 일입니다.

이 순서를 뒤집어서 이미 일어난 현실을 인정하지 않고 자신의 잣대에 맞춰 상대를 바라보는 데에서 세상의 모든 문제가 발생합니다. 이렇게 되면 나도 마음이 상하고 상대도 상처를 받게 됩니다. 이것이 전도몽상이 빚는 우리 현실의 고달픔입니다. 하지만 사실을 있는 그대로 살피고 인정하면 내 주관과는 전혀 다른 객관적 세계가 눈에 들어오게 되고, 그제야 비로소 문제 해결의 방법이 생깁니다.

### 서 있는 이 자리가 진리에 이르는 탄탄대로

"수보리여! 비유컨대 사람의 몸이 큰 것과 같다."

수보리가 말하였습니다.

"세존이시여! 여래께서 몸이 크다고 말씀하심이 곧 큰 몸이 아니라 그 이름이 큰 몸입니다."

"수보리여! 보살 또한 이와 같아서 만일 '내가 마땅히 한량없는 중생을 멸도하리라' 하면 곧 보살이라 이름 할 수 없느니라. 왜냐하면 수보리여! 실로 법이 있음이 없기에 이름이 보살이니라. 이러한 까닭에 부처가 '일체 법에 아가 없으며 인이 없으며 중생이 없으며 수자가 없다'고 말하느니라. 수보리여! 만일 보살이 '내가 마땅히 불국토를 장엄하리라' 하면 곧 보살이라 이름 할 수 없느니라. 왜냐하면 여래가 말하는 불국토를 장엄한다는 것은 곧 장엄이 아니라 그 이름이 장엄이기 때문이다. 수보리여! 만일 보살이 무아법을 통달하였다면 여래가 그 이름을 참다운 보살이라 하느니라."

須菩提 譬如人身 長大 須菩提言 世尊 如來說人身長大 卽爲非大身 是名大身 須菩提 菩薩 亦如是 若作是言 我當滅度無量衆生 卽不名菩薩 何以故 須菩提 實無有法 名爲菩薩 是故 佛說一切法 無我無人無衆生無壽者 須菩提 若菩薩 作是言 我當莊嚴佛土 是不名菩薩 何以故 如來說莊嚴佛土者卽非莊嚴 是名莊嚴 須菩提 若菩薩 通達無我法者 如來說名眞是菩薩

여기에 죽비가 하나 있습니다. 죽비는 참선를 할 때 소리를 내 시작과 끝을 알리는 데 쓰는 도구입니다. 그것이 '죽비'라는 물건의 사용처입니다. 그런데 어떤 사람이 죽비가 뭐하는 물건인지 몰라 지팡이로 사용했다면 그때는 그것이 지팡이입니다. 등을 긁는 데 썼다면 그때는 등긁이입니다.

　그런데 등 긁는 용도로 사용하는 걸 보면서도 그것은 등긁이가 아니라 죽비라고 고집하면 그것을 법집이라고 합니다. 또 반대로 그것이 죽비라는 걸 알게 된 뒤에도 이건 지팡이다, 등긁이다 고집한다면 그것은 아집입니다.

　죽비가 네 동강 난 채로 길거리에 버려져 있는 걸 죽비를 아는 사람이 본다면 죽비가 부러져 있다고 말하겠지만, 죽비를 모르는 사람에게 그것은 그저 부서진 나뭇조각일 뿐입니다. 불을 지피는 아궁이에 들어가 있으면 땔감입니다. 정해진 법은 없습니다. 참선할 때 쓰면 죽비고, 아궁이에 넣으면 땔감이고, 등을 긁으면 등긁이고, 두들겨 패는 데 쓰면 몽둥이입니다.

　'이것이 죽비다' 하는 법은 많은 사람들이 비슷하게 일으킨 생각을 하나로 묶어서 정해 놓은 것입니다. 그것 자체는 죽비도 몽둥이도 땔감도 아니고 여여한 하나의 존재일 뿐입니다. 거기에는 실다움도 헛됨도 없습니다. 세상 무엇도 정해진 것은 없습니다. 그것이 무아입니다.

　원효대사는 마음이 일어나니 온갖 법이 일어나고 마음이 사라지니 온갖 법이 사라진다고 했습니다. 우리 중생이 추구하는 행복은 나쁜 것을 버리고 좋은 것을 취하는 데 있고, 더러운 것을 버리고 깨끗한 것을 취하는 데 있고, 나쁜 사람을 좋은 사람으로 만드는 데 있습니다. 그러나 그러한 구분은 모두 생각으로 일어납니다. 그 생각을 놓아버리면 일체 법이 여여합니다. 이 세상에 누구와도 싸울 일이 없고, 바꿀 것도 없습니다. 더럽다고 버릴 것도 깨끗하다고 취할 것도 없습니다.

그런데 이렇게 법을 죽비에 비유해 설명하면 금방 이해가 되고 쉽게 받아들여지는 것 같지만 막상 내 부모, 자식, 아내, 남편의 문제로 바라보면 잘되지 않습니다. 허구한 날 술이나 퍼먹고 큰소리나 치며 나를 괴롭히는 저 인간이 착한 사람도 아니고 나쁜 사람도 아니라고? 내 돈을 떼어먹고 나를 이렇게 고생시키면서도 멀쩡하게 돌아다니는 저 인간이 착한 사람도 아니고 나쁜 사람도 아니라고?

자기 이해관계에 부딪치면 진실이 보이지 않습니다. 집착을 버리지 못하면 진실이 보이지 않고 미혹에 빠지기 쉽습니다. 이것을 경계해야 합니다. 일체 만법이 다 생각에서 일어납니다. 생각이 사라지면 만법이 사라집니다. 너무나 쉽고도 당연한 이야기입니다. 하지만 한 생각 막히면, 이것은 도저히 말도 안 되는 소리입니다. 태산보다 더 깜깜합니다.

여래께서 얻으신 아뇩다라삼먁삼보리에는 실다움도 헛됨도

없습니다. 일체 법이 다 불법입니다. 죽비를 몽둥이로 써도 불법이고 등을 긁어도 불법이고 땔감으로 써도 불법입니다.

그런데 이 위대한 가르침 앞에서 선악관에 빠져 있는 우리의 알음알이는 일대 혼란을 일으킵니다. 헷갈려서 어찌할 바를 모르고, 나보고 어쩌란 말이냐고 갈팡질팡합니다. 그런 혼란은 아직도 자기 견해를 고집하기 때문에 일어납니다. 내 고집을 놓아 버리면 어디로 갈까 우왕좌왕할 것 없이 지금 서 있는 이 자리가 진리에 이르는 탄탄대로입니다.

원효대사의 해골바가지 이야기는 잘 알려진 일화입니다. 당나라로 유학을 가는 도중에 날은 저물고 마땅히 머물 곳을 찾지 못한 원효대사는 무덤 근처 동굴에서 하룻밤을 지내게 되었습니다. 한밤중에 목이 말라서 물을 찾다가 잠결에 손에 잡히는 그릇이 있어 거기에 담긴 물을 마셨더니 참으로 꿀맛이었습니다. 그런데 아침에 일어나 보니 그것은 해골바가지였습니다. 참을 수 없이 구역질이 났습니다. 아침에 일어나서 해골바가지 물인 줄 모르고 길을 떠났다면 아무 문제도 없었을 겁니다. 어제저녁과 오늘 아침에 마신 바가지도 같고 물도 같은데 달라진 것은 물을 마신 사람의 생각이었습니다.

무엇에도 정해진 법이 없음을 깨치면 내 안에 들끓던 짜증도 화도 미움도 사라집니다. 화나고 짜증나고 미워하는 마음은 모두 '내가 옳다'는 생각에서 나오기 때문입니다. 옳고 그름이 따로 정해져 있지 않음을 알면 짜증도 미움도 화나는 마음도 사라지고, 세상 모든 모습이 있는 그대로 눈에 들어옵니다.

## 먼지처럼 두루 나투어

『화엄경華嚴經』에서는 세계를 네 개의 유형으로 나누어 사법계四法界라 부릅니다. 그중 첫 번째인 사법계事法界는 우주를 차별이 있는 현상계로 파악합니다. 이 세상 모든 존재는 하나하나 독립되어 있고 개별적으로 존재한다는 세계관입니다.

끝없이 펼쳐진 망망대해가 거대한 하나의 바다인 것 같아도 순간순간 일어나고 사라지는 크고 작은 파도가 무수히 존재합니다. 그 무수히 많은 파도 중에 똑같은 모습의 파도는 하나도 없습니다. 이렇게 저마다 모두 다른 존재와 현상의 세계가 사법계입니다. 중생계라고도 하고 세간이라고도 합니다.

두 번째는 이법계理法界로 현상이 아니라 본질의 세계입니다. 파도 하나하나를 보지 않고 바다 전체를 바라보는 세계관입니다. 흔히 파도가 생겼다 사라진다고 말하지만 바다 전체로 보면 바닷물이 바람 따라 이리저리 출렁댈 뿐 생기는 것도 없고 사라지는 것도 없습니다. 그것이 본질의 세계입니다.

이 세상 온갖 동물과 식물, 무수한 생명이 서로 다른 모양으로 태어나고 죽지만 거대한 생명의 바다에서 보면 파도 하나가 일어났다 사라지는 것과 같습니다. 전체의 차원에서 보면 태어난다고 해도 새로 생겨나는 것이 아니고, 죽는다고 해도 완전히 사라지는 것이 아닙니다. 생명의 물결이 출렁거리는 모습에 불과합니다.

이렇듯 그 물에서 일어났다가 그 물로 돌아가는 것입니다. 이런 이치를 확연히 깨쳐서 만법이 한 법이고 만상이 한 상인 근본 도리로 보는 세계가 이법계입니다.

세 번째는 이사무애법계理事無碍法界입니다. 많은 사람이 사법계와 이법계가 별개라고 생각합니다. 사법계는 껍데기고 허상이며 이법계는 참이고 진리라고 생각합니다. 그러나 물결은 바닷물로부터 일어납니다. 이理와 사事는 별개가 아니며, 본질과 현상은 둘이 아니라 하나입니다. 그런 세계가 이사무애법계입니다. 얼음이 녹아 물이 되고 물이 얼어 얼음이 되듯, 물이 부서져 거품이 되고 거품이 가라앉아 물이 되듯, 이와 사는 따로 있지 않습니다.

그런데 사람들은 눈으로 보고 귀로 듣고 코로 냄새 맡고 혀로 맛보고 손으로 만지고 머리로 가늠할 수 있어야만 그 존재를 인정합니다. 차별 현상계인 사법계에 머무르기 때문입니다.

사람들이 감각으로 인지하는 세계를 색色이라고 합니다. 색은 인연 따라 모습을 달리 합니다. 색을 규정하는 고정불변의 성품이란 존재하지 않으니, 본질의 세계에서 보면 색은 텅 비어 아무것도 없습니다. 이것이 색즉시공色卽是空입니다.

또한 고정불변의 본질은 존재하지 않지만 색은 인연 따라 나타나 우리 앞에 모습을 드러냅니다. 그래서 공즉시색空卽是色입니다. 색이 공이고 공이 색인데 있다는 생각에 매달리면 유有에 빠지게 되고, 없다는 생각에 매달리면 무無에 빠지게 됩니다.

같은 산을 사이에 두고 동서 양쪽 마을 사람들이 각각 동산이라 주장하고 서산이라 주장하는 것은 사법계입니다. 동산이라 할 것도 서산이라 할 것도 없이 다만 산임을 아는 본질의 세계는 이법계입니다. 동산이라 할 것도 서산이라 할 것도 없지만 인연에 따라서 동산이라 불리기도 하고 서산이라 불리기도 하는 현실, 이것이 색즉시공이고 공즉시색이며 이와 사가 둘이 아닌 이사무애법계입니다.

네 번째로 사사무애법계事事無碍法界는 사事와 사, 그러니까 현상계에 나타나는 각각의 존재가 둘이 아닌 도리를 말합니다. 일체의 경계나 분별이 없는 해탈 열반의 세계입니다.

사법계의 중생은 배를 타고 바다로 놀러 나갔다가 파도에 휩쓸려서 물에 빠진 사람입니다. 재미있게 놀아보려다가 재미는 커녕 죽게 생겼으니 살려달라고 아우성을 치면서 놀러 나왔던 걸 후회합니다. 행복해지려고 학교를 다니고, 행복해지려고 친구를 사귀고, 행복해지려고 결혼을 해놓고 도리어 그것으로 말미암아 고통에 허우적대는 중생의 모습입니다.

　이법계의 사람은 물에 빠질까봐 아예 바다로 나가지 않습니다. 결혼을 안 하겠다, 사업을 안 하겠다, 자식도 안 낳겠다, 이렇게 모든 것을 다 버리고 돌아앉은 사람입니다. 세상일에 관여하지 않고 혼자 가만히 있으면 괴로워할 일도 없다고 생각합니다. 그래서 사법계를 세간이라 하면, 이법계를 출세간이라고 합니다.

　세간과 출세간이 둘이 아닌 이사무애법계의 사람은 큰 배를 만들어서 바다로 나갑니다. 파도와 바람의 성질을 연구하고 거기에 맞게 배를 움직이기 때문에 풍랑을 두려워하지 않습니다. 물에 빠지지 않기 위해 큰 배가 필요하고 기술이 필요합니다. 여기에 경계가 있습니다.

　이와 달리 사사무애법계의 사람은 육지에 있어야 한다거나 바다에 나가야 한다는 분별이 없습니다. 바다에 빠지면 안 된다는 경계도 없습니다. 바다에 나갈 일이 있으면 나가고, 나갈 일이 없으면 안 나가면 그만입니다. 큰 배가 있으면 큰 배를 타고 나가고, 작은 배가 있으면 작은 배를 타고 나갑니다. 작은 배를 타고 나갔다가 바다에 빠지게 되면 허우적대거나 살려달라고 아우성치지 않고 물에 빠진 김에 바다 밑에서 진주조개를 주워 올라옵니다. 이런 일이 있으면 이런 대로 행하고 저런 일이 있으면 저런 대로 행합니다. 이것이 『화엄경』에서 보여주는 보살의 마지막 경지, 인연 따라 몸을 나투는 화작化作의 경지입니다.

모든 것이 인연을 따라 움직여야 합니다. 인연에 어긋나면 문제가 생깁니다. 물은 언제 어느 때라도 담기는 그릇에 따라서 그 모양이 달라집니다. 우리의 세상살이도 그처럼 조건과 시간과 공간에 맞게 인연을 따를 때 거기에 진정한 자유가 있습니다.

『천수경千手經』의 여래십대발원문 중 열 번째가 원아광도제중생願我廣度諸衆生입니다. 널리 모든 중생을 제도하기 원한다는 뜻입니다. 그렇게 중생을 제도하기 위해 원아분신변진찰願我分身遍塵刹, 내 몸이 먼지처럼 무수히 많은 온갖 모습으로 두루 나투기를 원한다고 했습니다. 목마른 이에게는 물을 주고, 배고픈 이에게는 밥을 주고, 몸이 아픈 이에게는 약을 주고, 그렇게 중생의 요구에 수순할 때 비로소 걸림 없는 자유에 이르게 됩니다.

함이 없는 행, 할 일 없는 도인이라는 말이 있습니다. 할 일이 없다고 하니까 아무것도 하지 않고 논다는 뜻이 아닙니다. 할 일이 없다는 것은 상대에게, 말하자면 중생의 요구에 수순하여 행하는 경지입니다.

여기에 컵이 하나 있습니다. 이 컵을 사용하지 않고 책상 위에 놓아두면 컵은 언제나 그대로 가만히 놓여 있습니다. 그래서 누구든 언제든지 필요할 때 이 컵을 사용할 수가 있습니다. 며칠이 아니라 한 달을 그대로 놓아두어도 '너는 왜 나를 사용하지 않는 거냐? 나는 너를 위해서 있는 거란 말이야' 하며 써달라고 강요하지 않습니다. 다만 그렇게 한자리에 그대로 있으니 적당한 때 적당한 곳에 유용하게 쓰일 수가 있습니다.

좋은 의사는 환자가 오면 정성껏 진료합니다. 하루 종일 끊임없이 환자가 찾아와도 짜증내거나 마다하지 않고 맞이합니다. 자기가 아픈 이들을 위해 잘 쓰이는 것에 기뻐합니다. 그러다 어느 날부터 갑자기 환자가 오지 않는다 해도 초조해하거나 불안해하지 않습니다. 사람들이 아프지 않고 건강하다는 것이니 좋은 일이라고 생각합니다. 나는 의사다, 의사니까 진료를 해야 한다는 생각, 그런 상이 없기 때문에 책을 읽거나 청소를 할 수도 있고 아이들을 돌보거나 또 다른 일을 얼마든지 할 수 있습니다. 이것이 사사무애법계의 보살이 행하는 함이 없는 행입니다.

## 18 　一體同觀分
### 일체를 하나로 보니

오안五眼이 오안이 아니라
다만 중생의 마음을 보는 것으로
눈을 삼는 것이니라.
시방 무량세계에 있는바
중생의 마음이 일어나는 것을
다 알고 다 보는 것은
그 중생 전체가 여래의 자심自心 중생인 고로
모든 중생의 한 생각이
곧 여래의 자심이 동한 것이라
어찌 보지 못하고 알지 못하랴.

## 제십팔 일체동관분
## 第十八 一體同觀分

須菩提 於意云何 如來有肉眼不 如是 世尊 如來有肉眼 須
수보리 어의운하 여래유육안부 여시 세존 여래유육안 수
菩提 於意云何 如來有天眼不 如是 世尊 如來有天眼 須菩
보리 어의운하 여래유천안부 여시 세존 여래유천안 수보
提 於意云何 如來有慧眼不 如是 世尊 如來有慧眼 須菩提
리 어의운하 여래유혜안부 여시 세존 여래유혜안 수보리
於意云何 如來有法眼不 如是 世尊 如來有法眼 須菩提 於
어의운하 여래유법안부 여시 세존 여래유법안 수보리 어

意云何 如來有佛眼不 如是 世尊 如來有佛眼 須菩提 於意
의운하 여래유불안부 여시 세존 여래유불안 수보리 어의
云何 如恒河中所有沙 佛說是沙不 如是 世尊 如來說是沙
운하 여항하중소유사 불설시사부 여시 세존 여래설시사
須菩提 於意云何 如一恒河中所有沙 有如是沙等恒河 是諸
수보리 어의운하 여일항하중소유사 유여시사등항하 시제
恒河 所有沙數 佛世界如是 寧爲多不 甚多 世尊 佛告須菩
항하 소유사수 불세계여시 영위다부 심다 세존 불고수보
提 爾所國土中 所有衆生 若干種心 如來悉知 何以故 如來
리 이소국토중 소유중생 약간종심 여래실지 하이고 여래
說諸心 皆爲非心 是名爲心 所以者何 須菩提 過去心不可
설제심 개위비심 시명위심 소이자하 수보리 과거심불가

得 現在心不可得 未來心不可得
득 현재심불가득 미래심불가득

"수보리여! 그대는 어떻게 생각하느냐? 여래에게 육안이 있느냐?"

"그렇습니다, 세존이시여! 여래에게는 육안이 있습니다."

"수보리여! 그대는 어떻게 생각하느냐? 여래에게 천안이 있느냐?"

"그렇습니다, 세존이시여! 여래에게는 천안이 있습니다."

"수보리여! 그대는 어떻게 생각하느냐? 여래에게 혜안이 있느냐?"

"그렇습니다, 세존이시여! 여래에게는 혜안이 있습니다."

"수보리여! 그대는 어떻게 생각하느냐? 여래에게 법안이 있느냐?"

"그렇습니다, 세존이시여! 여래에게는 법안이 있습니다."

"수보리여! 그대는 어떻게 생각하느냐? 여래에게 불안이 있느냐?"

"그렇습니다, 세존이시여! 여래에게는 불안이 있습니다."

"수보리여! 그대는 어떻게 생각하느냐? '항하에 있는 모래와 같이'라고 부처가 모래에 대해 말하였느냐?"

"그렇습니다, 세존이시여! 여래께서 이 모래를 말씀하셨습니다."
"수보리여! 그대는 어떻게 생각하느냐? 항하의 모든 모래 수만큼의 항하가 있고, 이 모든 항하의 모래 수만큼 불세계가 있다면 많다고 하겠느냐?"
"매우 많습니다, 세존이시여!"
부처님께서 수보리에게 말씀하셨습니다.
"저 국토 가운데 있는 중생의 갖가지 종류의 마음을 여래는 모두 아느니라. 왜냐하면 여래가 말한 모든 마음은 다 마음이 아니라 그 이름이 마음이기 때문이다. 왜냐하면 수보리여! 과거의 마음은 얻을 수 없으며, 현재의 마음도 얻을 수 없으며, 미래의 마음도 얻을 수 없기 때문이다."

### 모든 길이 다 부처의 길

어떻게 하면 참으로 자유롭고 행복한 삶을 살 수 있겠느냐는 수보리의 물음에 부처님은 일체중생을 제도하겠다는 마음을 내라고 했습니다. 그리고 그런 마음을 내서 뭇 생명을 다 제도한다 해도 '내가 중생을 제도한다'는 생각을 내지 말라고 했습니다. '내가 중생을 제도한다'는 생각은 아상·인상·중생상·수자상에 사로잡혀 있는 것이니 그것은 보살의 마음이라 할 수 없습니다.

내가 깨달음을 얻었더라도 그 깨달음에 집착한다면 그것은 이미 깨달음이 아닙니다. 깨달음을 향해 정진하되 '이것이 깨달음이다!' '내가 깨달음을 얻었다!'는 생각에 사로잡히지 않아야 하고, 일체중생을 제도하는 삶을 살되 중생이라는 상을 짓지 않아야 하며, 쉼 없이 정토를 장엄하되 장엄에 사로잡히는 것을 경계해야 합니다. 이것이 어떤 상에도 머무르지 않는 구경무아究竟無我입니다.

그러자 수보리의 마음에는 또 다른 의문이 이어집니다.

'중생을 제도한다는 생각에 머물지 않으며 제도할 중생이 본래 없다면 여래는 어떻게 다섯 가지 눈을 가질 수 있었을까? 이 땅을 장엄한다는 생각에 머물지 않으며 장엄할 세상조차 본래 없다면 여래의 다섯 가지 눈은 도대체 어떻게 생긴 것일까? 부처님은 분명 다섯 가지 눈이 있고 그 눈으로 세상을 보고 계시지 않은가? 만일 아무 볼 대상이 없다면 다섯 가지 눈이 대체 무슨 소용인가? 제도해야 할 중생도, 장엄해야 할 세상도 없다면 우리는 무엇으로 보살행을 하며 어떻게 성불할 수 있단 말인가?

수보리는 이 세상에 고통받는 중생이 무수하니 보살은 중생을 제도하고 육바라밀을 행하며 그렇게 사바세계를 정화하고 장엄한 공덕으로 마침내 성불의 경지에 이른다고 믿어왔습니다. 부처님은 수보리의 의혹에 다시 묻습니다.

"수보리여! 그대는 어떻게 생각하느냐? 여래에게 육안이 있느냐?"
"그렇습니다, 세존이시여! 여래에게는 육안이 있습니다."

須菩提 於意云何 如來有肉眼不 如是 世尊 如來有肉眼

육안은 육체적인 눈입니다. 사람은 손으로 만지고 코로 냄새 맡고 귀로 듣고 혀로 맛보고 눈으로 보는 다섯 가지 감각기관을 통해 외부 세계를 인식합니다. 그 다섯 가지 감각기관 중 특히 눈은 발달 정도가 다른 감각기관보다 우월해서 외부 세계를 인식하는 데 있어 시각에 의지하는 비중이 압도적으로 큽니다. 그래서 예로부터 아는 것과 보는 것을 같은 뜻으로 사용해, 객관세계든 내면세계든 바르게 아는 것을 바르게 본다는 말로 표현하곤 했습니다.

그런데 여기서 말하는 육안은 단지 시각적 기능만을 의미하는 것은 아닙니다. 다섯 가지 감각기관을 총칭하는 뜻으로 이해하는 편이 타당합니다. 가장 발달된 감각기능인 시각으로 다섯 가지 감각기관을 대표해 말했다고 이해하는 것이 좋겠습니다.

그렇다면 부처님의 육안은 어떠했을까요? 이 세상 모든 사람이 다섯 가지 감각기관을 통해 대상을 느끼고 받아들입니다. 물론 사람마다 기능의 발달 정도는 차이가 있겠지만 기본적인 기능에서는 같습니다. 부처님이라고 해서 다를 바 없습니다. 부처님은 위대하고 특별한 분이니까 그런 감각쯤은 없어도 상관없을 거라든지, 아니면 우리보다 훨씬 뛰어난 능력을 가지고 있었을 거라고 상상해 보기도 하지만, 사실 부처님도 우리와 다를 바 없는 육안을 가지고 있었습니다.

*"수보리여! 그대는 어떻게 생각하느냐? 여래에게 천안이 있느냐?"*
*"그렇습니다, 세존이시여! 여래에게는 천안이 있습니다."*

須菩提 於意云何 如來有天眼不 如是 世尊 如來有天眼

천안은 사물의 근본을 통찰하는 직관의 힘입니다. 천안은 누구나 다 가지고 있지만, 사람에 따라 더 발달해 있기도 하고 덜

발달해 있기도 합니다. 어떻게 개발하고 노력하느냐에 따라 놀라운 신통을 가질 수도 있습니다.

실제로 부처님 제자 가운데 목건련은 신통제일이라 불릴 만큼 신통력이 뛰어났다 합니다. 그런데 다섯 가지 감각기관을 육안으로 통칭한 것처럼 천안 역시 다섯 가지 신통력을 아울러 상징합니다. 이를 오신통五神通이라 하는데, 천안통天眼通, 천이통天耳通, 신족통神足通, 숙명통宿命通, 타심통他心通을 말합니다.

천안통은 세간의 모든 고락의 모양과 갖가지 형색을 환히 꿰뚫어 볼 수 있고, 자기와 남의 미래세에 관한 일을 내다볼 수 있는 능력을 말합니다. 천이통은 세간의 모든 말과 여러 나라 각 지역의 말, 나아가 짐승의 말까지 듣는 능력을 말합니다. 신족통은 뜻대로 모습을 바꾸거나 어디든지 마음대로 날아갈 수 있는 능력을 말하고, 숙명통은 전생을 아는 능력, 타심통은 남의 마음속을 꿰뚫어 아는 능력입니다. 이러한 신통은 초월적인 능력을 말합니다.

그러나 불교에서는 이러한 신통을 중요시하는 것을 경계합니다. 비록 보이지 않는 것을 볼 수 있고 들리지 않는 소리를 들을 수 있는 능력이 있다 해도 누군가 자기를 욕하거나 물건을 빼앗았을 때 화가 나고 미워지는 것은 보통 사람과 하나도 다를 바 없습니다. 신통력은 번뇌가 없고 걸림이 없는 자유로운 사람이 되는 경지와는 아무 관계가 없습니다.

신통이 중생을 미혹케 하는 경우도 많습니다. 사람들이 용하다는 점쟁이나 무당에게 찾아가 신통을 구하고자 하는 것도 실은 돈 있고 권력 있는 사람에게 굽실거리는 것과 같은 마음입니다. 내가 갖지 못한 것을 그가 가지고 있다는 이유로 거기에 매달리고 의지하며 신격화해서 스스로를 노예로 만들어버립니다. 심지어 신통력이 클수록 도가 깊은 것이라고 착각하는 사람도 적지 않습니다. 이는 돈이 많고 권력이 있어야 행복하다는 가치관, 겉으로 드러나는 현상적 능력으로 우열을 매기는 세속의 잣대를 깨달음의 길에까지 적용한 탓입니다.

재물과 명예와 지식과 권력은 바른 뜻으로 발휘되면 많은 사람을 이롭게 할 수 있습니다. 중요한 것은 능력 자체가 아니라 그것을 어떻게 쓸 것인가 하는 문제입니다. 신통력도 그렇습니다. 돈과 권력을 잘못 사용하면 수많은 사람을 괴롭히고 세상을 어지럽히듯, 신통의 힘도 잘못 쓰면 수많은 사람을 혹세무민하며 세상을 혼란스럽게 할 뿐입니다.

"수보리여! 그대는 어떻게 생각하느냐? 여래에게 혜안이 있느냐?"
"그렇습니다, 세존이시여! 여래에게는 혜안이 있습니다."

須菩提 於意云何 如來有慧眼不 如是 世尊 如來有慧眼

혜안은 지혜의 눈입니다. 천안은 육안의 연장선상에 있다고 말할 수 있지만 혜안은 그와는 전혀 다른 차원입니다. 세상의 참모습을 바르게 볼 줄 아는 눈, 제법이 공한 이치를 보는 지혜의 눈이 혜안입니다.

이 골짜기에 사는 사람은 이 산이 동산인 줄 알고, 저 골짜기에 사는 사람은 이 산이 서산인 줄 압니다. 이 골짜기에서 보기에는 산 위로 해가 떠오르고, 저 골짜기에서 보기에는 산 위로 해가 지기 때문입니다. 지혜의 눈은 그런 모든 상에서 벗어나, 이 산이 동산도 아니고 서산도 아닌 줄을 아는 것입니다.

제아무리 천안을 가졌어도 그것만으로 괴로움과 번뇌에서 벗어날 수는 없습니다. 괴로움과 번뇌는 내 욕구대로 세상이 움직이길 바라는 어리석음에서 비롯되고, 내 생각에 갇혀 분별을 일삼는 데서 일어납니다.

옳으니 그르니, 잘했느니 잘못했느니 하는 시비 분별을 떠나서 있는 그대로의 세상을 보는 안목이 지혜의 눈입니다. 혜안이 열려 세상의 참모습을 보아야 마음의 갈등이 사라지고, 가족과의 갈등이 사라지고, 이웃과의 갈등이 사라지고, 모든 괴로움이 사라집니다.

육안이 없어도 천안을 가질 수 있고, 육안이 있지만 천안이 없을 수도 있고, 육안과 천안을 다 가질 수도 있습니다. 혜안도 그렇습니다. 수행 정진해서 지혜를 증득하면 혜안이 열립니다.

그러나 혜안이 열렸다고 천안까지 더불어 얻어지지는 않습니다. 육안과 천안 없이도 혜안을 가질 수 있고, 육안과 혜안은 있으나 천안이 없을 수도 있고, 육안과 천안과 혜안을 다 가질 수도 있습니다.

부처님 당시 사람들은 혜안과 천안을 구분하지 못해 천안을 혜안이라 믿었습니다. 그래서 신통력이 있는 사람을 숭배하며 복을 구했습니다. 중생은 욕구를 중심으로 세상을 보기 때문에 신통력과 진리의 힘을 혼동하고 오해했던 것입니다. 부처님은 바로 그 점을 염려해 수행자들에게 신통력을 쓰지 못하도록 일렀습니다.

목건련은 신통력이 뛰어났지만 신통을 쓰지 말라는 스승의 말씀을 철저히 지켜 이교도로부터 죽음을 당하는 마지막 순간까지도 신통력을 사용하지 않았습니다. 부처님도 6년 고행 끝에 몸이 극도로 쇠약해져 목숨이 위태로울 지경이었지만 천신들이 신통으로 건강을 회복시켜 주겠다고 유혹해도 거절했습니다. 보통 사람처럼 조금씩 음식을 들면서 오랜 시간이 지나서야 건강을 회복할 수 있었고, 그 후에도 부처님은 신통력을 거의 사용하지 않았습니다.

법을 믿는 사람이라면 불교가 궁극적으로 추구하는 것이 무언지를 알아야 합니다. 하늘을 날 수 있는 능력을 구하는 것도 아니고, 남의 마음을 꿰뚫어 보는 힘을 얻는 것도 아닙니다. 손으로 만지기만 하면 온갖 병을 다 낫게 하는 능력이 생겼다 해도 그것이 도를 증득했다는 증거가 되지는 못합니다.

제아무리 신통을 갖고 있어도 원수 갚을 생각에 집착하고, 재물 욕심에 매달리고, 내 생각이 옳다는 고집에 매여 있다면 자기 마음속에 깃든 번뇌의 그림자 한 조각 지우지 못합니다. 신통력이 신비로운 능력이기는 해도 일체 괴로움에서 벗어나는 해탈의 길을 열어줄 수는 없습니다.

"수보리여! 그대는 어떻게 생각하느냐? 여래에게 법안이 있느냐?"
"그렇습니다, 세존이시여! 여래에게는 법안이 있습니다."

須菩提 於意云何 如來有法眼不 如是 世尊 如來有法眼

사물이 본래 정해진 실체가 없는 이치를 보는 안목이 혜안이라면, 인연 따라 일어나는 만상을 하나하나 빠짐없이 훤히 보는 안목이 법안입니다. 제법이 공한 줄 아는 혜안이 열리면 시비 분별하는 마음이 없어지고 안온해집니다. 그러나 그것만으로는 중생의 번뇌를 사라지게 하고 제도할 힘이 부족합니다. 인연 따라 일어나는 갖가지 모습을 훤히 볼 줄 아는 법안이 열려야 보살이라고 할 수 있습니다.

수많은 파도가 생겼다 사라지는 모습만 보는 것이 중생의 안목입니다. 바다 전체를 보면 파도가 생겨났다 할 것도 없고 사라졌다 할 것도 없습니다. 생멸을 떠난 공한 세계를 보는 눈이 혜안입니다.

그러나 더 넓고 깊은 눈으로 보면 바다는 단지 하나가 아닙니다. 그 하나로부터 수많은 파도가 생기고 풍랑이 일어납니다. 바람의 변화에 따라 일어나고 사라지는 온갖 풍랑과 파도의 가지가지 미묘한 현상을 훤히 다 아는 안목이 법안입니다.

혜안에 머물러서 '제법이 공하다!' '이것이 진리다!' 하고 법의 한 모습에만 집착하면 법집이 됩니다. 법집에 빠지면 제법이 인연 따라 기기묘묘하게 현현하는 세계가 보이지 않습니다. 법이다 하는 집착도 버려야 합니다. 그래야 대승 보살의 세계에 들 수 있습니다.

혜안이 있으면 자기 혼자는 쪽배를 타고 노를 저어 강을 잘 건널 수 있습니다. 하지만 뭇 중생을 실어 나를 수는 없습니다. 법안이 열린 사람은 노를 저을 줄 모르는 사람들을 함께 큰 배에 태워 강을 건넙니다. 법안이 열려야 보살행을 이루어 중생을 제도할 수 있습니다.

"수보리여! 그대는 어떻게 생각하느냐? 여래에게 불안이 있느냐?"
"그렇습니다, 세존이시여! 여래에게는 불안이 있습니다."

須菩提 於意云何 如來有佛眼不 如是 世尊 如來有佛眼

  불안이란 일체가 여여함을 깨친 안목입니다. 여기에 이르러야 비로소 붓다의 지견에 들었다고 할 수 있습니다. 불안이 열린 붓다는 주객을 완전히 떠난 경지이므로 보이고 보이지 않는 것, 깨닫고 깨닫지 못한 것, 법과 법 아닌 것 등등 모든 구별과 대립이 없습니다. 주객이 완전히 끊어져 오고 감이 없고 주고받음이 없으니 그야말로 일체가 다 같음을 보는 경지입니다.

  그런데 부처님은 왜 수보리에게 부처님이 육안·천안·혜안·법안·불안을 갖추었냐고 묻는 걸까요? '본다'는 말에는 보는 주체와 보이는 대상이 전제되어 있습니다. 주객이 구별되어 존재하는 상태인 것입니다.

  그러나 불안의 경지, 주와 객이 사라진 경지, 보는 자와 보이는 대상이 구별되지 않는 경지에서는 본다는 말이 더 이상 성립하지 않습니다. 손으로 음식을 집어 입에 넣는 것을 보고 '손이 입에게 보시한다'고 말하지 않는 것과 같습니다. 손과 입이 한 몸이듯 보는 주체와 보이는 대상도 둘이 아니기 때문입니다. 다만 본다는 이름만 존재할 뿐이며, 부처님의 다섯 가지 눈은 다만 눈이라 이름 할 따름입니다.

  부처님은 육안·천안·혜안·법안·불안을 모두 하나로 보았습니다. 그래서 그 마음 깨달으면 부처요, 그 마음이 자비하면 보살이요, 그 마음이 청정하면 성문 연각이요, 그 마음이 선량하면 천인이요, 그 마음이 정직하면 인간이요, 그 마음이 성내고 짜증내면 아수라요, 그 마음이 어리석으면 축생이요, 그 마음이 탐욕에 휩싸이면 아귀요, 그 마음이 번뇌 망상에 찌들어 있으면 지옥이라 했습니다. 중생도 부처도 다 이 마음 가운데 있습니다.

### 중생이 아프니 보살이 아프다

"수보리여! 그대는 어떻게 생각하느냐? '항하에 있는 모래와 같이'라고 부처가 모래에 대해 말하였느냐?"
"그렇습니다, 세존이시여! 여래께서 이 모래를 말씀하셨습니다."
"수보리여! 그대는 어떻게 생각하느냐? 항하의 모든 모래 수만큼의 항하가 있고, 이 모든 항하의 모래 수만큼 불세계가 있다면 많다고 하겠느냐?"
"매우 많습니다, 세존이시여!"
부처님께서 수보리에게 말씀하셨습니다.
"저 국토 가운데 있는 중생의 갖가지 종류의 마음을 여래는 모두 아느니라. 왜냐하면 여래가 말한 모든 마음은 다 마음이 아니라 그 이름이 마음이기 때문이다. 왜냐하면 수보리여! 과거의 마음은 얻을 수 없으며, 현재의 마음도 얻을 수 없으며, 미래의 마음도 얻을 수 없기 때문이다."

須菩提 於意云何 如恒河中所有沙 佛說是沙不 如是 世尊 如來說是沙 須菩提 於意云何 如一恒河中所有沙 有如是沙等恒河 是諸恒河 所有沙數 佛世界如是 寧爲多不 甚多 世尊 佛告須菩提 爾所國土中 所有衆生 若干種心 如來悉知 何以故 如來說諸心 皆爲非心 是名爲心 所以者何 須菩提 過去心不可得 現在心不可得 未來心不可得

먹을 것이 없어 굶주리고 있을 때 누군가 나타나 배불리 먹여주면 그 고마운 마음은 이루 말할 수가 없을 겁니다. 그런데 그 음식을 먹고 식중독에 걸려 고생하면 방금 전의 고마운 마음은 온데간데없이 사라지고 원망스러운 마음이 들 것입니다. 그런데 또 그 사람이 구해준 약을 먹고 죽을 듯이 아프던 배가 씻은 듯이 나았다면 다시 또 고마운 마음이 들 것입니다. 고마워했다가 미워했다가 다시 고마워했다가, 이렇게 왔다 갔다 하는 그 마음이라는 게 도대체 무엇일까요?

아이들은 날마다 학교에 가야 하고 지겨운 공부에 숙제에 죽을 지경인데, 어른들은 제 마음대로 사는 것처럼 보이니 빨리 어른이 되고 싶어 합니다. 그런데 막상 어른이 되면 오히려 어릴 때가 좋았다고 그리워합니다. 그러나 '그때는 참 좋았지' 하는 것은 지금의 내 생각일 뿐입니다. 과거의 기쁨과 슬픔, 과거의 즐거움과 상처는 현재의 내가 짓는 생각에 불과합니다.

현재의 내가 괴로운 이유는 과거의 괴로움을 돌이켜 기억하고 있기 때문입니다. 과거는 내 생각 속에 있을 뿐이며 지금 이 순간 실제로 존재하지 않습니다. 내가 과거의 생각을 일으키지 않는 한 과거는 나를 손톱만큼도 괴롭힐 수 없습니다. 내가 그때의 괴로움을 돌이켜 기억해 내서 다시금 괴로운 마음이 드는 것입니다.

미래는 아직 오지 않았습니다. 실현되지 않은 시간입니다. 그런데도 사람들은 아직 아무 일도 일어나지 않은, 어떤 일이 일어날지 알 수도 없는 미래를 가지고 근심 걱정을 하기도 하고 기대하기도 하고 두려워하기도 합니다.

시험에서 떨어지면 어쩌나? 병이 들면 어쩌지? 자식들 다 키우고 나면 노후를 어떻게 하나? 잠시도 이런저런 걱정이 떠날 날이 없습니다. 이미 지나가 버린 과거를 붙들고 괴로워하는 것도 모자라 아직 닥치지도 않은 미래의 일을 염려해 안절부절못합니다.

이를 두고 미래가 불확실한 탓이라고 말하지만 사실 그 두려움의 실체는 미래에 있지 않습니다. 미래의 일로 걱정하는 현재의 내 마음속에 두려움이 깃들어 있습니다. 두려움은 알 수 없는 미래에 있는 게 아니라 미래를 걱정하는 현재의 내 마음속에 있습니다. 그런 미래에 대한 감정 역시 현재의 내가 짓는 망상일 뿐입니다.

중요한 것은 언제나 현재입니다. 지나간 과거도, 아직 오지 않은 미래도 지금 이 순간 존재하지 않습니다. 한눈팔 틈 없이 집중해야 하는 시간은 미래도 과거도 아닌 바로 현재입니다.

그런데도 우리는 늘 현재를 놓치며 삽니다. 과거를 생각하다 현재를 놓치고 미래를 걱정하느라 또 현재를 놓칩니다. 그렇게 사는 사람에게는 온전히 집중할 수 있는 현재란 없습니다. 그런 삶은 죽은 것과 다를 바 없습니다. 다만 지금 이 시간에 집중해서 최선을 다하면 현재가 쌓여 미래가 되어가는 이치를 꿰뚫어 보게 됩니다.

그렇다면 과거나 미래가 아닌 현재의 마음에는 본질적 실체가 있을까요? 지금 일어나는 괴로움과 직면해서 그 본질을 찾아나가다 보면 거기에도 또한 아무런 실체가 없음을 발견하게 됩니다. 현재의 마음도 하나의 허망한 움직임일 뿐입니다.

마음은 매순간 끊임없이 일어났다 사라집니다. '이것이 마음이다' 하고 내놓을 만한 실체는 어디에도 없습니다. 우리가 마음이라고 부르는 그것은 사실 내 속에서 순간순간 일어나는 분별을 일컫는 다른 이름입니다. 지금 나에게 일어나는 두렵다, 슬프다, 외롭다 하는 갖가지 괴로움은 스스로가 만든 번뇌일 뿐입니다. 일체유심조一切唯心造. 이 모든 게 다 내 마음이 지어내는 일입니다.

중생이라는 것도 그렇고, 부처라는 것도 그렇습니다. 중생과 여래에 구별이 없음을 분명히 안다면 모든 중생이 곧 내 마음이고 내 마음이 곧 일체중생입니다. 그러므로 부처는 중생을 구한다는 생각 자체가 일어나지 않습니다. 유마거사는 이를 '일체중생이 병이 들었으므로 나도 병이 들었다. 만일 일체중생의 병이 없어진다면 내 병도 없어질 것이다'라고 했습니다. 중생이 나를 떠나 있는 것도 아니고 내가 중생을 떠나 있는 것도 아닌 중생과 내가 한 몸임을 말하고 있습니다.

## 그 마음을 가져오너라

달마대사가 소림사에 머물 때였습니다. 어느 날 신광神光이 찾아와 법을 청했습니다. 달마대사가 신광에게 물었습니다.

"어찌 나를 찾아왔는가?"

"도를 얻으러 왔습니다."

"그런 얕은 마음을 가지고 어찌 도를 얻을 수 있겠느냐?"

이에 신광은 칼로 자기의 한쪽 팔을 서슴없이 탁 잘라 던져버렸습니다. 도를 얻으려는 진심은 팔 한쪽 버리는 것쯤은 추호도 아깝지 않다는 결의에 차 있다는 뜻이었습니다. 달마대사는 신광을 제자로 받아들였고 대사의 질문은 계속되었습니다.

"무엇을 알고자 하는가?"

"마음이 심히 편치 않습니다."

"편치 않다는 그 마음을 가져오너라. 그러면 내가 편안하게 해주겠다."

신광은 그동안 불안한 마음을 벗어나겠다, 마음을 편안히 하겠다고 수행해 왔습니다. 그런데 막상 불안한 마음을 내놓아 보라는 말에 말문이 막혀버렸습니다. 불안한 마음이란 걸 도무지 찾을 수가 없었기 때문입니다.

"찾아보니 없습니다."

"그렇다면 내 이미 네 마음을 편안하게 했노라."

신광은 스승의 한마디에 불현듯 이치를 깨달았습니다. 이렇게 깨달음을 얻은 신광이 바로 중국 선종 제2대 조사가 된 혜가慧可 대사입니다.

달마대사가 제자에게 깨우쳐준 이치가 바로 이 '과거심불가득過去心不可得 현재심불가득現在心不可得 미래심불가득未來心不可得'입니다. 또 이러한 이치는 뒷날 혜가 대사가 제자인 승찬僧璨 대사와 나누었던 깨달음의 대화에서도 이어집니다.

어느 날 승찬 대사가 혜가 대사를 찾아와 물었습니다.

"저는 죄업이 무거워 일찍이 문둥병을 앓았습니다. 부디 대사께서는 참회의 법을 일러주십시오."

"너의 죄업을 가지고 오너라. 그러면 참회시켜 주겠다."

"죄를 찾아도 찾을 수가 없습니다."

"나는 이미 그대의 죄를 참회시켜 마쳤다. 이제 마땅히 불법승을 의지해 살라."

"저는 지금 대사를 뵙고 승은 알았습니다만, 무엇을 불과 법이라 하는지 모르겠습니다."

"마음이 불이며, 마음이 법이니라. 불과 법은 둘이 아니며 승보 역시 그러하니라."

그러자 승찬 대사가 크게 깨우쳐 말했습니다.

"오늘에야 비로소 죄의 본성이 안과 밖과 중간에도 있지 않고, 마음이 그러하듯이 불과 법이 둘이 아님을 알았습니다."


## 어느 마음에 점을 찍으려 하시오

중국 당나라의 덕산 선사는 금강경에 대해서는 자신만큼 잘 아는 이가 없다고 자부했습니다. 그래서 늘 사람들에게 금강경을 강의했고, 사람들은 그를 속성인 주周를 따서 주금강周金剛이라고 불렀습니다. 그런 그가 용담龍潭이라는 곳에 숭신崇信이라는 선사가 많은 제자들에게 깨달음의 눈을 열어 주고 있다는 소문을 듣고는 자신이 지은 『금강경청룡소초金剛經靑龍疏鈔』를 바랑에 짊어지고는 길을 떠났습니다.

덕산 선사가 용담 근처에 도착해 점심 요깃거리를 찾다가 떡 파는 노파를 만났습니다. 선사는 할머니에게 말했습니다.

"점심 요기를 하려 했는데 마침 잘됐소. 떡을 좀 파시구려."

그런데 할머니는 떡을 내놓는 대신 선사가 짊어진 봇짐에 눈길을 던지며 물었습니다.

"그 속에는 무엇이 들었소?"

"아, 이것은 금강경에 관한 책이라오."

"그렇다면 정말 잘됐소. 내가 평소에 금강경에 궁금한 대목이 있었는데 스님이 대답해 준다면 떡은 공짜로 드리리다. 하지만 대답을 못 하면 돈을 준다 해도 떡을 팔지 않겠소."

덕산 선사는 금강경에 대한 질문이라면 무엇이든 자신 있었으므로 호탕하게 그러자고 했습니다. 할머니가 물었습니다.

"금강경에 과거심불가득 현재심불가득 미래심불가득이라는 구절이 있는데, 스님은 그중 어느 마음에 점을 찍으려 하시오?"

선사의 점심點心이라는 말에 할머니는 '마음에 점을 찍는다'는 뜻으로 선문답을 던진 겁니다.

덕산 선사는 순간적으로 말문이 막혔습니다. 금강경에 대해서만큼은 완벽하게 통달했다고 자부했건만 이와 같은 물음은 난생 처음이었고 그에 대한 답도 알지도 못했던 것입니다. 용담 근처에서 만난 떡장수 할머니의 수준이 이만하다면 숭신 선사는 두말할 나위도 없으리라는 두려움이 일었습니다.

하지만 용담에 도착해서는 그런 당혹감을 떨쳐버리고 숭신 선사를 찾아 첫마디를 던졌습니다.

"용담에 와보니 용도 없고 담도 없구나."

그러고는 금강경에 대한 온갖 지식을 펼쳐놓기 시작했습니다. 숭신 선사는 밤이 깊도록 잠자코 그의 말을 듣기만 했습니다.

덕산 선사는 숭신 선사가 소문과는 달리 별 볼 일 없는 사람이라 생각하고는 잠자리에 들기 위해 촛불을 들고 방문을 나섰습니다. 그때 곁에 있던 숭신 선사가 갑자기 덕산 선사가 들고 있던 촛불을 훅! 하고 불어 꺼버렸습니다. 순식간에 온 천지가 깜깜해졌고, 그 순간 덕산 선사는 한 생각 돌이켜 크게 깨달았습니다. 그리고 다음날 아침 덕산 선사는 자신이 짊어지고 온 금강경 주석서를 앞마당에 쌓아놓고 불을 질러버리고는 그곳을 떠났습니다.

덕산 선사는 그 뒤로 누가 자기에게 와서 법을 물으면 아무 대답 없이 몽둥이로 후려쳤다고 합니다. 덕산방德山棒이라 불리는 덕산 선사의 몽둥이 이야기는 이런 깨달음에서 시작되었지요. 이는 지식에 사로잡히고 망념에 사로잡힌 정신을 번쩍 들게 하기 위함이었습니다. 지식 위주의 공부가 지나쳐서 깨달음에 방해가 되는 문제를 뛰어넘기 위한 방편이라 하겠습니다.

## 19 法界通化分
### 법계를 교화하다

마음이 허공과 같은 고로
복덕이 더욱 크니
이 복덕이 없는 고로
여래께서 복덕이 많다고
말씀하시니라.

## 제십구 법계통화분
## 第十九 法界通化分

須菩提 於意云何 若有人 滿三千大千世界七寶 以用布施
수보리 어의운하 약유인 만삼천대천세계칠보 이용보시
是人 以是因緣 得福多不 如是 世尊 此人 以是因緣 得福
시인 이시인연 득복다부 여시 세존 차인 이시인연 득복
甚多 須菩提 若福德有實 如來不說得福德多 以福德 無故
심다 수보리 약복덕유실 여래불설득복덕다 이복덕 무고
如來說得福德多
여래설득복덕다

"수보리여! 그대는 어떻게 생각하느냐? 만일 어떤 사람이 삼천대천세계에 칠보를 가득히 하여 보시하면 이 사람이 이 인연으로써 복 얻음이 많지 않겠느냐?"

"그렇습니다, 세존이시여! 그 사람은 이 인연으로써 복 얻음이 매우 많습니다."

"수보리여! 만일 복덕이 실로 있다면 여래가 복덕 얻음이 많다고 말하지 않으련만, 복덕이 없으므로 여래가 복덕이 많다고 말하느니라."

## 꽃을 보는 부처의 마음

수보리는 부처님이 지니신 다섯 가지 눈, 육안과 천안과 혜안과 법안과 불안이 과연 어떻게 얻어졌는가를 물었습니다. 부처님은 그 다섯 가지 눈, 일체를 깨닫는 그 안목들이 따로따로 존재하지 않음을 말씀하셨습니다. 내 몸의 눈과 귀와 코와 혀와 손이 별개의 기관 같지만 결국 한 몸이듯이, 그 다섯 가지 눈은 붓다라는 하나의 인격이 여러 작용으로 드러나는 모습일 뿐입니다.

부처와 중생, 번뇌와 보리, 주관과 객관, 본질과 현상을 둘로 나누어 모양을 지으면 그것은 상이 되어버립니다. 일체가 한 몸이고 하나임을 보아야 합니다. 이것이 일체동관 一體同觀입니다.

그런데 사람들은 늘 사랑받고 싶어 하고 인정받고 싶어 하고 도움 받고 싶어 합니다. 끊임없이 무언가를 얻고자 합니다. 삶의 괴로움은 이렇게 남에게 의지하고 기대하는 마음, 얻으려는 마음에서 비롯됩니다.

마음이 평안하고 행복해지고 싶은 이는 얻으려는 생각을 버리고 베푸는 삶을 살아야 합니다. 사랑하고 이해하고 베풀며 남을 위하는 마음을 내야 합니다. 그것이 바로 중생을 제도하는 보살입니다.

그러나 중생을 제도하겠다는 원을 세워 실천하더라도 내가 지금 중생을 제도한다는 마음에 머물러서는 안 됩니다. 나와 중생을 구별하고 내가 중생을 제도한다는 생각은 내 마음이 일으키는 분별에 불과합니다.

이러한 내 분별이 사라지면 세상은 있는 그대로 청정하고 모든 사람이 지금 그대로 완전한 부처임을 볼 수 있습니다. 장엄할 국토도 없고 제도할 중생도 없는 이치가 이와 같습니다.

그러면 이처럼 중생과 국토가 본래 있지 않고 지극한 마음으로 보시하고도 복 받을 일이 없다면 과연 애써 수행할 필요가 있을까 하는 의문이 듭니다. 전에는 사랑하지 않으면서 사랑받기 바라고 베풀지 않으면서 복 받기 바랐다면, 이제 사랑하고 베풀면서 그만큼의 사랑과 복을 돌려받기를 기대하는 마음이야 나쁠 것도 없을 것 같습니다. 베풀고 주기만 하고 얻을 것이 없다면 도대체 무엇을 위해 노력하느냐는 마음이 듭니다. 인간은 욕구에 의해 움직이는 존재인데, 과연 모든 욕구를 버리고도 의미 있는 행위가 가능할까요?

제19분은 그런 의문에 대한 문답으로 진행됩니다. 부처님은 이미 제4분에서도 무주상보시의 헤아릴 수 없는 공덕을 설하셨지만, 우리의 미혹함을 아시고 다시 한 번 무주상보시의 공덕을 강조합니다.

"수보리여! 그대는 어떻게 생각하느냐? 만일 어떤 사람이 삼천대천세계에 칠보를 가득히 하여 보시하면 이 사람이 이 인연으로써 복 얻음이 많지 않겠느냐?"
"그렇습니다, 세존이시여! 그 사람은 이 인연으로써 복 얻음이 매우 많습니다."
"수보리여! 만일 복덕이 실로 있다면 여래가 복덕 얻음이 많다고 말하지 않으련만, 복덕이 없으므로 여래가 복덕이 많다고 말하느니라."

須菩提 於意云何 若有人 滿三千大千世界七寶 以用布施 是人 以是因緣 得福多不 如是 世尊 此人 以是因緣 得福甚多 須菩提 若福德有實 如來不說得福德多 以福德 無故 如來說得福德多

 길가에 피어 있는 꽃을 보고 '야! 꽃이 참 예쁘구나!' 하고 좋아하면, 그 꽃을 좋아한 공덕은 얼마나 될까요? 내가 꽃을 좋아하면 그것은 내 기쁨이며, 그 기쁨 자체가 바로 나에게 돌아온 복덕입니다. 내가 꽃을 좋아하면 꽃은 나에게 뭘 얼마나 해줄까 하는 식으로 생각하는 사람이 있을까요?
 그런데 사람들은 내가 꽃에게 물도 주고 거름도 주고 했으니 틀림없이 뭔가 보답이 있겠지 하는 마음으로 세상을 살아갑니다. 오늘날 우리가 구하는 복이라는 게 다 이런 식입니다.
 남도 아닌 자기 자식에게마저 내가 너를 키우느라 얼마나 고생했는지 아느냐, 네가 나한테 해준 게 뭐가 있느냐 하면서 키워준 공을 인정받으려고 듭니다. 그게 중생심입니다. 꽃을 보면서 좋아하고 기뻐하는 그 마음 자체가 한량없는 복덕이듯, 자식을 기르면서 느꼈던 행복과 기쁨에서 나는 이미 한량없는 복덕을 받은 것입니다.

자식이 있는 게 복입니까, 없는 게 복입니까? 어느 쪽도 복이 아니고 복 아님도 아닙니다. 내가 그것을 어떻게 바라보고 대하느냐에 따라 복이 되기도 하고 재앙이 되기도 합니다. 매사를 중생심으로 대하는 사람에게는 매사가 재앙이 되어 옵니다. 아내나 남편을 대하는 마음도, 부모를 대하는 마음도, 친구를 대하는 마음도 다 마찬가지입니다.

사람들은 늘 상대에게 뭔가 받아보려는 중생심에 머무르기 때문에 실망이 따르고, 원망이 따르고, 같이 살기가 힘들어지고 재앙이 되고 마는 것입니다. 그렇게 스스로 제 인생을 재앙으로 몰아넣고 나서는 부처님을 원망하고 전생을 논하고 사주팔자를 탓합니다.

본래부터 복이라는 게 따로 정해져 있는 것이 아닙니다. 우리가 복이라고 부를 뿐 정해진 복의 성질이란 없습니다. 재앙의 성질 역시 그렇습니다. 세상 사람들이 복이라고 하는 그것이 사실은 재앙일 수도 있고, 세상 사람들이 재앙이라고 말하는 그 일이 사실은 복일 수가 있습니다.

세상 사람들이 복과 재앙을 거꾸로 잘못 알고 있다는 말이 아닙니다. 재앙의 성질도 복의 성질도 아무 정해진 바가 없다는 말입니다. 제법이 공한 이치가 그것입니다.

내가 어떤 마음으로 임하느냐에 따라 온갖 것이 다 복이 되기도 하고 온갖 것이 다 재앙이 되기도 합니다. 중생심으로 보는 이에게는 재앙이 되고, 불보살의 마음으로 대하는 이에게는 복이 됩니다. 복이라고 할 성질이 없으므로 인연 따라 세상 모든 일이 다 복이 될 수 있습니다. 이렇게 본래 복덕이라고 할 것이 없으므로 오히려 복덕이 많다고 하는 것입니다.

얻으려고 하면 아무리 많은 것을 받아도 부족하고, 주려는 마음을 내면 어떤 상황에서도 마음에 여유가 생기고 실제로 베풀 수 있는 조건이 이루어집니다. 얻는 것이 소원인 사람의 원이 성취되려면 남에게 도움을 얻을 만한 상황에 처해야만 합니다. 남의 도움을 얻어야 할 상황이 된다는 것은 남이 보기에 불쌍한 사람, 가난한 사람, 병든 사람이 되어야 한다는 뜻입니다.

사지 육신 건강한 몸으로 일하는 게 좋습니까, 병든 몸으로 자리에 누워 남이 떠먹여주는 밥이나 받아먹는 게 좋습니까? 어리석은 중생은 편한 것에만 집착해 침대에 가만히 누워 남이 내 똥오줌까지 받아주면 얼마나 좋겠느냐는 식으로 생각하는 사람입니다. 지금 우리가 그런 어리석은 생각을 하고 있다는 말입니다.

자꾸 얻으려고만 하면 자꾸 그만큼 불쌍한 존재로 전락하게 되고, 자꾸 베풀려는 마음을 내면 베풀 수 있는 조건이 자꾸 다가옵니다. 얻으려는 소원이 성취된다는 것은 불쌍하고 도움 얻을 만한 처지가 된다는 것이니, 이런 중생심의 기도는 성취되지 않는 편이 낫습니다.

또 중생은 소원대로 안 되면 괴로워하고 소원이 이루어져야만 기뻐합니다. 하지만 베풀려는 마음을 내는 사람에게는 소원이 성취되어도 좋은 일이고 성취되지 않더라도 아무 문제가 되지 않습니다. 베풀 수 있는 조건이 되면 베풀어서 좋고 베풀 만한 조건이 되지 못하면 나중에 그럴 능력이 생겼을 때 베풀면 되니까요.

그런데 또 베풀어야 한다는 데 집착하면 아무리 베풀려는 좋은 마음을 냈다 해도 중생의 번뇌에서 벗어날 수 없습니다. 베풀 수 있는 조건이 되지 못했을 때 괴로움이 따르기 때문입니다.

베풀려는 마음이 얻으려는 마음보다 훌륭한 것은 사실이지만, 수행의 측면에서 본다면 얻으려는 사람이 얻지 못해서 괴로워하는 것이나 다를 바가 없습니다. 줄 수 있는 조건이 되지 못해서 마음이 불편하고 괴롭다면 그것은 주어야 한다는 데 집착하고 있다는 증거입니다. 베풀려는 마음을 내되 베풀어야 한다는 데 집착해서는 해탈에 이르지 못합니다.

## 남의 불행 위에 쌓은 행복

　사람들은 내가 원하는 조건이 만족되어야 행복을 느낍니다. 하지만 지금 가족이 있고 돈이 있고 건강하게 살아 있다는 것에서 행복을 느낀다면, 언젠가는 그 가족과 돈과 건강이 도리어 불행의 씨앗이 되어 나를 괴롭게 할 수도 있습니다. 내가 가진 것이 무엇이든 그것을 가지고 있다는 것에서 행복을 느낀다면, 그것이 없어지는 순간 삶은 곧장 불행으로 치달을 수밖에 없습니다.

　또한 사람들의 행복은 타인의 불행 위에 존재하는 경우가 많습니다. 대학 입시에서 내 합격의 기쁨 뒤에는 남의 불합격이라는 불행이 있습니다. 교통사고가 나서 버스에 탄 사람이 다 죽었는데 나만 혼자 팔이 부러져 살아남았다면 부처님의 가피를 입었다고 기뻐할 것입니다. 하지만 다른 사람은 아무도 다치지 않고 나만 혼자 팔이 부러지는 사고를 당했다면 재수 없고 불운한 일이라고 생각할 것입니다. 똑같은 사고를 당했고 팔이 부러진 것도 똑같은데 이러한 행과 불행의 차이는 어디에서 온 것일까요?

　어처구니없게도 사람들은 다른 사람이 불행해지는 만큼 행복을 느끼고, 다른 사람이 행복한 만큼 불행한 느낌에 빠지곤 합니다. 이렇게 내가 느끼는 행과 불행의 정도는 늘 타인의 행과 불행에 비교되고 기대어 있습니다.

　뛰고 있는 사람은 힘이 들면 걸어가는 사람을 보며 부러워합니다. 하지만 막상 걷게 되면 욕심은 거기서 끝나지 않습니다. 잠시 동안은 편하고 살 것 같지만 다시 앉아서 쉬는 사람을 보고 부러워합니다. 그래서 앉게 되면 눕고 싶고, 눕게 되면 자고 싶은 것입니다.

이렇게 욕망의 사슬에 얽히게 되면 이 욕구에서 저 욕구로, 다시 또 다른 욕구로 옮겨 다니며 헉헉대다가 인생의 마지막 날을 만날 수밖에 없습니다. 지금 내가 있는 곳이 그 어느 지점이든지 한 번은 발길을 멈추어야 합니다. 욕망의 사슬을 끊어야 합니다.

욕망의 사슬을 끊기에 특별히 더 쉽거나 더 힘든 지점이 있는 게 아닙니다. 어디에서든 욕망에 사로잡힌 나를 자각한 순간, 그 자리에서 멈추어야 합니다. 더 이상 미래의 일로 미루지 말고 지금 즉시 탁 놓아버려야 합니다. 그것이 현명한 사람의 길입니다.

물론 이 일이 쉬운 일은 아닙니다. 그래서 사람들은 늘 지금은 이러저러한 이유로 아무래도 곤란하니까 조금만 더 형편이 좋아지면 그때 해보겠다는 식으로 미루어둡니다. 가령 지금은 아이들이 어려서 어쩔 수 없으니 아이들 대학교에 보낸 뒤에 그때 가서 정말 잘해보겠다고 다짐합니다. 하지만 아이가 대학교에 진학하면 그다음에는 취직을 걱정하고 결혼을 궁리합니다. 이 정도의 마음은 결코 욕심이 아니라고 스스로를 위로하면서 계속 끌려 다닙니다. 이것은 중생계의 사슬에서 헤어나지 못하는 미망일 뿐입니다.

진정한 복을 찾으려는 사람은 두 가지를 유념해야 합니다. 먼저 인연과를 따르는 유루복은 구멍 난 항아리처럼 점점 줄어드는 세간의 복이라는 사실입니다. 잠깐 동안은 천상의 기쁨을 누릴지 몰라도 그 복이 다하는 언젠가는 지옥의 고통을 피할 수 없습니다.

또한 복덕의 성품이 따로 정해져 있지 않은 이치를 알아야 합니다. 아무런 성품이 없으므로 인연에 따라 복의 형상으로 나타나기도 하고 재앙의 형상으로 나타나기도 합니다.

내가 베풀었던 보시가 기대했던 만큼의 복으로 돌아왔다고 느껴질 때에는 그 보시가 복덕인 듯 보이지만, 내 기대에 미치지 못해서 서운한 마음이 들면 그 보시는 재앙이 되어버립니다. 나의 기대로 말미암아 이런 인연에서는 복이 되고 저런 인연에서는 재앙이 되는 것입니다.

하지만 마음의 미혹이 사라지면 내 밖의 세계는 다 공한 법입니다. 그것이 내 것이라는 망념을 일으키지 않는다면 무엇이든 그것을 필요로 하는 사람에게 움직여 흐르고 있을 뿐인 실상의 참모습을 보게 됩니다. 그런 실상을 아는 사람에게는 결코 내 것을 남에게 주었다는 생각이 일어나지 않습니다. 그래서 받을 복이 있다는 생각도 일어날 여지가 없습니다.

## 20  離色離相分
### 색을 떠나고 상을 여의고

여래께서 구족 색신具足色身을 말씀한 것이
색이 곧 공한 것이요 공이 곧 색인 것이니
이 이름이 구족 색신이요,
여래의 삼십이상을 보화신報化身으로
볼 것이 아니라
삼십이상이 곧 공한 것이요 공한 것이
곧 삼십이상이니 이 이름이 삼십이상이니라.

## 제이십 이색이상분
### 第二十 離色離相分

須菩提 於意云何 佛 可以具足色身見不 不也 世尊 如來
수보리 어의운하 불 가이구족색신견부 불야 세존 여래

不應以具足色身見 何以故 如來說具足色身 卽非具足色身
불응이구족색신견 하이고 여래설구족색신 즉비구족색신

是名具足色身 須菩提 於意云何 如來 可以具足諸相見不
시명구족색신 수보리 어의운하 여래 가이구족제상견부

不也 世尊 如來 不應以具足諸相見 何以故 如來說諸相具
불야 세존 여래 불응이구족제상견 하이고 여래설제상구

足 卽非具足 是名諸相具足
족 즉비구족 시명제상구족

"수보리여! 그대는 어떻게 생각하느냐? 부처를 가히 구족 색신으로 볼 수 있겠느냐?"

"볼 수 없습니다, 세존이시여! 여래를 응당 구족한 색신으로써 보지 못합니다. 왜냐하면 여래께서 구족 색신이라 말씀하심이 곧 구족색신이 아니라 그 이름이 구족 색신이기 때문입니다."

"수보리여! 그대는 어떻게 생각하느냐? 여래를 가히 구족 제상으로 볼 수 있겠느냐?"

"볼 수 없습니다, 세존이시여! 여래를 구족 제상으로써 보지 못합니다. 왜냐하면 여래께서 제상이 구족함을 말씀하심이 곧 구족이 아니라 그 이름이 제상 구족이기 때문입니다."

## 업의 렌즈

나와 네가 연기된 하나의 몸임을 알고 내가 너를 제도하는 것이 아님을 알면, 거기에는 교화한다는 생각도 없고 제도한다는 생각도 없고 바라는 마음도 없고 불쌍히 여기는 마음이 머무를 데가 없습니다. 발에 가시가 박혔을 때 머리가 그것을 알아차리고, 입이 '아야!' 소리를 내고, 눈이 가서 살펴보고, 손이 가시를 골라 빼내는 것과 같습니다. 보살은 그런 마음으로 중생을 교화합니다. 중생과 나를 구분하지 않으므로 중생의 문제가 곧 내 문제니 다만 스스로 행할 따름입니다.

그렇게 제도할 중생도 없고 장엄할 정토도 없고 지을 복도 없다는 부처님의 말씀에 수보리는 새로운 의심이 일었습니다. 중생 제도와 국토 장엄은 성불의 씨앗입니다. 법장비구도 중생을 제도하고 극락정토를 장엄하는 데 온 생애를 바침으로써 아미타불로 성불했습니다. 그런데 제도할 중생도 없고 장엄할 정토도 없고 지을 복도 없고 증득할 깨달음마저 없다고 했으니 이루어야 할 부처 역시 없다는 뜻인데, 그렇다면 거룩한 삼십이상을 갖추신 눈앞의 부처님은 도대체 무엇입니까? 중생을 제도할 일도 없고 국토를 장엄할 일도 없다는 것은 성불의 씨앗이 없다는 것이며 결국 부처도 없다는 말이 됩니다. 이런 의문에 휩싸인 수보리에게 부처님은 다시 묻습니다.

"수보리여! 그대는 어떻게 생각하느냐? 부처를 가히 구족 색신으로 볼 수 있겠느냐?"
"볼 수 없습니다, 세존이시여! 여래를 응당 구족한 색신으로써 보지 못합니다. 왜냐하면 여래께서 구족 색신이라 말씀하심이 곧 구족 색신이 아니라 그 이름이 구족 색신이기 때문입니다."

須菩提 於意云何 佛 可以具足色身見不 不也 世尊 如來 不應以具足色身見 何以故 如來說具足色身 卽非具足色身 是名具足色身


  눈으로 보는 대상, 귀로 듣는 소리, 코로 맡는 냄새, 혀로 느끼는 맛, 손으로 만져지는 감촉, 머릿속의 분별하는 알음알이로 부처의 참모습을 볼 수 없습니다. 오직 지혜의 눈이 열릴 때만이 여래의 모습을 보게 됩니다.
  제법이 청정하다는 말은 청정함과 더러움을 구분하는 가운데 청정하다는 게 아니라, 청정함과 더러움의 구별이 본래 없으므로 있는 그대로가 청정하다는 뜻입니다. 마음이 청정하면 세계가 청정합니다.
  주변 사람들의 수많은 모습 또한 내 눈에 비친 모습에 불과합니다. 나를 중심으로 생각하는 업의 렌즈를 벗어버리기만 하면 세상은 그 나름의 차이와 개성 있는 그대로의 모습으로 드러납니다.

## 연화색녀의 출가

부처님 당시에 연화색녀라는 여인이 있었습니다. 그녀는 어릴 때부터 눈에 띄게 아름다웠는데 집안이 워낙 가난하다 보니 어린 나이에 돈에 팔려 늙은 부자에게 시집을 갔습니다. 열대여섯 살쯤에 딸을 하나 낳았는데, 그즈음 친정아버지가 세상을 떠나 친정어머니를 모셔 와 함께 살기 시작했습니다.

그러던 어느 날 연화색녀는 친정어머니와 남편이 은밀히 사랑을 나누는 사이라는 걸 알게 되었습니다. 크게 충격을 받은 연화색녀는 삶에 환멸을 느끼고 집을 뛰쳐나왔습니다.

연화색녀는 멀리 떨어진 낯선 도시로 갔습니다. 그 도시에서 남자를 만나 결혼도 하고 평범한 생활 속에 십 년이 넘는 시간이 흘러갔습니다. 그런데 하루는 남편이 출장을 간 사이 남편 친구가 찾아와 그녀를 유혹했습니다. 그녀가 유혹을 거절하자 남편 친구는 화가 나서 소리쳤습니다.

"당신 남편은 몇 년 전부터 다른 도시에서 여자랑 살림까지 차려놓고 사는데 당신 혼자서만 그렇게 의리를 지킬 필요가 어디 있소?"

그녀는 남편이 돌아오기를 기다려 친구의 말이 사실이냐고 물었습니다. 남편은 그렇다고 고백했습니다. 요즘 같으면 가정이 파탄날 일이겠지만 당시 인도에서는 그럴 수도 있는 일이었습니다. 결국 남편은 작은 부인을 집으로 데리고 왔고, 세 사람은 한 집에서 살게 되었습니다. 두 여인은 자매처럼 서로 의지하고 위해주며 지냈습니다. 그러다 보니 정도 많이 들었습니다.

그러던 어느 날 연화색녀는 작은 부인의 어린 시절에 대한 이야기를 듣다가 그 자리에서 넋이 나가버렸습니다. 작은 부인이 바로 자기가 전남편과의 사이에서 낳은 딸이었던 것입니다.

충격에 휩싸인 그녀는 또다시 집을 뛰쳐나왔습니다. 그리고 세상과 남자에 대한 극도의 저주와 증오로 유녀가 되었습니다. 유녀가 된 연화색녀는 곧 유명해졌습니다. 그녀와 하룻밤 자보겠다고 몰려드는 남자가 수도 없이 많아서 하룻밤에 집 한 채가 넘는 돈이 오갈 정도였습니다. 얼마 지나지 않아 연화색녀는 유녀를 오백 명이나 거느리는 큰 유곽의 주인이 되었습니다.

그즈음 부처님이 연화색녀의 유곽이 있는 도시를 지나게 되었습니다. 그러자 부처님을 질투하던 이교도들이 연화색녀에게 큰돈을 주면서 부처님을 유혹해 달라고 했습니다. 그렇게 엄청난 돈을 주는데 거절할 이유도 없었지만, 연화색녀는 과연 부처님이 어떤 사람인지 시험해 보고 싶었습니다.

연화색녀는 온갖 보석으로 화려하게 꾸민 마차를 타고 오백 명의 유녀를 이끌고 길에서 부처님을 기다렸습니다. 이윽고 부처님이 다 떨어진 분소의를 입고 오백 명의 제자들과 나타났습니다. 연화색녀가 마차에서 내려다보며 부처님에게 큰 소리로 말했습니다.

"당신은 모든 사람을 조복하는 힘이 있다고 들었습니다. 그런데 나에게는 모든 남자를 조복하는 힘이 있습니다. 또한 당신에게는 당신을 따르는 오백의 제자가 있다고 들었습니다. 그런데 나에게도 나를 따르는 오백의 여인이 있습니다."

부처님은 연화색녀를 물끄러미 바라보며 입을 열었습니다.

"여인이여, 그대는 지금 그대를 괴롭힌 세상과 남자들에게 복수를 하고 있습니다. 하지만 그럼에도 불구하고 그대의 마음은 말할 수 없이 허전합니다. 왜 그럴까요? 그대가 하는 행동은 사실 그대와 같은 수많은 여인들에게 참혹한 상처를 입히고 있기 때문입니다. 그대 때문에 수많은 남자들이 가정을 떠나고 가산을 탕진할 때 그들의 아내들은 큰 괴로움으로 한숨짓고 눈물 흘리고 있습니다."

그 말을 듣는 순간 연화색녀는 악몽을 꾸던 사람이 잠에서 깨어나듯 정신이 번쩍 들었습니다. 연화색녀는 마차에서 내려 부처님 앞에 무릎을 꿇으며 법을 청했습니다.

"제가 어떻게 해야 구원을 받을 수 있습니까? 어떻게 해야 이 괴로움에서 벗어날 수 있습니까?"

부처님은 그 자리에서 법을 설하셨습니다. 법문을 들은 연화색녀와 오백의 유녀는 깨달음의 눈이 열려 출가를 청했으며, 부처님은 이를 허락했습니다.

그런데 이 일로 교단은 난리가 났습니다. 평범한 여성의 출가도 쉽지 않은 상황에서 유녀들을 집단적으로 출가시킨다는 것은 상상조차 할 수 없는 일이었습니다. 사람들은 부처님을 따르는 비구니들에게 손가락질하며 수군대기 시작했고, 결국 공양을 거부하는 사태에까지 이르렀습니다. 부처님 제자들도 이 사건에 대해서만큼은 스승의 뜻을 이해하지 못하고 술렁댔습니다.

그러자 부처님이 고요히 말씀하셨습니다.

"여래는 언제나 바른 법을 행하며, 바른 법을 행하는 데 있어 그 어떤 두려움도 없다. 일주일만 기다리면 세상은 곧 잠잠해질 것이다."

일주일이 지나자 정말 사람들의 오해가 조금씩 풀리기 시작했습니다. 사람들의 생각과는 달리 연화색녀와 유녀들이 다른 수행자와 다름없이 여법하고 청정하게 생활했기 때문입니다.

만약 더러움의 씨앗, 깨끗함의 씨앗이 존재한다면 더러움은 언제나 더러움에만 머물러야 하고 깨끗함은 늘 깨끗함으로 남아 있어야 합니다. 그러나 실상은 더럽다고 할 본질도 깨끗하다고 할 본질도 없습니다. 그러므로 천하가 손가락질하던 유녀들도 청정한 수행자가 될 수 있는 것입니다.

이렇듯 갖가지 관념의 벽, 분별의 다리가 끊어질 때만이 맑고 투명한 지혜의 눈이 열리고, 비로소 그때 진정한 여래의 모습을 보게 됩니다. 여래는 지혜의 눈으로 보는 존재의 참모습이기 때문입니다.


### 법은 인연 따라 설해질 뿐

"수보리여! 그대는 어떻게 생각하느냐? 여래를 가히 구족 제상으로 볼 수 있겠느냐?"
"볼 수 없습니다, 세존이시여! 여래를 구족 제상으로써 보지 못합니다. 왜냐하면 여래께서 제상이 구족함을 말씀하심이 곧 구족이 아니라 그 이름이 제상 구족이기 때문입니다."

須菩提 於意云何 如來 可以具足諸相見不 不也 世尊 如來 不應以具足諸相見 何以故 如來說諸相具足 卽非具足 是名諸相具足

부처님의 말씀은 언제나 중생의 조건과 근기에 맞추어 설해집니다. 수보리와의 문답으로 이루어진 금강경은 그러한 특징이 생생하게 드러납니다. 누군가 '저 사람은 너무 느려' 하고 불평을 하면 '느리다는 것은 본래 없다'고 깨우쳐주고, '저 사람은 너무 빨라서 탈이야' 하면 '빠른 것도 본래 없다'고 일깨웁니다. 부처님은 사람들이 어느 한쪽에 집착하면 바로 그 집착을 부서뜨림으로써 미혹을 깨우쳐주십니다.

부처님의 설법은 집착의 망령에서 벗어날 수 있도록 우리를 흔들어 깨우는 최선의 방편입니다. 넘어져서 괴로워하는 이는 일어나게 해주고, 오래 서 있느라 힘든 사람은 눕게 해줍니다. 배고픈 자에게는 밥을 많이 먹게 하고, 과식하는 자에게는 조금씩 먹으라고 일러줍니다.

법은 인연 따라 설해지므로 그 하나하나가 다 진실합니다. 중생의 미망은 제각기 다른 상황과 조건 속에서 일어나므로 그것을 타파하기 위해서는 제각기 다른 그 원인을 해결해서 바로잡아야 합니다. 그런 인연법을 무시하고 문자와 형상에만 집착한다면 부처님 법은 이미 거기에 없습니다. 부처님은 '이것이 진리'라고 주장하지 않고 다만 그 순간에 괴로움의 원인인 집착과 미혹을 부서뜨려 줄 뿐입니다.

물은 본래의 자기 모양이 없습니다. 담기는 그릇에 따라 모양을 만들어냅니다. 그때그때 모습이 바뀌므로 어떤 대상과도 마찰을 일으키지 않습니다. 막으면 고이고, 차면 넘치고, 이쪽을 막으면 저쪽으로 흐르고, 사방이 막히면 조용히 기다립니다. 이러한 물의 모습이야말로 자기 모양을 갖지 않는 전형이라 할 만합니다.

우리도 그처럼 본래 고칠 것이 없으되 얼마든지 모습을 바꾸어나갈 수 있습니다. 배우자에게 맞추고 자식에게 맞추어가며 그들과 맞지 않는 부분을 고치는 일에 주저하지 않을 수 있습니다. 그러다 상황이 바뀌어 고쳤던 부분을 다시 바꿔야 할 때가 오면 달라진 상황에 맞추어 다시 바꾸어나가는 것, 이것이 인연에 따라 자신을 맞추는 도리입니다.

규정하고 집착하는 마음을 풀어버리는 것이 상을 떠나는 길, 모양을 떠나는 길입니다. 마음이 물처럼 흘러갈 때 우리는 점점 더 자유로운 상태로 나아갈 수 있습니다. 이것이 제상이 상이 아님을 알 때 깨달음을 얻는 이치입니다. 제상이 구족하다는 가르침은 구족하다고 규정할 기준이 본래 없다는 뜻이며, 고정된 상이 본래 없으므로 '이것을 하라'거나 '이것을 하지 마라'는 가르침도 다만 인연에 따라 생길 뿐입니다.

## 21 非說所說分
### 설할 것이 없는 설법

부처님께서 일체 법을 말씀하신 것은
일체 마음을 제도키 위함이니
일체 마음이 공하면 일체 설법도 없는 것이니라.
지어서 짐짓 없는 것이 아니라
본성이 없는 연고니라.
그런 고로 법을 가히 설할 것 없는 것이라
이름이 설법이니라.

## 제이십일 비설소설분
## 第二十一 非說所說分

須菩提 汝勿謂如來作是念 我當有所說法 莫作是念 何以故
수보리 여물위여래작시념 아당유소설법 막작시념 하이고

若人言如來有所說法 卽爲謗佛 不能解我所說故 須菩提 說
약인언여래유소설법 즉위방불 불능해아소설고 수보리 설

法者 無法可說 是名說法 爾時 慧命須菩提白佛言 世尊 頗
법자 무법가설 시명설법 이시 혜명수보리백불언 세존 파

有衆生 於未來世 聞說是法 生信心不 佛言 須菩提 彼非衆
유중생 어미래세 문설시법 생신심부 불언 수보리 피비중

生 非不衆生 何以故 須菩提 衆生衆生者 如來說非衆生 是
생 비불중생 하이고 수보리 중생중생자 여래설비중생 시

名衆生
명중생

"수보리여! 그대는 여래가 '내가 마땅히 말한 바 법이 있다'고 생각한다고 말하지 마라. 그렇게 생각하지 말지니, 왜냐하면 만일 어떤 사람이 '여래께서 설한 바 법이 있다'고 한다면 이는 곧 부처를 비방하는 것이니, 내가 말한 바를 알지 못하기 때문이다. 수보리여! 법을 말한다는 것은 법을 가히 말할 수 없는지라 이 이름이 법을 말함이니라."

그때 혜명 수보리가 부처님께 여쭈었습니다.

"세존이시여! 자못 중생들이 저 미래 세상에 이 법 설하심을 듣고 믿는 마음을 내겠습니까?"

부처님께서 말씀하셨습니다.

"수보리여! 저들은 중생이 아니요 중생이 아닌 것도 아니니라. 왜냐하면 수보리여! 중생 중생이라 하는 것은 여래가 중생을 말함이 아니라 그 이름이 중생이기 때문이다."

## 자등명 법등명

이번에는 수보리가 의심을 표하기 전에 부처님이 먼저 말씀하십니다. 여래가 형상이 아니라면 과연 누가 법을 설하는가? 법이라는 것이 과연 존재하는가? 붓다는 과연 법을 설했는가? 이는 우리가 또다시 '법이 있다' '법이 설해진다'는 생각에 빠져 있음을 보신 것입니다.

중생이라고 부르지만 실은 중생이 따로 있지 않으니 지금 그 이름이 다만 중생일 뿐입니다. 한 생각 어리석게 내면 중생이라 부르고 어리석은 생각을 내려놓으면 부처라고 부를 뿐, 본래 중생과 부처가 따로 있지 않습니다. 이것이 비설소설非說所說, 설할 법이 없는 실상입니다.

"수보리여! 그대는 여래가 '내가 마땅히 말한 바 법이 있다'고 생각한다고 말하지 마라. 그렇게 생각하지 말지니, 왜냐하면 만일 어떤 사람이 '여래께서 설한 바 법이 있다'고 한다면 이는 곧 부처를 비방하는 것이니, 내가 말한 바를 알지 못하기 때문이다. 수보리여! 법을 말한다는 것은 법을 가히 말할 수 없는지라 이 이름이 법을 말함이니라."

須菩提 汝勿謂如來作是念 我當有所說法 莫作是念 何以故 若人言如來有所說法 卽爲謗佛 不能解我所說故 須菩提 說法者 無法可說 是名說法

부처님은 말에 집착하지 말라고 하셨습니다. 아상을 버리고 법상도 버리라는 것입니다. 법이 진리라는 이름을 갖고 있지만 이것마저 상이 되어 법상에 집착하면 진리에 어긋납니다. 설령 부처님이 말씀하신 것을 기록했다 하더라도 거기에 맹목적인 절대성을 부여하는 것은 진리로 가는 길이 아닙니다.

'법을 말한다는 것은 법을 가히 말할 수 없는지라 이 이름이 법을 말함'이라는 말은 언뜻 들어보면 말장난같이 느껴지겠지만, 조금만 깊이 생각해 보면 그 속에 심오한 뜻이 담겨져 있음을 알게 됩니다. 부처님은 자신의 말조차도 고정불변의 진리로 절대화하면 안 된다는 것을 밝힘으로써 진리는 언제나 살아 숨 쉬는 것임을 강조하셨습니다. 여기에 불교의 위대함이 있습니다.

"아난다여, 그러므로 그대들은 자신을 섬으로 삼고 자신을 귀의처로 삼아 머물고 남을 귀의처로 삼아 머물지 말라. 법을 섬으로 삼고 법을 귀의처로 삼아 머물고 다른 것을 귀의처로 삼아 머물지 말라."

부처님이 열반 직전에 제자들에게 하신 말씀입니다. 이를 중국에서는 '자등명自燈明 자귀의自歸依, 법등명法燈明 법귀의法歸依'라고 번역했습니다. 이는 팔리어의 디파diipa가 섬이라는 의미와 등불이라는 의미가 같이 있기 때문입니다. 그래서 남방불교의 경전집인 『니까야nikàya』에서는 디파를 섬이라 했고, 북방불교에서는 등불로 번역했습니다.

어찌되었든 부처님의 마지막 이 말씀은 자기 스스로를 의지하라는 것입니다. 스스로 체험하고 경험한 것으로 진리를 삼으라는 뜻입니다. 자기가 직접 경험하지 않고 다만 책에 있는 내용만을 가지고 진리를 논쟁하는 것은 아무 이익이 없습니다. 불법이 어떻고 불교가 어떻고 하면서 남을 문제 삼아 옳고 그름을 시비하는 것은 자신을 의지하는 자세가 아닙니다.

그러나 또한 내가 경험하고 체험한 것이라고 해서 다 진리는 아닙니다. 자기 경험만을 진리로 삼으면 심각한 주관주의의 오류에 빠지게 됩니다. 그래서 늘 부처님의 법에 근거해서 자기가 경험한 것이 옳은지를 확인해야 합니다.

이 점을 놓치지 않는다면 스스로 진리임을 내세우는 숱한 주장 속에서도 과연 무엇이 진리인지를 구분해 낼 수 있습니다.

부처님은 부처님이 열반에 드신 뒤에 이런 문제가 생길 것을 미리 예견하셨습니다. 그래서 "내가 열반한 뒤에 어떤 사람이 '이건 내가 부처님한테 들은 얘기다'라고 주장하는 사람이 나타날 것"이라고 말씀하셨습니다. 부처님이 언제나 모든 대중을 한자리에 모아놓고 설법하신 게 아니라 여기저기서 여러 사람에게 법을 전하셨으므로 어떤 사람이 주장하는 내용이 부처님 말씀인지 아닌지를 증명하기 어려운 상황이 있을 수 있습니다. 그럴 때 부처님은 자기가 못 들어본 설법이라고 무조건 내팽개치지도 말고, 그렇다고 무조건 받아 지녀 따라가지도 말라고 하셨습니다.

만약 부처님의 말씀이라고 주장하는 내용이 있다면 그 내용이 지금까지의 부처님 가르침과 일치하는지 면밀히 살펴보아야 합니다. 그래서 그 근본 내용이 일치한다면 그 말을 부처님 말씀으로 받아들일 수가 있습니다. 그러나 아무리 많은 사람이 주장하고 아무리 여러 가지 증거를 제시하더라도 부처님이 하신 말씀들과 비교해서 논리적으로 맞지 않는다면 그것은 부처님 말씀으로 받아들일 수 없습니다.

어떤 주장에 '부처님이 말씀하셨다'는 꼬리표가 붙어 있더라도 그것만으로 무조건 진리라고 단언할 수는 없습니다. 또 설령 부처님 말씀이라고 명시되어 있지 않더라도 지금까지 말씀하신 가르침의 흐름 속에 있는 말씀이라면 우리는 거기서 진리의 한 길을 발견할 수 있습니다.

그렇다면 부처님이 말씀하신 가르침은 무엇일까요? 부처님의 가르침에는 일정한 흐름이 있습니다. 제행무상諸行無常과 제법무아諸法無我, 공空, 연기법緣起法, 중도中道, 사성제四聖諦와 팔정도八正道 등이 그것입니다. 그런 가르침을 놓치지 않는다면 우리는 어떤 주장이 부처님의 가르침에 부합하는지 판단할 수 있습니다.

그런데도 많은 사람들이 금강경을 수지 독송하면 한량없는 공덕이 있다는 것을 자기 욕심으로 해석해서, 그저 금강경을 읽고 인쇄해서 보시하면 이루지 못할 일이 없다는 식으로 생각하고 남에게도 강조합니다. 그러다 보니 심지어 금강경이 기복의 주문으로 전락해 버리는 일도 생기곤 합니다.

하지만 눈을 뜨고 보면, 그런 생각과 주장은 금강경의 근본 가르침과는 너무나도 동떨어진 말임을 여실히 알 수 있습니다. '설하였으나 설한 바 없는' 부처님의 근본 가르침을 놓치지 말아야 하겠습니다.

### 나무는 스스로를 자랑하지 않는다

그때 혜명 수보리가 부처님께 여쭈었습니다.
"세존이시여! 자못 중생들이 저 미래 세상에 이 법 설하심을 듣고 믿는 마음을 내겠습니까?"
부처님께서 말씀하셨습니다.
"수보리여! 저들은 중생이 아니요 중생이 아닌 것도 아니니라. 왜냐하면 수보리여! 중생 중생이라 하는 것은 여래가 중생을 말함이 아니라 그 이름이 중생이기 때문이다."

爾時 慧命須菩提白佛言 世尊 頗有衆生 於未來世 聞說是法 生信心不 佛言 須菩提 彼非衆生 非不衆生 何以故 須菩提 衆生衆生者 如來說非衆生 是名衆生

원효대사가 한때 명성과 신분을 숨기고 어느 절에 들어가 공양간에서 허드렛일을 하며 지낸 적이 있습니다. 젊은 승려들에게 무시당하며 절의 부목이 되어 밥을 짓고 불을 지펴주면서 살았던 것이지요. 그런데 그 절에 꼽추 스님이 있었는데 다들 그 스님을 방울 스님이라고 불렀습니다. 걸식을 할 때 말없이 방울만 흔들었기 때문에 그런 별명으로 부른 것이었습니다. 방울 스님은 공양 때가 되면 다른 스님들과 같이 제때에 와서 밥을 먹지 않고 설거지가 끝난 뒤 부엌에 나타나서는 누룽지 남은 게 있으면 달라고 해서 먹곤 했습니다. 그래서 다른 스님들은 물론이고 부목들까지 무시하고 놀렸지만 방울 스님은 개의치 않고 누룽지를 얻어먹고는 히죽 웃으면서 돌아다녔습니다. 원효 스님은 그런 방울 스님을 불쌍히 여겨 늘 자비로운 마음으로 잘 대해주었습니다.

  어느 날 원효 스님은 마루를 닦다가 학승들이 법에 대하여 이러니저러니 이치에 어긋난 이야기를 하고 있는 것을 들었습니다. 답답해진 원효 스님은 자기 신분이 부목인 것도 깜박 잊고 불쑥 끼어들어 말해버렸습니다. 스님들은 부목의 정체를 의심해 눈여겨보기 시작했지요. 원효 스님은 신분이 들통 날 위험에 처하자 몰래 절을 떠나기로 했습니다. 모든 대중이 다 잠들었을 때, 원효 스님은 살짝 대문을 열었습니다. 그때 문간방에 있던 방울 스님이 방문을 탁 열고는 말했습니다.

"원효, 잘 가시게."

원효 스님의 눈에는 방울 스님이 보이지 않았지만, 방울 스님의 눈에는 원효 스님의 말과 행동이 훤히 보였습니다. 그런데도 원효 스님은 자기 생각에 사로잡혀 방울 스님을 불쌍히 여기고, 그 불쌍한 방울 스님을 열심히 구제했던 것이지요. 방울스님은 원효스님이 보살행을 해보겠다고 애를 쓰고 있다는 것도 다 꿰뚫어보고 있었습니다. "원효, 잘 가시게." 이 한마디에 원효 스님은 그때까지 가지고 있던 자신의 환영을 확 깰 수 있었습니다.

여기 칼이 있습니다. 이 칼은 흉기일까요? 아닙니다. 이 칼은 흉기가 아니라 수술실에서 사람을 살리는 데 쓰는 도구입니다. 그러면 이 칼은 유용한 도구입니까? 아닙니다. 이 칼은 사람을 다치거나 죽게 만드는 흉기입니다. 그러므로 이 칼은 유용한 도구도 아니고 흉기도 아닙니다. 칼은 본래 공입니다. 칼이 본래 공하므로 어리석은 사람이 잡으면 흉기가 되고 의로운 사람이 잡으면 사람을 살리는 보배의 검이 됩니다.

사람도 그렇습니다. 본래 중생의 본성이 있는 것은 아니되 지금 이 순간 어리석은 생각에 사로잡히면 중생이라고 부릅니다. 중생이라고 부르지만 중생의 본질을 품고 있는 게 아니라 지금 마음이 어리석어 중생 노릇을 하므로 그 이름이 중생일 뿐입니다.

한 생각에 사로잡혀 있으므로 중생이고, 한 생각 돌이키면 그는 이미 부처입니다. 마음이 깨달으면 부처요, 마음이 어리석으면 중생입니다. 중생과 부처가 따로 있지 않으니 다 일심一心에서 일어나는 모습입니다.

발보리심하여 수행하는 자가 마음을 항복받으려면 일체중생을 제도하라고 했습니다. 괴로움을 여읜 참자유와 참행복을 맛보려면 남에게 사랑받고 이해받고 도움 받으려는 마음을 뒤집어서 남을 사랑하고 이해하고 도와주려는 마음을 내야 합니다. 그러나 제아무리 정성껏 남을 보살피는 사람이라도 내가 중생을 제도한다는 생각을 한다면 그건 참된 보살행이 아니며 해탈의 길도 아닙니다. 제도하는 내가 따로 있고, 제도받는 중생이 따로 있고, 제도하는 행위가 따로 있다는 어리석음을 벗어나지 못했기 때문입니다.

나무는 부지런히 광합성작용을 해서 신선한 산소를 만들어내면서도 뭇 생명이 그 산소로 숨 쉬는 걸 보고 내가 산소를 만들어줬다고 자랑하지 않습니다. 준다는 것도 받는다는 것도 다 우리의 생각, 고정관념입니다. 실상에서는 주는 것도 받는 것도 없습니다. 태양은 다만 햇빛을 비추고 물은 다만 흘러내리며 나무는 다만 광합성을 할 뿐이니, 거기에는 주고받는다는 말조차 필요 없습니다.

실무중생득멸도자實無衆生得滅度者, '실로 제도를 받은 자가 하나도 없다' 이 말은 본래 중생이라고 할 것이 없으니 중생을 제도한 바가 없다는 가르침입니다.

## 22 無法可得分
### 얻을 바 없으니

실로 얻을 바 없으니,
중생과 제불이 평등하여 차별이 없는 것이
곧 보리菩提라.
어찌 실로 증득한 것이 있으랴.

## 제이십이 무법가득분
## 第二十二 無法可得分

須菩提白佛言 世尊 佛得阿耨多羅三藐三菩提 爲無所得耶
수보리백불언 세존 불득아뇩다라삼먁삼보리 위무소득야

佛言 如是如是 須菩提 我於阿耨多羅三藐三菩提 乃至無有
불언 여시여시 수보리 아어아뇩다라삼먁삼보리 내지무유

少法可得 是名阿耨多羅三藐三菩提
소법가득 시명아뇩다라삼먁삼보리

수보리가 부처님께 여쭈었습니다.

"세존이시여! 부처님께서 아뇩다라삼먁삼보리를 얻으심은 얻은 바가 없는 것입니까?"

부처님께서 말씀하셨습니다.

"그렇다, 그렇다. 수보리여! 내가 아뇩다라삼먁삼보리 내지 작은 법도 가히 얻은 것이 없으므로 이 이름이 아뇩다라삼먁삼보리라 하느니라."

## 상황은 이미 일어났다

부처님은 팔만사천법문을 설하였으되 실은 한 법도 설한 바가 없습니다. 사물이 거울 앞에 서면 거울에 사물의 모습이 고스란히 드러나듯이, 부처님은 중생의 처지에 따라 그때그때 법을 설하므로 '이것이 법이다!'라고 규정할 수 있는 하나의 법이 존재하지 않습니다. 무법가득無法可得인 것입니다.

그런데 그렇게 법이 일정한 모습을 갖지 않고 시간이나 공간에 머무는 것도 아니라면 우리는 대체 어떻게 해야 깨달음에 이를 수 있겠습니까? 수보리는 부처님께 '아뇩다라삼먁삼보리를 얻으심은 가히 한 법도 얻으심이 없는 것입니까' 하고 묻습니다.

이 질문은 수보리가 이치를 깨치지 못해서 한 질문이 아닙니다. 부처님께 자신이 그동안의 문답에서 터득한 이치를 다시 한 번 확인해 주시길 청하는 질문입니다.

부처님은 이 물음에 흔쾌히 답합니다. 가장 높고 평등한 깨달음을 얻었다 하는 것은 오히려 한 법도 얻은 바가 없기 때문이니 다만 아뇩다라삼먁삼보리라고 이름 할 뿐이라고 말입니다.

수보리가 부처님께 여쭈었습니다.
"세존이시여! 부처님께서 아뇩다라삼먁삼보리를 얻으심은 얻은 바가 없는 것입니까?"

부처님께서 말씀하셨습니다.

"그렇다, 그렇다. 수보리여! 내가 아뇩다라삼먁삼보리 내지 작은 법도 가히 얻은 것이 없으므로 이 이름이 아뇩다라삼먁삼보리라 하느니라."

須菩提白佛言 世尊 佛得阿耨多羅三藐三菩提 爲無所得耶 佛言 如是如是 須菩提 我於阿耨多羅三藐三菩提 乃至無有少法可得 是名阿耨多羅三藐三菩提

일체 분별이 끊어진 자리, 더 이상 버릴 것도 얻을 것도 없는 경지에 이르렀을 때 이를 가리켜 최상의 깨달음, 아뇩다라삼먁삼보리를 증득했다고 말합니다. 진리의 실체, 법의 실체가 존재하므로 그것을 얻었다는 뜻이 아닙니다. 어느 것도 정해져 있지 않은 도리를 깨닫는 그 자체가 무유정법입니다. 무엇이라 정해져 있지 않은 그 도리를 만나는 순간 '법을 깨달았다, 깨달음을 얻었다'고 이름 합니다.

만일 내가 한 법도 정해져 있지 않음을 알고 나라는 고집을 완전히 버린다면, 나는 그 무엇도 정해진 바가 없는 까닭에 오히려 무엇이든지 될 수 있습니다. 텅 빈 그릇에는 무엇이든 담을 수 있는 것과 같은 이치입니다.

우리가 사는 세상에서 일어날 수 없는 일이란 없습니다. 지금도 이 세상에는 내가 단 한 번도 상상해 본 적이 없는 일들이 다

반사로 일어나고 있습니다. 다만 내가 그것을 나의 일로 느끼지 못할 뿐입니다. 또한 세상을 살다 보면 내 기대나 의지와는 전혀 다른 상황이 벌어지곤 합니다. 이렇게 내가 원하는 삶과 실제 일어나는 상황이 다른 그 사이에서 숱한 갈등이 불거집니다.

절대로 농부가 될 수 없다고 생각하는 사람이 어쩔 수 없이 농사를 지어야 하는 처지에 놓이게 되면 어떨까요? 자기 고집을 버리지 못하고 고정관념을 움켜쥐고 있는 한, 그의 몸과 마음은 갈등하며 괴로워할 수밖에 없습니다. 그런 고정관념과 고집을 놓아버릴 때, 그의 존재는 현재의 환경 속에서 빛을 발하기 시작합니다. 마음의 고집이 존재의 자유를 속박해 자기 본래의 아름다운 빛을 막아버리는 어리석음을 범하며 살아가는 것이 지금 우리의 모습입니다.

운전을 하다가 교통사고가 나서 다쳤다면 병원에 가는 일이 급선무입니다. 상황이 벌어진 뒤에 핸들을 조금만 더 꺾었더라면 하고 후회하는 일은 아무 소용이 없습니다. 그렇게 후회한다고 이미 일어난 상황이 바뀌지 않습니다.

'상황은 이미 일어났다'는 대단히 의미심장한 명제입니다. 지금의 배우자와 결혼한 상황이 지금의 내 현실입니다. '다른 사람과 결혼했으면 좋았을걸' 하고 생각한들 모두 번뇌에 불과합니다. '나는 저 사람과 맞지 않아' 하고 고집하는 마음은 불행을 자초합니다. 세상에 나와 맞지 않는 사람, 나와 맞지 않는 일은 존재하지 않습니다. 나는 누구와도 맞추어 살 수 있습니다.

물론 내 의지대로 상황을 바꿔 살 수도 있습니다. 이렇게 상황을 바꿔 살고자 하면 그만큼 많은 노력을 해야 합니다. 작은 나무막대기가 필요한데 큰 막대기를 가지고 있다면 그것을 칼로 잘라내 작은 나무막대기로 만드는 노력이 필요합니다. 주어진 여건을 바꾸려면 노력과 수고를 당연히 여기고 기쁘게 감수해야 합니다. 이것을 확연히 안다면 내 삶을 내가 선택할 수 있습니다.

## 아무것도 고칠 것이 없지만

삶의 순간순간에 일어나는 상황에 대처하는 자세는 전적으로 그 사람의 문제입니다. 기다리는 버스가 빨리 오지 않는다고 마음이 바쁜 사람, 차를 타고 가면서 사고가 날까봐 마음이 불안한 사람이 있는가 하면, 버스가 안 오면 안 오는 대로 느긋한 마음으로 기다리는 사람, 타고 난 뒤에도 편안한 마음으로 여유를 즐기는 사람이 있습니다. 그 짧은 순간순간들이 연결되어 이루어지는 게 우리의 인생입니다.

그런데 사람들은 인생을 이루는 그 중요한 순간순간들을 놓치고 망쳐버리기 일쑤입니다. 조건이 나쁠 때에는 좋아지기만을 바라느라 눈이 멀고, 조건이 좋아지면 이제는 그 좋은 조건이 사라질까봐 전전긍긍합니다. 그 속에서 시간은 쏜살같이 흘러갑니다.

세상에는 본래 이것은 고쳐야 하고 저것은 고치면 안 된다는 규칙이 따로 정해져 있지 않습니다. 숲 속의 나무들은 본래 스스로 완전한 나무지만, 대들보로 쓰이거나 서까래로 쓰이기 위해 필요에 따라 잘리기도 하고 깎이기도 합니다.

인생도 마찬가지입니다. 이 사람과 만나 같이 살 때에는 나의 이런 점을 고쳐야 하지만 저 사람과 살게 되면 전혀 다른 부분을 고쳐야 할 수도 있습니다. 고쳐야 할 점이라는 게 미리 정해져 있지 않습니다. 지금 이 사람 때문에 고쳐야 한다는 게 아니라 산다는 것 자체가 그렇게 고쳐가는 일입니다. 아무것도 고칠 게 없지만 동시에 무엇이든 다 고쳐야 하는 게 이치입니다.

이와 같이 붓다의 법은 바로 지금 이 순간 나의 일거수일투족과 떼려야 뗄 수 없는 구체적인 길을 제시합니다. 세상 모든 사람이 수행자가 되고, 그 모든 수행자가 세간 속에서 마음을 닦고 공부하는 길을 알려줍니다.

내가 처한 조건에서 나를 고집하지 않고 상대의 입장에서 생각하고 이해하는 그 마음이 아상을 소멸해 가는 수행입니다. 이것이 부처의 법이며 금강경에서 설하는 가르침의 요체입니다. 누구의 눈치도 보지 않고 당당한 삶을 살아가되, 나를 고집해 잘났다거나 못났다는 생각에 사로잡히는 어리석은 분별에서 벗어나야 합니다.

수행에는 본래 정해진 방법이 없습니다. 언제 어디서나 진실을 깨달으면 그것이 최고의 수행입니다. 지금 우리 모두는 자기 나름대로의 수행을 진전시킬 수 있는 최고의 여건 속에 살고 있습니다.

세속을 떠난 고요한 산속에서 도를 깨치는 사람도 있지만, 온갖 경계에 부딪쳐야 하는 세속의 삶이 오히려 수행에 유리한 환경일 수도 있습니다. 끊임없이 부딪치고 나를 고집하고 경계에 휘둘리는 일상의 순간순간을 포착해 거기에 반응하는 내 일거수일투족을 알아차리고 마음의 뿌리를 찾아간다면 부처님 가르침을 따르는 부처님의 참된 제자라고 할 수 있습니다.

## 23 淨心行善分
### 청정한 마음으로 선을 행하다

선법善法을 닦아 보리를 얻음을 말하는 자는
다만 사상四相에 소견을 여읜 것이라
날이 마치도록 닦는 것이 없고 얻는 것이 없나니
이것을 이름 하여 참된 선법이라 하느니라.

## 제이십삼 정심행선분
## 第二十三 淨心行善分

復次須菩提 是法 平等 無有高下 是名阿耨多羅三藐三菩提
부차수보리 시법 평등 무유고하 시명아뇩다라삼막삼보리
以無我無人無衆生無壽者 修一切善法 卽得阿耨多羅三藐
이무아무인무중생무수자 수일체선법 즉득아뇩다라삼막
三菩提 須菩提 所言善法者 如來說卽非善法 是名善法
삼보리 수보리 소언선법자 여래설즉비선법 시명선법

"또한 수보리여! 이 법은 평등하여 높고 낮음이 없으니 이 이름이 아뇩다라삼먁삼보리라고 하느니라. 아가 없고 인이 없고 중생이 없고 수자가 없음으로써 일체 선법을 닦으면 곧 아뇩다라삼먁삼보리를 얻으리라. 수보리여! 말한 바 선법이라는 것은 여래가 선법을 말함이 아니라 그 이름이 선법이니라."

### 있는 그대로의 세상

깨달았다는 생각이 없는 마음, 법을 모양 짓지 않는 마음, 중생을 구분하지 않는 마음을 정심淨心이라고 합니다. 정심은 깨끗한 마음입니다. 욕심 없는 마음, 번뇌 없는 마음, 집착 없는 마음, 참으로 깨끗해서 티끌 한 점 없는 청정무구의 마음이 정심입니다.

하지만 깨끗한 마음이라 해서 더러움과 깨끗함이 따로 있는 속에서 더러움을 버리고 깨끗함을 취한다는 뜻이 아닙니다. 깨끗한 마음이란 더럽고 깨끗함의 구별이 본래 없는 줄을 알고 아무 분별을 일으키지 않는 마음입니다.

또한 진실로 선한 행동은 아무 바라는 마음 없이, 자신이 행한다는 생각마저도 없이 행해집니다. 정심행선淨心行善은 그래서 물이 자기의 모습을 고집하지 않고 담기는 그릇에 따라 모양을 바꾸듯 그렇게 자연스러운 행을 말합니다.

"또한 수보리여! 이 법은 평등하여 높고 낮음이 없으니 이 이름이 아뇩다라삼먁삼보리라고 하느니라. 아가 없고 인이 없고 중생이 없고 수자가 없음으로써 일체 선법을 닦으면 곧 아뇩다라삼먁삼보리를 얻으리라. 수보리여! 말한 바 선법이라는 것은 여래가 선법을 말함이 아니라 그 이름이 선법이니라."

復次須菩提 是法 平等 無有高下 是名阿耨多羅三藐三菩提 以無我無人 無衆生無壽者 修一切善法 卽得阿耨多羅三藐三菩提 須菩提 所言善法 者 如來說卽非善法 是名善法


  정심은 어디에도 집착하지 않는 무주無住의 마음이고 어떠한 형상도 짓지 않는 무상의 마음입니다. 또한 일체 분별을 일으키지 않는 무념無念의 마음이기도 합니다.

  생각을 일으킬지라도 집착의 그림자를 달지 말아야 하고, 모양을 짓더라도 거기에 집착하지 않아야 하며, 또한 그 모양이 영원하지 않음을 보아야 합니다. 눈에 보이는 모든 형상은 한순간의 모습에 불과해 번갯불 같고 그림자와 같습니다. 모든 모양은 공하여 단지 허깨비일 뿐인 도리를 알 때 비로소 본래의 자기 자리로 돌아갈 수 있습니다.

  그러나 우리는 있는 그대로의 세상을 보지 못합니다. 끊임없이 일어나는 마음속의 시비 분별로 깨끗함과 더러움, 추함과 아름다움, 좋고 싫음, 옳고 그름, 신성함과 천함, 이루 헤아릴 수 없을 만큼 어지러운 차별상으로 세상을 바라봅니다. 우리의 업식과 관념이 세상을 있는 그대로의 모습으로 보지 못하게 만들기 때문입니다.

  내 마음속에 있는 어리석음, 관념의 두꺼운 벽이 무너지면 세상은 있는 그대로의 모습으로 여여하게 다가옵니다. 내 마음이 청정하면 곧 세상이 청정합니다.『유마경維摩經』에 '맑고 깨끗한 불국토를 원하거든 마땅히 그 마음을 깨끗이 하라'고 했습니다. 심청정心清淨이 곧 국토청정國土清淨입니다. 내가 어리석음에 갇혀 눈을 감고 있을 때에도 세상은 그 모습 그대로 아무런 차별이 없습니다. 다만 내가 눈을 뜨고 나니 여여한 그 모습이 비로소 눈에 들어오는 것뿐입니다.

아상·인상·중생상·수자상을 떠난 자리, 일체의 분별을 끊고 선법을 닦아 행하면 아뇩다라삼먁삼보리를 얻게 됩니다. 매일같이 절에 다니고 선행을 실천한다 해도 여전히 기대심을 버리지 못하고 시비를 일으키는 마음이 남아 있다면 깨달음의 경지에 이르기 어렵습니다. 분별하고 우열을 나누고 복을 구하는 마음을 갖고 있는 한 아무리 열심히 기도하고 선행을 쌓아도 결코 무상정등정각에 이르지 못합니다. 최상의 깨달음, 언제나 고요한 안심입명安心立命에 이르려면 나와 너를 구별하는 울타리를 깨끗이 거둬버려야 합니다.

물론 상을 여읜다는 것이 쉬운 일은 아닙니다. 우리는 오늘도 순간순간 온갖 상에 사로잡혀 살아갑니다. 그러나 쉽지 않다고 해서 결코 불가능한 일은 아닙니다. 부드러운 이불 속에 누워 밤새도록 악몽에 시달리며 괴로워하는 사람처럼 우리는 사실 아무 괴로울 일이 없는데도 저 혼자 생각에 사로잡혀 괴로워하는 것입니다.

바람 불고 비 오고 햇빛 비쳤다가 눈이 오고, 그렇게 여러 모습으로 흘러가는 게 세상입니다. 본래 그런 세상의 움직임을 가지고 시비하고 온갖 상을 짓고 거기에 빠져 죽네 사네 아우성을 치는 게 중생입니다. 그런 이치를 안다면, 모든 괴로움이 상에서 비롯되었음을 안다면, 정말로 괴로움에서 벗어나고 싶다면, 손에 꽉 움켜쥐고 있는 자기 생각을 내려놓으면 됩니다. 이것이 방하착放下着입니다.

담배를 피우는 사람에게는 담배를 끊는 것이 엄청나게 어려운 일이지만 담배를 피우지 않는 사람 입장에서 볼 때에는 담배를 끊는 것보다 쉬운 일이 없습니다. 그냥 안 피우면 되는 거지 거기에 뭐 특별한 방법도 필요치 않습니다. 돈 들고, 냄새 나고, 눈치 보이고, 건강 나빠지니 오히려 담배를 피우는 게 어렵지 담배를 끊는 데에는 아무 노력도 필요 없습니다. 물론 담배에 중독된 사람이 들으면 그게 얼마나 어려운데 남의 속도 모르고 그렇게 말하느냐 그러겠지만 그것이 현실이고 사실입니다. 담배를 끊는 방법은 이 순간부터 피우지 않는 것뿐입니다.

다람쥐가 숲 속을 뛰어다닐 때, 이 바위와 저 바위는 왜 이리 멀고 이 돌은 왜 이렇게 크고 이 나무는 왜 이렇게 높냐고 따지면서 다닙니까? 나무가 높으면 높은 대로 열심히 올라가고, 작으면 작은 대로 재빠르게 올라가고, 사이가 많이 벌어진 바위는 있는 힘껏 펄쩍 뛰고, 가까이 붙어 있는 바위는 부지런히 걷고,

아무 불평불만 없이 주어진 조건 그대로 살아갑니다. 사람들처럼 하나하나 다 따져가면서 불평불만을 늘어놓자면 다람쥐도 아마 숨이 넘어갈 겁니다. 다람쥐가 어떻게 도토리를 찾습니까? 그냥 찾으러 다닙니다. 이 괴로움에서 어떻게 벗어날 수 있을까요? 그냥 벗어나면 됩니다.

  모든 상과 괴로움과 집착 역시 담배를 끊듯이 그냥 내려놓으면 됩니다. 자식에 대한 집착을 그냥 내려놓고, 남편에 대해서 집착을 그냥 내려놓고, 아내에 대한 집착을 그냥 내려놓으세요. 머리가 아프도록 생각을 많이 하고 괴로워하는 건 단지 오래도록 습관이 되어버린 망상이 나도 모르게 일어나기 때문입니다.

  지금의 괴로움에서 벗어나고 싶다면 꽉 움켜쥐고 있는 자기 생각만 내려놓으면 그만입니다.

## 24 福智無比分
### 복과 지혜는 비교할 수 없나니

칠보七寶로 보시함은
상에 탐착하여 이익을 구하는 것이지만,
반야는 사상四相에 소견을 여읜 것이니
능히 생사를 해탈함이니라.

## 제이십사 복지무비분
## 第二十四 福智無比分

須菩提 若三千大千世界中 所有諸須彌山王如是等七寶聚
수보리 약삼천대천세계중 소유제수미산왕여시등칠보취
有人 持用布施 若人 以此般若波羅蜜經 乃至四句偈等 受
유인 지용보시 약인 이차반야바라밀경 내지사구게등 수
持讀誦 爲他人說 於前福德 百分 不及一 百千萬億分 乃至
지독송 위타인설 어전복덕 백분 불급일 백천만억분 내지
算數譬喩 所不能及
산수비유 소불능급

"수보리여! 만일 삼천대천세계 중에 있는 모든 수미산왕만한 칠보 더미를 어떤 사람이 가져다 보시하여도, 만일 어떤 사람이 이 반야바라밀경 내지 사구게 등을 수지 독송하며 다른 사람을 위하여 말한다면 앞의 복덕은 백 분의 일에도 미치지 못하며 백천만억 분의 일 내지 숫자를 헤아리는 비유로는 능히 미치지 못하느니라."

### 깨달음의 지혜와 세상의 복은 비교할 수 없다

부처님은 아무 모양을 짓지 않는 행을 통해 모양 없이 지어지는 복, 무위의 행에 따른 무루복은 참으로 한량이 없다고 하셨습니다. 생각을 일으키고 형상에 집착하고 바라는 바를 이루려는 마음에 따라 일어나는 유위의 행과 그로 말미암아 지어지는 유루복은 진리를 깨침으로써 누리게 되는 복덕과는 비교할 바가 못 됩니다. 복지무비福智無比, 깨달음의 지혜는 우리를 완전한 자유와 행복의 경지로 이끌어줍니다. 그 복덕은 어떤 경우에도 사라지거나 흔들림이 없습니다.

"수보리여! 만일 삼천대천세계 중에 있는 모든 수미산왕만한 칠보 더미를 어떤 사람이 가져다 보시하여도, 만일 어떤 사람이 이 반야바라밀경 내지 사구게 등을 수지 독송하며 다른 사람을 위하여 말한다면 앞의 복덕은 백 분의 일에도 미치지 못하며 백천만억 분의 일 내지 숫자를 헤아리는 비유로는 능히 미치지 못하느니라."

須菩提 若三千大千世界中 所有諸須彌山王如是等七寶聚 有人 持用布施 若人 以此般若波羅蜜經 乃至四句偈等 受持讀誦 爲他人說 於前福德 百分 不及一 百千萬億分 乃至算數譬喩 所不能及

금강경에는 수지 독송할 사구게가 많습니다. 그중 대표적인 사구게를 살펴보면, 모든 상에는 고정된 실체가 없으므로 상에 대한 집착을 버릴 때 비로소 세상의 참모습을 보고 자유로운 삶을 살아갈 수 있다는 제5 여리실견분의 '범소유상凡所有相 개시허망皆是虛妄 약견제상비상若見諸相非相 즉견여래卽見如來', 제10 장엄정토분의 '불응주색생심不應住色生心 불응주성향미촉법생심不應住聲香味觸法生心 응무소주應無所住 이생기심而生其心', 제26 법신비상분의 '약이색견아若以色見我 이음성구아以音聲求我 시인행사도是人行邪道 불능견여래不能見如來', 제32 응화비진분의 '일체유위법一切有爲法 여몽환포영如夢幻泡影 여로역여전如露亦如電 응작여시관應作如是觀'이 있습니다.

이 사구게가 전하는 말씀은 모두 한 가지입니다. 모든 상에는 고정된 실체가 없으므로 상에 대한 집착을 버릴 때 비로소 세상의 참모습을 보고 자유로운 삶을 살 수 있다는 가르침입니다.


### 이 모습이 조건 그대로

성추행을 당했던 마음의 상처 때문에 집 밖으로 한 걸음도 나가려 하지 않고 하루 종일 방 안에만 웅크리고 있는 아가씨가 있습니다. 성추행으로 자기 몸이 더러워졌다고 괴로워합니다.

그런데 남자가 만지면 몸이 더러워진다는 것이 사실입니까? 어떻게 만지면 몸이 더러워집니까? 팔을 만지는 건 그래도 괜찮고 가슴을 만지면 더러워집니까? 얼마나 오래 만지면 더러워집니까? 5초쯤은 상관없지만 그 이상 만지면 더러워집니까?

남자가 내 몸에 손을 대는 순간 일어난 사건은, 내가 내 몸이 더럽혀졌다는 한 생각을 일으켰다는 것, 그것 하나뿐입니다. 그러니 '더러워진 것은 아무것도 없는데 더러워졌다는 한 생각에 사로잡혀 그 오랜 시간을 꿈속에서 살았구나!' 그렇게 탁 깨달으면 이제까지 지고 있던 무거운 짐은 온데간데없이 사라집니다. 더럽혀졌다는 그 생각이 망상이고 꿈이기 때문입니다.

이는 성추행한 남자가 죄가 없다거나, 그에게 죗값을 묻지 말아야 한다거나, 그를 처벌하는 일이 아무 소용이 없다는 말이 아닙니다. 성범죄자에 대한 처벌은 법대로 엄중하게 처리해야 합니다. 지금 여기서 얘기하는 것은 사회적인 처벌이 아니라, 어떻게 하면 내 마음이 괴로움을 여의어 자유로운 삶을 살아갈 수 있는가 하는 문제입니다.

내가 그의 악행에 집착하면 집착할수록, 분노하면 분노할수록 내 몸은 점점 더 더럽혀집니다. 그의 행동이 악행인 이유가 내 몸을 더럽혔기 때문이니까요. 더구나 그에게 어떤 극형의 고통을 줄지라도 내 몸이 깨끗하게 회복되거나 내 인생을 돌려받을 수 없는데 하물며 그 인간이 뻔뻔스럽게 잘도 살아 있는 사실 자체가 나에겐 더욱 더 큰 고통이 됩니다.

 이런 고통스러운 인생이 하느님이 내게 주신 벌이거나 전생에 내가 지은 죄의 대가라면, 그 엄청난 죄업을 녹이기 위해 얼마나 많이 보시를 하고 얼마나 오랜 시간 선행을 해야 하겠습니까. 어쩌면 세세생생 되풀이해서 애써도 그 죄를 깨끗이 하기는 어려울지 모릅니다. 이런 마음으로는 괴로움에서 벗어날 수가 없습니다. 앞으로 남은 시간 역시 좌절과 절망만이 기다리고 있을 뿐입니다.

 그런데 금강경 한 구절을 읽고 제법이 다 공함에 눈을 뜨면 그 즉시 내 삶은 달라집니다. 일체가 다 공하므로 몸은 그대로 몸일 뿐이지 본래 더러운 것도 아니고 깨끗한 것도 아닙니다. 그러니 그 누구도 더럽힐 수 없고 누구도 깨끗하게 만들 수 없습니다. 더러움도 없고 깨끗함도 없는 참모습을 보는 거기에 청정함이 있으니, 이 몸의 실상은 한순간도 청정하지 않을 때가 없습니다.

 어젯밤 꿈속에서 이루 말할 수 없는 고초를 겪었더라도 한순간 눈을 번쩍 떠서 그것이 꿈이었음을 알면 고통은 사라집니다. 모두 꿈이었으니 괴로워할 일이란 본래 없었던 것입니다. 그처럼 모든 상이 공함을 알면 그만입니다.

 전생의 업이라는 자책도, 사주팔자를 한탄하는 것도, 하늘의 벌을 받는다는 부끄러움도 다 꿈속에서 일으킨 망념에 불과합니다. 아침에 눈을 떠서 악몽을 악몽으로 끝내버린 사람은 맑은 정신으로 밝은 햇빛을 받으며 푸른 나무 그늘을 즐길 수 있습니다. 그러나 아침이 되어도 여전히 꿈속 일에 매달려 벗어나지 못한다면 밝은 태양빛도 세상을 밝히지 못하고 아름다운 숲길도 지옥일 뿐입니다.

제법이 공함을 깨닫지 못했을 때에는 한없이 무거웠던 등짐도 눈을 뜬 뒤에는 조금도 나를 힘들게 하지 못합니다. 아니, 그 짐은 본래 짐이 아니었음을 보게 됩니다. 학벌이 낮다, 병이 들었다, 이혼을 했다, 자식이 없다, 아기를 못 낳는다, 사업에 실패했다, 실직을 했다, 어떤 일도 다 그렇습니다. 눈곱만큼도 나를 괴롭힐 수 없고, 눈곱만큼도 나를 더럽힐 수 없고, 눈곱만큼도 나의 가치를 떨어뜨릴 수 없습니다.

그러니 상을 가진 모든 것이 다 허망한 줄을 깨치면, 나는 바로 지금 이 자리에서 순결무구한 보살이고 부처입니다. 때 묻은 더러움과 때 묻지 않은 깨끗함, 깨달은 부처와 어리석은 중생이 둘이 아닌 이치가 그것입니다.

아무것도 내 삶에 장애가 되지 않습니다. 어떤 것도 내 삶에 흠집이 되지 않습니다. 이제까지 살아온 내 모습과 처지와 조건을 바꾸어서가 아니라 지금 이 모습 이 조건 그대로 지금 바로 이 자리에서 해탈의 길로 나아갈 수 있습니다.

## 25  化無所化分
### 교화하여도 교화함이 없으니

여래가 중생을 제도한 생각이 있다고 말하지 마라.
내가 이 생각이 있다면 곧 범부이니라.
그러나 여래가 범부를 말한 것은 오히려 범부가 아니거든
어찌 가히 여래가 나라는 생각을 두리오 하심이니,
저 반야 현지玄旨가 이에 극함이로다.

## 제이십오 화무소화분
## 第二十五 化無所化分

須菩提 於意云何 汝等 勿謂如來作是念 我當度衆生 須菩
수보리 어의운하 여등 물위여래작시념 아당도중생 수보

提 莫作是念 何以故 實無有衆生如來度者 若有衆生如來度
리 막작시념 하이고 실무유중생여래도자 약유중생여래도

者 如來卽有我人衆生壽者 須菩提 如來說有我者 卽非有我
자 여래즉유아인중생수자 수보리 여래설유아자 즉비유아

而凡夫之人 以爲有我 須菩提 凡夫者 如來說卽非凡夫 是
이범부지인 이위유아 수보리 범부자 여래설즉비범부 시

名凡夫
명범부

"수보리여! 그대는 어떻게 생각하느냐? 그대들은 여래가 '내가 마땅히 중생을 제도한다'고 생각한다고 말하지 마라. 수보리여! 그렇게 생각하지 말지니, 왜냐하면 실로 여래가 제도한 중생이 없기 때문이다. 만일 중생이 있어 여래가 제도한 것이라 한다면 여래가 곧 아·인·중생·수자가 있음이니라. 수보리여! 여래가 '아가 있다'고 말하는 것은 곧 '아가 있는 것'이 아니거늘, 범부는 '아가 있다'고 하느니라. 수보리여! 범부라는 것은 여래가 범부를 말함이 아니라 그 이름이 범부니라."

## 주면서도 무심하고, 안 주면서도 무심하고

"수보리여! 그대는 어떻게 생각하느냐? 그대들은 여래가 '내가 마땅히 중생을 제도한다'고 생각한다고 말하지 마라. 수보리여! 그렇게 생각하지 말지니, 왜냐하면 실로 여래가 제도한 중생이 없기 때문이다. 만일 중생이 있어 여래가 제도한 것이라 한다면 여래가 곧 아·인·중생·수자가 있음이니라."

須菩提 於意云何 汝等 勿謂如來作是念 我當度衆生 須菩提 莫作是念 何以故 實無有衆生如來度者 若有衆生如來度者 如來卽有我人衆生壽者

우리 삶은 대부분 무언가를 이루려는 의지와 행동에 의해 움직이고 전개됩니다. 그런데 부처님은 하려는 마음 없이 하고 되는 바 없이 되는 도리를 말씀하십니다. 부처님은 일체중생을 제도하고 교화했지만 정작 이 법을 사람들에게 전해야겠다고 집착한 바 없이 널리 법을 설하여 중생을 제도합니다. 중생의 요구에 수순하지요. 그래서 설법 전에 법을 청하는 청법이 있는 것입니다. 먼저 물어야 응답이 있는 것입니다.

사람들은 마음속에 하고 싶은 말이 가득합니다. 그런데 상대가 들으려 하지 않으니 실컷 털어놓지 못해서 아쉬워합니다. 세상 사람들에게 내 뜻과 내 마음과 내 주장과 내 처지를 이해받으려는 생각에 하고 싶은 말이 끝도 없습니다.

하지만 부처님은 세상 누구에게도 아무 할 말이 없었습니다. 다만 어떤 사람이 찾아와 자기 괴로움을 호소하면 그가 괴로움에서 벗어날 수 있도록 길을 열어 보여주었을 뿐입니다.

인도 여행을 가면 어린아이들이 돈을 구걸하느라 새까만 손을 내밀고 따라다닙니다. 사람들은 구걸하는 아이들 모습에 가슴 아파하며 아이들에게 잔돈을 나눠주곤 합니다. 그런데 그 아이들이 돈을 받으면 가는 게 아니라 오히려 돈을 준 사람을 따라다니며 자꾸 손을 내밉니다. 그러다 보니 처음에는 아이들이 불쌍하다고 안타까워하던 사람도 나중에는 구걸하는 아이들을 야단치고 꾸짖게 됩니다. 그리고 아이들 교육상 좋지 않다는 이유를 대면서 다른 사람들에게까지 돈을 주지 말라고 말립니다.

이를 세상 이치로 본다면 옳고 그름을 따질 수 있는 문제지만 도의 차원에서 보면 주는 것도 주지 말라는 것도 다 자기 생각입니다. 자기 생각에 빠져 있지 않은 사람은 주면서도 무심하고, 안 주면서도 무심하고, 세 번 네 번 받아가는 아이를 보면서도 무심하고, 있으면 주고, 없으면 안 주면 그만입니다. 그런데 사람들 대부분은 그렇지 못합니다. 아이들이 달라는 대로 다 줄 수는 없지 않느냐고 돌아서면서도 또 한편으로는 돈을 주지 않고 외면하는 게 미안해서 마음이 편치 않습니다.

어머니는 아이가 목말라 하면 물을 주고 배고파하면 밥을 주면서도 내가 지금 아이를 위해 이 일을 하고 있다는 생각이 없습니다. 태양이 온 세상을 비추어 살리듯이, 물이 만물의 생명을 북돋우듯이, 공기가 생명을 숨 쉬게 하듯이, 중생을 교화하되 교화한다는 생각이 없는 행, 무언가를 이루기 위해 한다는 생각이 없는 행이 무위의 행, 함이 없는 행입니다.

### 인연과의 원리

"수보리여! 여래가 '아가 있다'고 말하는 것은 곧 '아가 있는 것'이 아니거늘, 범부는 '아가 있다'고 하느니라. 수보리여! 범부라는 것은 여래가 범부를 말함이 아니라 그 이름이 범부니라."

須菩提 如來說有我者 卽非有我 而凡夫之人 以爲有我 須菩提 凡夫者 如來說卽非凡夫 是名凡夫

사람들은 인생을 살아가다가 힘든 고비를 만나면 '내가 어쩌다 이런 일을 겪게 됐을까' 하고 한탄합니다. 이런 생각의 밑바닥에는 내가 이런 일을 당할 이유가 없지 않느냐는 억울함과 원망이 깔려 있습니다. 인연과를 믿는다면 지금 이 상황이 어떤 식으로든 나와 연관되어 있음을 알고, 그 일이 일어난 원인을 찾아 진지하게 성찰해야 합니다.

이 세상에 저절로 일어나는 일은 없습니다. 단지 내가 그 일의 원인을 모를 뿐입니다. 모든 일은 신의 뜻도 아니고 전생 때문도 아니고 우연히 일어난 일도 아닙니다. 그러니 내가 처한 상황이나 사건이 나와 관련되어 있음을 인정하고 내가 마땅히 겪어야 하는 일이라고 있는 그대로 받아들이는 마음가짐이 공부의 시작입니다.

그다음에는 그렇게 될 수밖에 없었던 원인을 찾아서 제거해 나가야 합니다. 나중에 참회만 하면 모든 일의 원인과 결과가 다 소멸된다는 식으로 단순하게 생각해서는 안 됩니다. 이미 일어난 일의 원인과 결과는 참회한다고 바뀌거나 없어지지 않습니다. 이미 일어난 일은 돌이킬 수 없습니다. 하지만 지금 인연과의 법칙을 외면하고 억울해하고 원망만 하고 있다면 이 순간에도 미래의 고통이 되는 원인의 씨앗을 계속 뿌리고 있는 것입니다. 이미 뿌려진 씨앗의 결과는 받아들이되 다시는 그런 씨앗을 뿌리지 않으려는 노력을 해야 합니다.

계율을 지키는 것은 더는 어리석은 씨앗을 뿌리지 않으려는 노력입니다. 살아 있는 목숨을 해치지 않는다, 주지 않는 남의 물건을 가지지 않는다, 거짓말하지 않는다, 삿된 음행을 하지 않는다, 중독성 물질을 섭취하지 않는다, 이것이 오계입니다. 언뜻 보면 단순하고 당연해 보이지만 그 안에 담긴 원리는 단순하지만은 않습니다. 인생을 살면서 겪게 되는 숱한 괴로움으로부터 자유로워지기 위한 최소한의 다짐, 더 이상 어리석은 인연을 짓지 않겠다는 다짐입니다. 그래서 계율을 착실히 지키는 수행이 중요합니다.

그런데 아무리 계율을 지키려 노력해도 마음으로부터 불쑥불쑥 올라오는 충동이 있는 한 계율을 지키려는 힘마저 알게 모르게 조금씩 소진되어 갑니다. 계율을 지키려는 힘이 수행에 있어서 중요한 것은 분명하지만 그것만으로는 완전할 수 없습니다. 해일의 피해를 막기 위해 아무리 튼튼한 방파제를 쌓아놓아도 거대한 쓰나미가 몰려오면 방파제만으로는 그 힘을 견디지 못하는 것과 같습니다.

마음속에 바람이 불지 않도록 정진해야 합니다. 그러기 위해선 내 자신을 차분히 관찰하는 노력이 필요합니다. 고요히 살펴보면 순간순간 무수한 마음들이 일어나고 사라지는 것을 볼 수 있습니다. 화가 나고 미움이 일어나고 슬픔이 생기는 내 마음을 바라볼 수 있어야 합니다. 지금 이 순간 화를 내며 괴로워하는 사람은 다른 누가 아니라 바로 나 자신입니다. 내 화의 책임이 어디 다른 데 있는 게 아니라 내 자신에게 있습니다.

그러면 도대체 화는 왜 일어날까요? 화는 내가 옳고 네가 틀렸다는 생각 때문에 일어납니다. 그리고 그렇게 옳고 그름을 가르는 이유는 사사건건 매사를 분별하는 습관 때문입니다. 그런데 잘잘못을 따지는 기준이라는 것이 각자 살아온 경험과 환경, 그리고 그 속에서 형성된 가치관이나 관념의 지배를 받기 마련이라서 절대 불변의 일반적인 잣대는 존재하지 않습니다. 입으로는 객관을 주장하지만 사실은 항상 내 생각과 내 취향과 내 기준에 따라 분별합니다. 옳고 그름은 말할 것도 없고, 크고 작음의 구분, 늦거나 빠르다는 판단, 맛있고 맛없다는 느낌까지 그렇습니다.

이런 주관적인 옳고 그름의 분별이 생기면 그 분별에 따라 화가 일어나는 것입니다. 분별이 없으면 내가 옳다고 고집할 근거도 네가 그르다고 비난할 근거도 없으며, 그런 마음 상태에서는 화가 일어날 여지가 없습니다. 그러니 화가 나는 이유가 내가 옳다는 생각에 있는 줄을 알고, 그 분별의 기준이 공한 줄을 알면 어리석은 인연의 씨앗을 뿌리는 악순환에서 벗어날 수가 있습니다.

또한 내가 있다는 고정관념을 가져서도 안 되지만, 반대로 내가 없다는 고정관념 또한 경계해야 합니다. 이 세상이 전부 똑같거나 또는 서로 다르다는 고정관념은 다 헛된 망상, 자기 고집에 불과합니다.

밖의 경계에 반응을 일으키는 주관적 요인, 근본 원인을 관찰해야 합니다. 바깥 경계가 부딪쳐 오기 전에 이미 주체의 내부에는 경계에 반응할 씨앗이 숨어 있습니다. 경계에 부딪침으로써 씨앗이 생겨나는 게 아니라 애초부터 내면에 씨앗을 간직하고 있는 것입니다. 어떤 경계인지에 따라서 싹이 트는 모양이 다를 수도 있습니다. 아예 싹이 틀 만한 환경과 부딪치지 않으면 싹이 자라지 않을 수도 있습니다. 하지만 어쨌든 그 싹의 씨앗은 이미 내 안에 있었던 것입니다.

이것이 인연因緣의 법칙입니다. 싹이 트지 않았다고 해서 내 안에 씨앗이 없는 게 아닙니다. 어느 날 갑자기 싹이 텄다고 해서 없던 씨앗이 바깥에서 들어온 것도 아닙니다. 연緣이란 밭과 같습니다. 그 밭에서 보리가 자라는가 콩이 자라는가는 어떤 씨앗을 심었느냐에 달렸습니다. 심은 씨앗의 차이가 내 안에 숨어 있는 인因의 작용입니다. 지금 내 안에 인이라는 씨앗이 있더라도 바깥 경계에 따라 연이라는 조건과 만나지 않으면 씨앗은 싹이 트지 않습니다. 인과 연이 부딪쳐야만 과果가 일어납니다. 이것이 인연과因緣果의 원리입니다.

### 경계에 대처하는 두 가지 길

경계를 만나 대처하는 데에는 두 가지 길이 있습니다. 하나는 원인을 고치기보다 객관적 상황을 바꾸는 방법입니다. 직장에서 갈등이 있을 때 직장을 그만둬 버리는 것은 다른 조건을 선택함으로써 문제를 해결하는 것입니다. 다른 하나는 객관적 상황을 바꾸기에 앞서 자기 내부의 원인을 바꾸려고 노력하는 방법입니다. 나의 어떤 점이 직장에서 갈등을 만들고 있는지 원인을 찾아서 고치는 것입니다.

이처럼 세상을 살아가는 데에는 조건에 맞추어 나를 바꾸는 길이 있는가 하면, 나는 그대로 두고 내게 맞는 조건을 선택하는 길도 있습니다. 이 두 가지 길 가운데 어느 것이 좋고 나쁜가를 논하는 것은 중요하지 않습니다. 또 어느 한쪽만을 선택하면서 살 수 있는 것도 아닙니다. 주어진 조건을 바꿀 수 없는 상황이라면 나를 변화시키지 않을 수 없고, 주변 조건은 바꿀 수 있지만 내 성향은 바꾸기가 어려운 형편이라면 일단 나에게 맞는 상황을 선택할 수 있습니다.

그때그때 상황에 따라 적당한 길을 선택하면 됩니다. 연을 따라 인을 바꾸거나 인을 따라 연을 바꾸면서 살아갑니다. 하지만 근원적 관점에서 볼 때, 어떤 경계에 처하더라도 과보가 일어나지 않으려면 인을 소멸시키면 됩니다. 인과 연이 결합하지 않으면 과는 일어나지 않는데, 언제 어느 때건 내 의지로써 소멸시킬 수 있는 것이 인이기 때문입니다. 나라는 씨앗을 고집하지 않으면 씨앗이 씨앗으로서의 역할을 하지 못하므로 아무런 걸림도 부딪침도 갈등도 나타나지 않습니다.

그러니 상에 집착하는 업식을 소멸하는 것이 그만큼 중요합니다. 아상·인상·중생상·수자상이 사라지면 어떤 상황과 마주쳐도 부딪칠 만한 것이 없습니다. 허공을 향해 칼을 휘둘러서는 아무 부딪침이 없는 것과 같습니다. 상대가 아무리 날카로운 말을 하고 어떤 경계가 온다 해도 내가 상을 버려 허공처럼 텅 비어 있다면 상처 받을 일이 없습니다.

나를 비워서 인을 없앤다면 어떤 연을 만나도 흔들리지 않습니다. 또한 상대의 입장에서 보면 내가 그의 연으로 작용하는 것이어서 그의 연을 텅 비워버리는 셈이니 상대가 어떤 인을 갖고 있더라도 그 인이 발현하지 못하게 됩니다. 선연善緣이라면 증강시키고 악연惡緣이면 순화시킵니다. 그렇게 내 씨앗을 고쳐 나가는 것이 수행의 요체고, 이런 수행은 주변 사람들을 모두 행복하게 합니다. 내가 행복해지는 길과 네가 행복해지는 길이 둘로 나뉘지 않고 한길에 놓여 있습니다.

인연과를 모르는 사람은 벽을 향해 던진 공이 다시 튀어 오를 거라고 예측하지 못하는 사람과 같습니다. 그런 사람은 제 손으로 공을 던져놓고도 튕겨져 나오는 공을 보고 당황합니다. 그러나 벽에 부딪친 공은 반드시 튀어 나오기 마련이고, 그 이치를 아는 사람은 공이 튀어 돌아온다는 사실에 연연하지 않습니다.

원인을 지은 대로 결과가 따른다는 것을 아는 사람도 그와 같습니다. 결과가 지금 즉시 나타나지 않는다 해도 언젠가는 반드시 돌아오리라는 것을 알기에 의연한 태도로 결과에 연연하지 않습니다. 과보가 있느냐 없느냐, 오늘 오느냐 내일 오느냐 전전긍긍하지 않습니다.

## 26  法身非相分
### 법신은 상이 아니니

만일 삼십이상과 팔십종호의 색상으로
여래의 법신을 보려 하든지
나무석가모니불을 불러
여래의 법신을 구하고자 할진데
이것은 사도를 행하는 사람이라
능히 법신 여래를 보지 못하리라.

## 제이십육 법신비상분
## 第二十六 法身非相分

須菩提 於意云何 可以三十二相 觀如來不 須菩提言 如是
수보리 어의운하 가이삼십이상 관여래부 수보리언 여시

如是 以三十二相 觀如來 佛言 須菩提 若以三十二相 觀如
여시 이삼십이상 관여래 불언 수보리 약이삼십이상 관여

來者 轉輪聖王 卽是如來 須菩提白佛言 世尊 如我解佛所
래자 전륜성왕 즉시여래 수보리백불언 세존 여아해불소

說義 不應以三十二相 觀如來 爾時 世尊 而說偈言 若以色
설의 불응이삼십이상 관여래 이시 세존 이설게언 약이색

見我 以音聲求我 是人行邪道 不能見如來
견아 이음성구아 시인행사도 불능견여래

"수보리여! 그대는 어떻게 생각하느냐? 삼십이상으로써 여래를 볼 수 있겠느냐?" 수보리가 대답하였습니다.
"그렇습니다, 그렇습니다. 삼십이상으로써 여래를 볼 수 있습니다."
부처님께서 말씀하셨습니다.
"수보리여! 만일 삼십이상으로써 여래를 본다면 전륜성왕이 곧 여래이리라."
수보리가 부처님께 말씀드렸습니다.
"세존이시여! 제가 부처님이 말씀하신 바 뜻을 알기로는, 삼십이상으로써 여래를 보지 못합니다."
그때 세존께서 게송으로 말씀하셨습니다.
"만일 색으로써 나를 보려 하거나
음성으로써 나를 구한다면,
이 사람은 사도를 행함이라,
능히 여래를 보지 못하리라."

## 누가 말한다 해도 진리는 진리

"수보리여! 그대는 어떻게 생각하느냐? 삼십이상으로써 여래를 볼 수 있겠느냐?"

수보리가 대답하였습니다.

"그렇습니다, 그렇습니다. 삼십이상으로써 여래를 볼 수 있습니다."

부처님께서 말씀하셨습니다.

"수보리여! 만일 삼십이상으로써 여래를 본다면 전륜성왕이 곧 여래이리라."

수보리가 부처님께 말씀드렸습니다.

"세존이시여! 제가 부처님이 말씀하신 바 뜻을 알기로는, 삼십이상으로써 여래를 보지 못합니다."

須菩提 於意云何 可以三十二相 觀如來不 須菩提言 如是如是 以三十二相 觀如來 佛言 須菩提 若以三十二相 觀如來者 轉輪聖王 卽是如來 須菩提白佛言 世尊 如我解佛所說義 不應以三十二相 觀如來

우리는 보통 스님이라고 하면 머리를 깎고 가사 장삼을 입고 절에서 살며 고기나 술을 먹지 않는 사람으로 생각합니다. 자기 나름의 기준으로 판단하고 안다고 생각합니다. 친구를 사귀거나 결혼할 때에도 조금이라도 더 좋은 사람을 고르려 애쓰는 걸 보면 자기 나름대로 좋은 사람을 판단할 수 있는 기준이 있다는 뜻입니다. 그런데 그런 기준은 다 상에 불과합니다. 사람들은 자기가 지어놓은 상에 속아 훌륭한 스님이다, 훌륭한 친구다, 훌륭한 배우자감이다 생각했다가 결국 실망하곤 합니다.

이런 상에 집착한 눈으로는 부처가 오고 보살이 온다 해도 알아볼 도리가 없습니다. 불보살이 나를 찾아오신다면 그 이유가 무엇이겠습니까? 나를 깨닫게 해주기 위함입니다. 내가 가진 상을 깨뜨려 깨닫게 해주려면 사람들이 상상하는 불보살의 모습으로 나타날 리가 없습니다. 그러니 설령 불보살이 내 눈앞에 나타나도 내 안목으로는 십중팔구 알아보지도 못하고 오히려 멀리 쫓아낼 겁니다.

부처님의 전생담 가운데 설산에서 수행할 때의 일화가 있습니다. 깊은 산속에서 열심히 정진하던 수행자의 귀에 문득 어디선가 소리가 들렸습니다.

"나고 죽는 이 법은 참으로 무상한 것이다."

너무도 오묘한 말인지라 수행자는 누가 한 말인가 싶어 주위를 둘러보았습니다. 그러자 아주 험상궂게 생긴 나찰이 서 있는 게 눈에 띄었습니다. 나찰은 사람을 잡아먹는 귀신으로 마귀와 같은 존재입니다.

수행자는 누가 한 말이든 중요한 것은 오직 깨달음을 구하는 데 있다고 확신하고 나찰에게 그다음 구절을 청했습니다. 하지만 나찰은 너무나 배가 고파 말을 할 수가 없다고 했습니다. 수행자는 나머지 구절을 듣기 위해 나찰에게 자신의 몸을 내줄 것을 기꺼이 약속했습니다. 그러자 나찰이 다음 구절을 말했습니다.

"나고 죽는 이 법이 다하면 열반적정이라네."

그 구절을 듣는 순간 수행자는 한없이 기쁜 마음으로 절벽 아래로 몸을 던졌습니다. 그러자 나찰이 제석천왕으로 변해 수행자의 몸을 받아내 살렸다고 합니다.

이 이야기를 통해 우리는 누가 말한다 해도 진리는 여전히 진리라는 사실을 확인합니다. 세 살짜리 아이의 입을 통해서도 진리는 설해질 수 있습니다. 정견正見에 기초해 있는가, 진정한 자유와 행복에 이르게 하는 길인가, 그것만이 진리를 가늠하는 기준입니다.

진리 그 자체의 준엄함은 보려 하지 않고 그것을 말한 사람이 누구인가에만 사로잡힌 귀로는 진리를 듣지 못합니다. 다른 종교의 경전이라 해도 그것이 올바른 말이라면 동의할 수 있어야 하고, 아무리 유명한 스님이 말한다 해도 그것이 사리에 어긋난다면 물리칠 수 있어야 합니다.

상에 집착해 실상을 보지 못하고 진실을 듣지 못하는 어리석음을 경계해야 합니다. 세상에서 손가락질받는 사람의 말일지라도 그 속에서 진리를 들을 수 있고, 세상 모두가 우러러보는 사람의 말일지라도 그릇된 견해일 수 있습니다. 공부하는 수행자라면 모름지기 이 점을 놓치지 말고 바르게 판단하는 안목을 키워야 합니다.

## 욕심과 원

그때 세존께서 게송으로 말씀하셨습니다.
"만일 색으로써 나를 보려 하거나 음성으로써 나를 구한다면, 이 사람은 사도를 행함이라. 능히 여래를 보지 못하리라."

爾時 世尊 而說偈言 若以色見我 以音聲求我 是人行邪道 不能見如來

깨달음이란 부처의 모습이나 소리에 있지 않고 그 마음의 경지에 있습니다. 어느 절 불상에 우담바라가 폈다고 하면 사람들은 몇 시간씩 차를 타고 보러 갑니다. 그 꽃을 한 번 본다고 내 인생의 괴로움이 덜어지는 것도 아닌데 왜 그런 형상에 집착할까요? 그건 욕심 때문입니다. 거기 가서 절하면 건강해지려나, 대학 시험에 붙으려나, 사업이 잘되지 않을까, 이런 욕심들이 허상을 쫓아다니게 만듭니다. 이렇듯 소리나 모양으로 부처님을 보려 한다면 그것은 모두 사도를 행하는 것이라고 부처님은 분명히 말씀하셨습니다.

물론 누구나 이루고 싶은 일이 있기 마련입니다. 그리고 무언가를 이루고자 한다 해서 그게 다 욕심인 것은 아닙니다. 바라는 바가 있으나 노력은 하지 않고 좋은 결과를 바라는 것이 욕심입니다. 또 바라는 바가 이루어지지 않았을 때 괴로운 마음에 시달린다면 그것 역시 욕심입니다.

욕심이 아니라 원願을 품은 사람은 바라는 바를 이루려고 노력하되 괴로움에 시달리지 않습니다. 이루고자 하는 것이 실패했을 때 낙담하지 않고 다시 노력하고, 또 안 되면 다른 방법으로 노력하고, 다만 그렇게 계속할 뿐입니다.

그러다 아무리 노력해도 되지 않는 일이라는 판단이 서면 아무 일 없었다는 듯이 툭툭 털고 다른 일을 합니다. 그 일을 이루기 위해 노력하는 과정에서 누린 즐거움과 행복으로 충분하기 때문입니다. 그러나 원이 아닌 욕심으로 살아가는 사람일수록 형상에 집착합니다. 또 그럴수록 깨달음의 길은 점점 더 멀어집니다.

신라시대에 경흥 스님이라는 분이 있었습니다. 선왕이 임종하면서 아들에게 경흥국사를 아버지처럼 생각하라는 유언을 남겨서 새 왕은 국사를 아버지처럼 모셨습니다.

하루는 경흥국사가 말을 타고 서라벌 시내를 지나는데 모든 백성이 길가에 엎드려 머리를 조아리건만 한 사람만이 고개를 뻣뻣이 들고 서 있는 것이었습니다. 승복을 입고 머리는 기른 비승비속의 차림새에 메고 있는 망태기에는 비린내 나는 마른

명태가 들어 있었습니다. 경흥국사를 모시던 사람이 그 남자에게 빨리 부정한 물건을 치우고 엎드리라고 큰소리를 쳤습니다. 그러자 그 남자가 말했습니다.

"나는 어물전에서 파는 물고기를 가지고 있을 뿐인데 어떤 놈은 산 고기를 사타구니에 끼고 다니는구나."

경흥국사는 그 소리를 듣고 당장 말에서 내렸고, 그 뒤로는 다시는 말을 타지 않았다고 합니다.

출가수행자의 계율에는 말을 타지 말라는 내용이 있습니다. 동물 학대에 속할 뿐 아니라 높은 자리에 앉아서 남에게 군림하려 들지 말라는 가르침입니다. 경흥국사는 온 백성이 우러러볼 만큼 높은 도를 이룬 스님이었지만 왕의 스승이다, 큰스님이다 하는 상에 빠져서 잠시 수행자의 자세를 잊었던 것입니다.

## 27 無斷無滅分
### 끊어짐도 아니고 멸함도 아닌

일체제법이 상주불생常住不生하고
상주불멸常住不滅하니라.
만일 이 뜻을 알면 구족상具足相이
곧 여래니 보리심을 발한 자는
저 법에 단멸상을 말하지 아니하니라.

## 제이십칠 무단무멸분
## 第二十七 無斷無滅分

須菩提 汝若作是念 如來 不以具足相故 得阿耨多羅三藐三
수보리 여약작시념 여래 불이구족상고 득아뇩다라삼먁삼

菩提 須菩提 莫作是念 如來 不以具足相故 得阿耨多羅三
보리 수보리 막작시념 여래 불이구족상고 득아뇩다라삼

藐三菩提 須菩提 汝若作是念 發阿耨多羅三藐三菩提心者
먁삼보리 수보리 여약작시념 발아뇩다라삼먁삼보리심자

說諸法斷滅 莫作是念 何以故 發阿耨多羅三藐三菩提心者
설제법단멸 막작시념 하이고 발아뇩다라삼먁삼보리심자

於法 不說斷滅相
어법 불설단멸상

"수보리여! 그대가 만일 '여래는 구족상이 아닌 것으로써 아뇩다라삼먁삼보리를 얻었다'고 생각한다면, 수보리여! '여래는 구족상이 아닌 것으로써 아뇩다라삼먁삼보리를 얻었다'고 생각하지 마라. 수보리여! 그대가 만일 '아뇩다라삼먁삼보리심을 발한 자는 모든 법에 단멸을 말하였다'고 생각한다면 이렇게 생각하지 마라. 왜냐하면 아뇩다라삼먁삼보리심을 발한 자는 법에 단멸상을 말하지 않기 때문이다."

## 어디 가면 도를 얻을 수 있나

"수보리여! 그대가 만일 '여래는 구족상이 아닌 것으로써 아뇩다라삼먁삼보리를 얻었다'고 생각한다면, 수보리여! '여래는 구족상이 아닌 것으로써 아뇩다라삼먁삼보리를 얻었다'고 생각하지 마라. 수보리여! 그대가 만일 '아뇩다라삼먁삼보리심을 발한 자는 모든 법에 단멸을 말하였다'고 생각한다면 이렇게 생각하지 마라. 왜냐하면 아뇩다라삼먁삼보리심을 발한 자는 법에 단멸상을 말하지 않기 때문이다."

須菩提 汝若作是念 如來 不以具足相故 得阿耨多羅三藐三菩提 須菩提 莫作是念 如來 不以具足相故 得阿耨多羅三藐三菩提 須菩提 汝若作是念 發阿耨多羅三藐三菩提心者 說諸法斷滅 莫作是念 何以故 發阿耨多羅三藐三菩提心者 於法 不說斷滅相

형상과 소리의 특징을 가지고 부처를 볼 수 없는 것과 마찬가지로, 형상과 소리의 특징이 없는 것을 가지고도 부처를 볼 수는 없습니다. 내 눈에 보이지 않고 내 귀에 들리지 않아야 부처라는 생각도 상입니다. 눈에 보이고 귀에 들리는 형상으로 부처를 삼아도 안 되고, 들리지 않고 보이지 않는 특징으로 부처를 삼아도 안 됩니다. 그런 모든 형상을 다 떠나야 합니다.

머리털을 잘라야만 깨달음을 얻게 된다는 듯이 머리카락이라는 형상에 집착하는 사람이 있었습니다. 부처님은 그 집착의 어리석음을 지적해 도는 머리털에 있지 않으니 머리카락을 자른다고 도가 얻어지는 게 아니라고 일러주었습니다. 그러자 그 사람은 이제 머리털을 깎지 않아야 도를 얻는 거라고 생각합니다.

부처님은 머리를 깎아야 한다는 생각도, 깎지 말아야 한다는 생각도 법이 아님을 일러줍니다. 머리털을 깎지 않아야 도를 얻는 거라면, 그때에도 도는 여전히 머리털에 있는 것입니다. 도는 머리털을 깎고 깎지 않고와 아무 상관이 없다는 걸 깨친 사람은 머리카락을 깎을 인연이 되면 깎고, 깎지 않을 인연이 되면 깎지 않습니다. 머리카락을 깎아야 한다느니 깎지 말아야 한다느니 하는 두 생각을 다 버려야 자유로워집니다.

흔히들 '나도 속세의 인연을 다 버리고 산속에 들어가 살고 싶다. 여기서는 도저히 인생의 괴로움에서 벗어나지 못하겠다'라고 말하곤 합니다. 산속에 가야 도를 얻을 수 있고 평화를 얻을 수 있다는 말은 깨닫지 못하고 행복하지 않은 이유가 가족과 재물과 사회에 있다는 뜻입니다.

이런 생각은 얼핏 보면 부와 명예와 인간관계에 매달리지 않는 초연한 태도처럼 보이지만 외부 조건에 행복의 근거가 있다고 믿는다는 점에서는 깨달음과 거리가 먼 생각입니다. 처음에는 외부 요인을 행복의 조건으로 삼아서 살아가다가 그것이 뜻대로 안 되니 그런 것을 다 놓아버리는 게 행복을 찾는 길이라고 여기는 것입니다. 밧줄에 매달려서 꼭 움켜쥐고 있는 게 행복이라고 생각하는 것이나, 매달려 있기 힘드니 아예 밧줄을 놓아버리는 게 행복이라고 생각하는 것이나, 행복의 핵심이 밧줄에 있다는 점에서는 마찬가지입니다.

부와 명예와 가족과 친구는 고통의 원인도 아니고 행복의 원인도 아닙니다. 그런데 사람들은 늘 그 속을 헤매며 한 극단과 다른 극단을 왔다 갔다 합니다. 행복의 원인이라고 했다가 그게 잘 안 되면 고통의 원인이라고 했다가, 그렇게 평생을 헤매며 삽니다. 이것이라는 상이든 이것이 아니라는 상이든, 그렇게 그 속을 오락가락해서는 인생의 괴로움에서 결코 벗어날 수 없습니다.

### 치우침이 없는 법

금강경의 설법이 시작된 뒤 지금까지 부처님이 줄곧 말씀하셨던 것은 '정해진 법이 있다고 할 것이 없다'는 무유정법의 가르침입니다. 그런데 여기서 다시 한 번 주의해서 볼 것은, 어째서 '법이 없다' 하지 않고 '법이 있다고 할 것이 없다'라고 했느냐는 점입니다. 무유정법은 '있다'는 병에 빠지는 것을 경계하는 가르침이기도 하지만, 그와 동시에 '없다'는 상에 빠지는 것도 경계하는 가르침이기 때문입니다.

한 사람이 강물에 빠져서 허우적대고 있습니다. 지나가던 나그네가 그를 구하려고 밧줄을 가지러 이웃집으로 급히 뛰어갔습니다. 그런데 그 집에 사람이 아무도 없습니다. 이럴 때 주인의 허락 없이 밧줄을 가지고 나간다면 주지 않는 남의 물건을 가져가는 것이니 두 번째 계율에 어긋납니다. 그는 계율을 어길 수가 없어서 밧줄을 가져오지 않고 물에 빠진 사람이 죽어가는 것을 두고만 보았습니다.

이 상황을 어떻게 생각하십니까? 계를 어기는 한이 있더라도 밧줄을 가지고 와서 사람을 살려야 한다고 말한다면, 이는 계율을 지키지 않아도 된다는 말일까요? 이런 경우에 사람을 살리기 위해 불투도계不偸盜戒를 범해도 된다고 하는 것이 계율을 파괴하고 부정하라는 뜻이 아닙니다. 그것이 중도입니다.

계율을 지키는 데 집착해서 하나의 상을 지으면 오히려 계율의 정신에 벗어나게 됩니다. 또 반대로 깨달음이 계를 지키는 데 있지 않다는 단멸상에 떨어지면 계율 범하기를 밥 먹듯 하기 쉽습니다. 심지어는 계율을 어기는 게 마치 자유의 경지에 든 증거라도 되는 양 막행막식을 자랑하는 경우까지 있습니다. 우리가 계율을 받는 것은 그것을 지키기 위해서임을 잊지 말아야 합니다. 계율이 수행의 시작이고 근본입니다.

'일체 법이 무아'라는 것과 '일체 법이 없다'는 것은 그 뜻이 전혀 다릅니다. 그 둘을 혼동해선 안 됩니다. 우리가 악이라고 부르는 물질은 실은 그 안에 약이라는 실체나 근원이 있지는 않습니다. 약이라는 실체가 없다는 것은 이것이 독이라는 뜻도 아니고, 그렇다고 아무것도 아니라는 뜻도 아닙니다. 때와 장소에 관계없이 영원불멸하는 고정된 성품이나 역할이 없다는 것입니다.

일정한 조건과 인연 속에서 때로는 약성으로 작용하고 때로는 독성으로 작용하는 것이 참모습입니다. 다만 지금 여기에서의 쓰임에 따라 약이라 불릴 뿐입니다. 이 세상 모든 존재와 현상은 '이것'이라고 규정할 수 없는 동시에, 놓인 상황과 인연에 따라서는 '이것'이라고 설명할 수 있습니다. 그래서 다만 '이름한다'고 하는 것입니다.

몸의 특징으로써 부처를 볼 수 없으며, 아무 특징이 없음으로써도 부처를 볼 수 없다는 말씀의 참뜻이 바로 거기에 있습니다. 그러나 몸의 특징으로써 부처를 볼 수 없다고 말하면 몸의 특징이 없는 것으로 부처를 볼 수 있다고 생각하는 것이 중생심입니다. 이쪽이 아니라고 하면 저쪽으로 기울고, 저쪽이 아니라고 하면 다시 이쪽으로 기울고, 이쪽도 저쪽도 아니라고 하면 아무것도 아니라는 뜻으로 받아들여 공연히 허무한 관념에 젖어듭니다.

그래서 금강경의 가르침을 늘 가슴에 새기고 정진해 나가야 합니다. 단지 이론적인 학습과 생각의 반복만으로는 이 도리가 열리지 않습니다. 스스로 마음을 닦아나가야만 마음의 눈이 열리고 이치를 보게 되므로 법의 가피를 받을 수 있습니다.

## 28 不受不貪分
### 받지도 탐하지도 않는 복덕

다만 일체 법이 다 각기 제 곳에 있어
산은 산이요, 물은 물이라.
버들은 푸릇푸릇하고 복숭아꽃은 붉긋붉긋하나
모두 아我가 없는 것이라.

## 제이십팔 불수불탐분
## 第二十八 不受不貪分

須菩提 若菩薩 以滿恒河沙等世界七寶 持用布施 若復有人
수보리 약보살 이만항하사등세계칠보 지용보시 약부유인
知一切法無我 得成於忍 此菩薩 勝前菩薩所得功德 何以故
지일체법무아 득성어인 차보살 승전보살소득공덕 하이고
須菩提 以諸菩薩 不受福德故 須菩提白佛言 世尊 云何菩
수보리 이제보살 불수복덕고 수보리백불언 세존 운하보
薩 不受福德 須菩提 菩薩 所作福德 不應貪着 是故 說不
살 불수복덕 수보리 보살 소작복덕 불응탐착 시고 설불
受福德
수복덕

"수보리여! 만일 보살이 항하사 같은 세계에 가득한 칠보로써 보시할지라도 만일 다시 어떤 사람이 일체 법에 아가 없음을 알아 인욕을 성취하면 이 보살은 앞의 보살이 얻은 바 공덕보다 수승하리라. 왜냐하면 수보리여! 모든 보살은 복덕을 받지 않기 때문이다."

수보리가 부처님께 여쭈었습니다.

"세존이시여! 어찌하여 보살은 복덕을 받지 않습니까?"

"수보리여! 보살은 지은 바 복덕에 탐착하지 않으므로 복덕을 받지 않는다고 하느니라."

### 보살의 농사

"수보리여! 만일 보살이 항하사 같은 세계에 가득한 칠보로써 보시할지라도 만일 다시 어떤 사람이 일체 법에 아가 없음을 알아 인욕을 성취하면 이 보살은 앞의 보살이 얻은 바 공덕보다 수승하리라. 왜냐하면 수보리여! 모든 보살은 복덕을 받지 않기 때문이다."

수보리가 부처님께 여쭈었습니다.

"세존이시여! 어찌하여 보살은 복덕을 받지 않습니까?"

"수보리여! 보살은 지은 바 복덕에 탐착하지 않으므로 복덕을 받지 않는다고 하느니라."

須菩提 若菩薩 以滿恒河沙等世界七寶 持用布施 若復有人 知一切法無我 得成於忍 此菩薩 勝前菩薩所得功德 何以故 須菩提 以諸菩薩 不受福德故 須菩提白佛言 世尊 云何菩薩 不受福德 須菩提 菩薩 所作福德 不應貪着 是故 說不受福德

  범부 중생은 복을 짓지 않고 복 받기만 바랍니다. 밭을 갈고 씨를 뿌리고 김을 매야 할 계절에 일은 하지 않고, 가을이 되면 남들은 다 풍성한 곡식을 거두는데 자기만 수확이 없다고 괴로워합니다.

  현인은 복을 지어야만 복을 받는 이치를 압니다. 봄여름 내내

땀을 흘리며 부지런히 수고한 끝에 가을이 되면 풍성한 수확을 얻는 기쁨을 누립니다. 현인의 농사는 중생의 농사와 분명히 다르지만 공통점도 있습니다. 가을이 되면 많은 수확물이 있기를 바란다는 점입니다.

만약 태풍이 불어와서 추수를 할 수 없게 되면 현인은 좌절하고 실망하며 이럴 줄 알았다면 차라리 놀 걸 하고 후회합니다. 오직 추수만을 위해 하기 싫은 일을 참아가며 애를 썼기 때문입니다. 이런 사람에게 낯선 사람이 찾아와서 곡식을 나눠달라고 하면 고생해서 얻은 내 재산을 어떻게 네가 공짜로 달라 하냐며 외면할 것입니다.

보살의 농사는 이 둘과는 차원이 다릅니다. 봄에 씨 뿌리고 여름에 김매는 수고를 마다하지 않으면서도 이웃사람이 곡식을 나눠달라고 찾아오면 망설이지 않고 내줍니다. 보살은 이 세상 모든 존재는 그 누구의 것도 아니어서 누구든 필요한 사람이 쓰는 게 당연하다고 알고 있기 때문입니다. 공기는 그 누구의 것도 아니지만 세상 만물이 다 그것으로 숨을 쉬며 살아가고, 태양은 그 누구의 것도 아니지만 세상 만물이 다 그 온기에 의지해서 살아갑니다.

또 보살의 농사는 수확에만 매달리지 않습니다. 수확만 바라보는 사람은 수확에 이르는 과정이 참아내야 할 인고의 시간입니다. 그러나 보살은 농사짓는 그 과정이 모두 즐거움이므로 순간순간을 행복하게 살아갑니다. 그래서 거둬들인 수확은 이미 삶의 즐거움을 누리고 남은 찌꺼기일 뿐입니다. 그러니 누가 필요하다고 하면 기꺼이 나누어줍니다.

결과에만 집착하는 한 과정은 힘들고 고통스러운 시간일 뿐입니다. 지금 이 순간의 시간이 나의 삶입니다. 지금 여기를 떠난 삶은 존재하지 않습니다.

등산의 즐거움은 정상에 도달하는 데만 있지 않습니다. 한 발 한 발 올라가다 힘들면 쉬면서 경치 구경도 하고 배고프면 먹기도 하는 게 산에 오르는 즐거움입니다. 정상에 서는 것만이 등산이라면 편하게 케이블카 타고 올라가지 힘들게 걸어서 올라갈 필요가 없습니다.

인생도 등산과 같습니다. 좋은 것도 내 인생이고 나쁜 것도 내 인생입니다. 바라는 대로 되는 것도 내 인생이고, 바라는 대로 되지 않는 것도 내 인생입니다. 그처럼 나의 모든 시간이 소중한 내 인생의 일부임을 알고, 순간순간 기쁨을 누리며 사는 지혜가 나를 자유롭고 행복하게 만듭니다.

### 세 형제의 심부름

세 형제가 있습니다. 큰아이는 심부름을 하기 싫어합니다. 맛

있는 걸 사주겠다고 살살 달래도 말을 듣지 않아서 결국 매를 들고 야단을 쳐야만 심부름을 합니다. 둘째도 심부름하는 걸 싫어하기는 마찬가지지만 맛있는 걸 사주겠다는 말로 달래면 꼭 사줘야 된다는 다짐을 몇 번씩 하고 나서 심부름을 갑니다. 그런데 셋째는 형들과는 다릅니다. 특별히 야단을 치거나 먹을 것으로 꾀지 않아도 단번에 예! 하고 다녀옵니다. 엄마를 도와드리는 일이니 당연히 자기 일이라고 생각합니다.

그런데 첫째가 심부름을 갔다 와서 보니 심부름을 하지 않은 동생들도 매를 맞거나 꾸중을 듣지 않는 겁니다. 그걸 본 첫째는 '이럴 줄 알았으면 나도 가지 말걸. 엄마한테 속았다' 하고 후회하고 억울해합니다. 둘째가 심부름을 다녀와서 군것질을 하다 보니 심부름을 다녀오지 않은 다른 형제들도 같은 걸 먹고 있습니다. 그러자 둘째 역시 '그럴 줄 알았으면 심부름하지 말걸. 괜히 나만 혼자 고생했잖아' 하고 억울하다고 투덜댑니다.

큰아이의 모습은 인간의 두려움과 공포를 이용하는 신앙을 비유합니다. 나쁜 짓을 하면 벌 받는다, 나를 믿지 않으면 지옥 간다, 이런 말에 겁을 먹고 벌 받지 않으려고 착한 일을 하고 지옥 가지 않으려고 엎드려 비는 사람입니다. 혹시라도 지옥이라는 게 없다면 이런 사람은 아마 억울하다고 아우성칠 겁니다.

둘째는 인간의 욕심을 이용하는 신앙을 비유합니다. 돈을 많이 바치면 복 받고 극락에 간다는 유혹에 넘어간다는 것은 그의 마음속에 그만한 욕심이 숨어 있기 때문입니다. 이런 사람 역시 만약 극락세계가 없다면 억울하다고 아우성칠 겁니다.

그러나 셋째는 엄마가 매를 든다 해도 맞을 일이 없고, 상을 준다면 받는 것이 당연합니다. 이런 삶을 사는 사람은 천당이 있든 없든, 지옥이 있든 없든 상관없습니다. 지옥이 있다 해도 갈 일이 없고, 천당이 있다면 가는 것이 당연하고, 아무것도 없다 해도 당연히 제 할 일을 했을 뿐이니 아쉬울 이유가 없습니다. 이것이 보살의 길입니다. 보살은 그렇게 바라는 마음도 탐하는 마음도 갖지 않습니다.

갓난아이를 낳아 기르는 엄마의 마음도 이러한 보살의 마음과 같습니다. 엄마는 죽을 듯한 고통을 겪고 아기를 낳으면서도 원망은커녕 아기가 무사한 것만을 한없이 기뻐하고 고마워합니다. 아기를 키울 때에도 아기가 아무 일 없이 건강하게 잘 자라 주기만을 바랄 뿐이지, 지금 이 아기가 내 고생을 알아주고 나를 칭찬해 줬으면 하는 마음이 없습니다.

엄마의 이런 마음이 바라는 마음 없이 베푸는 보살의 마음입니다. 엄마라면 누구나 그런 마음을 냅니다. 그 마음을 어디서 배운 것도 아닙니다. 이렇듯 엄마가 보살의 마음을 가지는 이유는 아이와 엄마가 본래 한 몸이기 때문입니다.

내가 너고 네가 나인 두 사람 사이에는 내가 너를 보살핀다고 생색내는 마음, 내 공덕을 알아달라는 마음이 자리 잡을 여지가 없습니다. 이렇게 일체중생이 다 한 몸인 줄 알면 복을 짓고도 받을 복이 없는 보살의 마음이 저절로 일어나게 됩니다.

## 29 威儀寂靜分
### 위의가 적정하니

여래가 어찌 거去와 래來가 있으리오.
이와 같이 집착하는 것이 망견妄見에 떨어진 것이니
망견을 잊으면 동動과 정靜이 둘이 아니니라.

## 제이십구 위의적정분
## 第二十九 威儀寂靜分

須菩提 若有人言 如來 若來若去若坐若臥 是人 不解我所
수보리 약유인언 여래 약래약거약좌약와 시인 불해아소
說義 何以故 如來者 無所從來 亦無所去 故名如來
설의 하이고 여래자 무소종래 역무소거 고명여래

"수보리여! 만일 어떤 사람이 말하기를, 여래가 오기도 하고 가기도 하고 앉기도 하고 눕기도 한다고 하면, 이 사람은 내가 말한 바 뜻을 알지 못함이니라. 왜냐하면 여래란 오는 바가 없으며 가는 바가 없으니 이름이 여래니라."

## 온 바도 없고 간 바도 없이

부처님의 열 가지 명호 가운데 가장 많이 사용되는 명호가 여래입니다. 산스크리트어로 타타가타Tathagata, 온 바도 없고 간 바도 없이 오직 여여히 법의 실상에 안주해 있다는 뜻입니다.

여래가 오고 가는 자리는 온 것도 간 것도 아니며 앉거나 눕는 것도 없이 고요할 뿐입니다. 다만 중생의 눈으로 볼 때 오고 간다는 분별이 있을 뿐입니다. 여래의 움직임은 그 어떤 생각도 일으킴이 없어서 언제나 공적합니다.

"수보리여! 만일 어떤 사람이 말하기를, 여래가 오기도 하고 가기도 하고 앉기도 하고 눕기도 한다고 하면, 이 사람은 내가 말한 바 뜻을 알지 못함이니라. 왜냐하면 여래란 오는 바가 없으며 가는 바가 없으니 이름이 여래니라."

須菩提 若有人言 如來 若來若去若坐若臥 是人 不解我所說義 何以故 如來者 無所從來 亦無所去 故名如來

물은 그릇의 모양에 따라 그 형태가 바뀝니다. 스스로 어떤 모양이 되겠다는 아무런 의지도 작용하지 않습니다. 또한 텅 비어 있는 그릇은 거기에 무엇을 담는가에 따라 그 인연에 조응해서 밥을 담으면 밥그릇이 되고 국을 담으면 국그릇이 됩니다.

그와 같이 여래는 모든 욕구를 여의었으니, 그 행은 물과 같고 그릇과 같은 무위의 행입니다. 어디에도 집착함이 없으므로 행함 없이 행하는 무소행無所行을 실천하고 무위의 모습으로 무주상보시를 행하여 무루복을 짓습니다.

하지만 사람들의 행위는 언제나 목적에 집착하며 욕구를 따라다니는 유위의 행입니다. 매사를 분별의 잣대로 구분하고 욕구에 따라 생각을 일으키고 그것을 충족시키기 위해 움직입니다. 욕구가 만족되면 마음이 흡족하고 그렇지 못하면 몹시 불쾌해합니다. 깨끗함과 더러움을 분별해서 더러운 것은 버리고 깨끗한 것은 가지려 합니다. 그런 일로 늘 바쁘게 움직이는 게 중생의 삶입니다.

부처님은 깨끗함과 더러움을 분별하지 않으니 싫어하는 마음 좋아하는 마음이 일어날 여지가 없습니다. 더러워서 싫다고 갖다 버릴 것도 없고 깨끗해서 좋다고 챙겨 넣을 것도 없습니다. 그래서 아무런 함이 없으며 수고할 일이 없습니다.

부처님이 빨래를 하고 있는 모습을 사람들이 본다면 아마도 '부처님도 분별을 하는군. 더럽고 깨끗함이 따로 없는 거라면 그냥 입으면 되지 빨래는 왜 한담' 하고 생각할 겁니다. 이는 '더럽고 깨끗함에 분별이 없다면 더러운 옷을 그대로 입어야 한다', '빨래란 더럽고 깨끗함을 분별해서 더러운 것을 버리고 깨끗한 것을 취하는 것이다', '더럽고 깨끗함이 본래 없다면 빨래를 할 필요가 없다'는 생각에 빠져 있기 때문입니다. 그러나 더러움과 깨끗함을 분별하지 않는다면 둘 중 하나를 좋아하거나 싫어하는 마음도 일어나지 않습니다. 오히려 옷이 더러운데도 그대로 입고 있다는 것은 더러움을 선호한다는 얘기가 됩니다.

부처님 당시의 수행자들은 시체를 쌌던 천을 주워 입었습니다. 그런데 처음에는 그 천을 햇빛에 소독하지 않았다고 합니다. 그 모습을 본 의사 지바카가 부처님께 말씀드렸습니다.

"시체를 쌌던 옷을 그대로 입으면 병에 걸리기 쉽습니다. 빨아서 햇빛에 말려 입으면 병에 걸릴 위험이 적어집니다."

그 뒤로 수행자들은 분소의를 빨아서 입게 되었습니다. 그냥은 더러워서 도저히 입을 수가 없어서 깨끗하게 빨아 입는 게 아니라 인연에 따라 쓰임이 더 적합하도록 빨아서 입기로 한 것입니다. 그처럼 '이래야 된다'라고 고집할 바가 없기에 분별이 끊어진 상태에서 인연 따라 자유롭게 움직일 수 있는 것입니다.

## 지금 이런 마음이 일어나는구나

평면 위에 선을 그으면 그 선을 기준으로 이쪽과 저쪽이 생겨나고, '이쪽에서 저쪽으로 넘어갔다' 혹은 '저쪽에서 이쪽으로 넘어왔다'는 개념이 생겨납니다. 만약 그 선이 없어진다면 넘어갔다는 말도 넘어왔다는 말도 함께 사라집니다. 분별의 경계선을 긋기 때문에 오고 감이 생기는 것이지 그 선을 거두면 자유롭게 움직이되 간다고 할 수도 없고 온다고 할 수도 없는 세상이 열립니다. 간 바도 없고 온 바도 없이 일체의 분별이 끊어진 경지가 그것입니다.

나뭇가지는 더운 바람에도 흔들리고 찬바람에도 흔들립니다. 어떤 바람이냐에 따라 좋고 싫음을 선택하거나 회피하지 않습니다. 바람은 다만 바람일 뿐입니다. 세상 만물을 있는 그대로의 모습으로, 다만 그것으로만 바라볼 수 있어야 합니다. 그래야 괴로움을 여읜 새로운 삶이 열립니다.

꽃밭에 가지가지 꽃이 어울려 피어 있습니다. 그 꽃들을 보면서 '장미는 진짜 예쁜데 채송화는 저렇게 못났을까?' 이런 한 생각을 일으키면 또 다른 번뇌들이 줄지어 일어납니다. '전생에 복을 많이 지으면 장미꽃이 되고 못된 짓을 많이 하면 채송화가 되나 보다.' 그런 분별에 붙여지는 이름이 전생이기도 하고 사주팔자이기도 하고 하늘의 벌이기도 합니다.

부처님 법은 장미를 다만 장미로 보고 채송화를 다만 채송화로 봅니다. 장미를 좋아하는 사람도 있고 채송화를 좋아하는 사람도 있고 진달래를 좋아하는 사람도 있습니다. 기호와 취향이란 천차만별입니다. 그러니 남의 취향을 가지고 좋다 나쁘다 시비하지 말고 저 사람은 저걸 좋아하는구나, 이 사람은 이걸 좋아하는구나 하면서 그것을 다만 그것으로 보면 어떤 것을 보고 듣고 냄새 맡고 맛보고 감촉해도 마음이 고요합니다.

그런데 만약 자기도 모르게 '저 사람은 도대체 왜 저럴까?' 하고 시비 분별이 났다면, 그렇게 생각하는 자신을 자책하거나 후회하지 말고 그것마저도 그대로 인정하고 받아들여야 합니다. 화가 났을 땐 화난 대로, 슬플 때는 슬픈 대로, 거기에 빠져들지도 말고 거부하지도 말고 파도가 일어나는 모습을 바라보듯이 내 마음을 가만히 지켜보는 겁니다. 이런 마음이 일어나야 된다, 이런 마음은 일어나면 안 된다, 그런 관념을 내려놓고 '지금 이런 마음이 일어나는구나' 하고 지켜보면 마음의 움직임에 끄들리지 않을 수 있습니다.

'바보같이 아직까지 이것밖에 안 되는구나' 하고 자책하는 것은 스스로를 더 큰 괴로움 속으로 밀어 넣는 일입니다. 남을 시비하는 분별을 일으키지 않는 것도 중요하지만 분별을 일으켰던 자기를 탓하지 않는 것도 중요합니다. 그리고 가장 중요한 것은 앞으로는 똑같은 어리석음을 짓지 않으려는 노력입니다.

후회는 인생에 아무 도움이 되지 않습니다. 이미 엎질러진 물은 지나가 버린 물입니다. 엎질러진 물을 후회하지 말고 다시는 엎지르지 않도록 주의하는 것이 지금의 괴로움을 덜어내고 내 인생을 행복하게 만드는 길입니다.

## 30 一合理相分
### 하나로 합한 이치

여래께서 설하신 일합상一合相은
이변二邊을 여읜 것으로써 일합상이라 하나니
이변을 여의면 가히 말할 길이 끊어질 것이거늘
범부들은 유무有無와 일이一異 이변을 여의지 못하고
다만 그것을 탐착할새
삼신 일체인 평등법신을 통달치 못하느니라.

## 제삼십 일합이상분
## 第三十 一合理相分

須菩提 若善男子善女人 以三千大千世界 碎爲微塵 於意云
수보리 약선남자선여인 이삼천대천세계 쇄위미진 어의운

何 是微塵衆 寧爲多不 甚多 世尊 何以故 若是微塵衆 實
하 시미진중 영위다부 심다 세존 하이고 약시미진중 실

有者 佛 卽不說是微塵衆 所以者何 佛說微塵衆 卽非微塵
유자 불 즉불설시미진중 소이자하 불설미진중 즉비미진

衆 是名微塵衆 世尊 如來所說三千大千世界 卽非世界 是
중 시명미진중 세존 여래소설삼천대천세계 즉비세계 시

名世界 何以故 若世界實有者 卽是一合相 如來說一合相
명세계 하이고 약세계실유자 즉시일합상 여래설일합상

卽非一合相 是名一合相 須菩提 一合相者 卽是不可說 但
즉비일합상 시명일합상 수보리 일합상자 즉시불가설 단

凡夫之人 貪着其事
범부지인 탐착기사

"수보리여! 만일 선남자 선여인이 삼천대천세계를 빻아서 가는 티끌을 만들면 어떻게 생각하느냐? 이 티끌들이 많지 않겠느냐?"

"매우 많습니다, 세존이시여! 왜냐하면 만일 이 티끌들이 실제로 있는 것이라면 부처님께서 티끌들을 말씀하지 않으셨을 것입니다. 왜냐하면 부처님께서 티끌들이라고 말씀하신 것은 곧 티끌들이 아니라 그 이름이 티끌들이기 때문입니다. 세존이시여! 여래가 말씀하신 삼천대천세계는 곧 세계가 아니라 그 이름이 세계입니다. 왜냐하면 만일 세계가 실로 있다면 곧 일합상인 것이거늘 여래께서 말씀하신 일합상은 곧 일합상이 아니라 이름이 일합상입니다."

"수보리여! 일합상이라는 것은 곧 말할 수 없거늘, 다만 범부들이 이것을 탐착하느니라."

### 세상의 참모습

"수보리여! 만일 선남자 선여인이 삼천대천세계를 빻아서 가는 티끌을 만들면 어떻게 생각하느냐? 이 티끌들이 많지 않겠느냐?"

"매우 많습니다, 세존이시여! 왜냐하면 만일 이 티끌들이 실제로 있는 것이라면 부처님께서 티끌들을 말씀하지 않으셨을 것입니다. 왜냐하면 부처님께서 티끌들이라고 말씀하신 것은 곧 티끌들이 아니라 그 이름이 티끌들이기 때문입니다. 세존이시여! 여래가 말씀하신 삼천대천세계는 곧 세계가 아니라 그 이름이 세계입니다. 왜냐하면 만일 세계가 실로 있다면 곧 일합상인 것이거늘 여래께서 말씀하신 일합상은 곧 일합상이 아니라 이름이 일합상입니다."

"수보리여! 일합상이라는 것은 곧 말할 수 없거늘, 다만 범부들이 이것을 탐착하느니라."

須菩提 若善男子善女人 以三千大千世界 碎爲微塵 於意云何 是微塵衆 寧爲多不 甚多 世尊 何以故 若是微塵衆 實有者 佛 卽不說是微塵衆 所以者何 佛說微塵衆 卽非微塵衆 是名微塵衆 世尊 如來所說三千大千世界 卽非世界 是名世界 何以故 若世界實有者 卽是一合相 如來說一合相 卽非一合相 是名 一合相 須菩提 一合相者 卽是不可說 但凡夫之人 貪着其事

하나의 세계만도 어마어마하게 큰데 삼천대천세계니 참으로 상상하기 어려울 만큼 큽니다. 그 큰 세계를 싹 갈아서 티끌로 만들면, 이 가는 티끌의 개수는 얼마나 많겠느냐고 부처님은 묻습니다.

티끌이라는 말에는 세상 가장 작은 존재로, 만물의 근원이라는 의미가 포함되어 있습니다. 돌멩이를 부수어 가루로 만들듯이 삼천대천세계를 부수어 아주 작은 티끌로 만든다면 그 티끌은 만물의 근원이라고 할 수 있을까요? 사람들은 그렇게 만물의 근원인 티끌이 변하지 않는 자기만의 성품, 주변 세계와는 완전히 독립된 성질을 가진 단독자로 존재한다고 생각했습니다.

하지만 부처님은 그런 단독자는 없다고 말씀하십니다. 더 이상 쪼갤 수 없는 이 최소의 알갱이가 실로 있는 것이라면 부처님이 티끌의 무리라고 말하지 않을 것인데, 부처님이 티끌의 무리라고 말한 것은 사실은 티끌이라고 하는 어떠한 실체가 없기에 그 이름을 가는 티끌들이라 한다고 했습니다.

물은 아주 작은 물방울 입자들로 구성되어 있습니다. 그 물방울을 쪼개고 또 쪼개면 물 분자라고 불리는 미세한 입자가 나타납니다. 거기서 멈추지 않고 더 작은 입자로 분해하면 산소 원자와 수소 원자가 됩니다.

처음 원자가 발견됐을 때에는 원자가 만물의 근본 물질이라고 생각했지만, 원자 역시 핵과 전자의 결합이라는 사실이 확인

됐습니다. 또한 핵은 양성자와 중성자와 같은 소립자로 이루어져 있습니다. 그러면 이러한 소립자가 세계를 구성하는 근본 요소일까요? 아닙니다. 현대물리학은 소립자를 구성하는 기본 입자인 쿼크를 발견해 냈습니다. 그리고 그 구조를 파헤치는 연구는 지금도 진행 중입니다.

만약 쿼크를 구성하는 더 작은 입자의 존재가 규명된다면 과학은 다시 또 그 미세 입자의 구조를 분석하는 연구를 계속할 것입니다. 그러니 세계를 구성하는 근본 요소를 미진이라고 부른다면, 사물을 구성하는 미세한 입자들을 미진이라고 이름 하되 실상 미진이라고 할 만한 요소는 존재하지 않는다고 할 수 있습니다.

티끌이 티끌 아닌 이유를 다른 각도에서도 살펴봅시다. 태양계의 규모는 우리의 상상을 넘어설 만큼 광대하지만 우주의 차원에서 본다면 태양계도 하나의 티끌에 불과합니다. 한편 소립자의 입장에서 본다면 원자나 분자의 영역은 우주와 비교될 만큼 광대한 세계입니다. 티끌보다 작다고 하는 원자도 전자나 소립자의 관점에서 보면 엄청나게 거대한 크기의 공간인 것입니다.

또 무수히 많은 티끌의 하나하나를 본다면 그들은 각각 분리된 개별적 존재로 보이지만, 그 티끌 하나하나가 모이고 결합해서 하나의 세계가 만들어집니다. 서로 다른 티끌이 모여서 하나의 세계를 이루며 다른 것을 바탕으로 같은 것이 이루어집니다. 그와 동시에 하나의 세계가 흩어져 서로 다른 티끌이 되기도 합니다.

물방울을 이루는 물 분자는 물의 성질을 그대로 가지고 있는 것 중에서 가장 작은 입자입니다. 하지만 물 분자를 이루는 산소 원자와 수소 원자는 더 이상 물의 성질을 가진 물질이 아닙니다. 이렇게 물이 아닌 물질이 모여서 물이 됩니다.

이는 모두 같은 것을 근본으로 하여 다른 것이 되며, 하나를 근본으로 해서 하나가 아닌 것이 나타나는 이치입니다. 근본 이치에서 본다면 본래 같은 것도 없고 다른 것도 없습니다. 지금 모습을 드러낸 인연에 따라 나타나는 이름일 뿐이지, 같거나 다르다고 할 만한 본질적 실체가 존재하는 것이 아닙니다.

하나의 존재에서 서로 다른 많은 존재가 나오고, 서로 다른 많은 존재들이 모여서 하나의 세계를 이룹니다. 하나로부터 많은 것이 나오고 많은 것으로부터 하나가 나옵니다. 하나는 하나 아닌 것으로 돌아가고, 모든 것은 모든 것이 아닌 것으로 돌아갑니다. 하나다, 둘이다 하는 구분은 다만 지금 눈에 보이는 현상에 불과하며 궁극적으로 하나와 둘을 판단할 만한 실체는 없습니다.

그러니 다만 지금 인연에 따라 이름 불릴 뿐이지, 본래 미진에는 미진이라는 실체가 없고 세계에는 세계라는 실체가 없습니다. 같은 것도 아니고 다른 것도 아닌 불일불이不一不異가 세상의 참모습입니다.

## 내 인생의 주인

　삼천대천세계를 부수니 무수한 티끌이 만들어졌습니다. 그것이 더 이상 쪼갤 수 없는 최소 물질이고 단독자라면 티끌은 공이 아니라 불변의 실체가 있는 물질이라는 얘기가 됩니다. 그러나 티끌은 더 작은 다른 물질들의 결합으로 이루어져 있습니다. 지금의 과학 수준으로 분석해 내지 못한다고 해서 티끌이 세계의 근원이며 단독자인 것은 아닙니다.

　겉으로 드러난 현상을 보면 실체가 존재하는 것 같지만 그 속을 들여다보면 아무 실체 없이 텅 비었음을 알게 됩니다. 또 아무 실체 없이 텅 비어 있는 것처럼 보이는 거기로부터 온갖 현상이 모습을 드러냄을 알게 됩니다. 티끌은 주변 세계와의 연관 속에서 그때그때 다른 성질을 드러내기도 하고 전혀 새로운 물질로 나타나기도 합니다.

　우리의 의식도 바깥 세계로부터 영향을 받아서 이루어집니다. 김치 맛을 좋아하고 된장 냄새를 좋아하는 것도 그러한 조건과 인연이 좋아하도록 만든 것이지 우리 스스로 그것들을 선택한 것이 아닙니다. 이것이 우리가 '환경이, 조건이, 존재가 우리의 의식을 규정한다'고 말하는 이유입니다.

　그런데 이와 반대로 내가 어떤 의식을 갖느냐에 따라 바깥 세계를 보는 눈이 달라집니다. 나를 중심에 놓고 세계를 보면 내가 보는 세계가 실제인 줄 착각합니다. 그런데 내가 보는 세계가 실제가 아닌 줄을 알면 오히려 의식이 환경의 영향을 받지 않을 수 있습니다. 그러니 우리의 의식이 환경의 영향을 받는다는 말도 맞고, 우리의 의식이 환경의 영향을 받지 않는다는 말도 맞습니다.

사람의 의식이 오로지 환경에 의해서만 형성되고 독자적 성질이 전혀 없는 거라면 자본주의 사회에서 태어나고 자란 사람은 사회주의적인 시각을 가질 수 없고, 사회주의 사회에서 태어나고 자란 사람은 자본주의적 시각을 가질 수 없습니다. 그러나 사회주의가 생긴 것은 자본주의가 한창 꽃을 피우던 사회적 분위기 속에서였습니다. 의식이 환경에 영향을 받는 것은 맞지만 의식이 주체적으로 환경에 대응해서 다시 환경을 변화시키기도 하는 것입니다. 이런 상호작용을 깨달으면 나를 둘러싼 환경에 보다 주체적으로 대응하는 삶을 살 수가 있습니다.

의식의 독립성을 주장하거나 의식의 종속성만 주장하는 것은 모두 한쪽 면만을 보고 있는 것입니다. 실제로 그 둘은 서로 연관되어 있습니다. 환경의 영향을 받으면서도 환경에 능동적으로 대처하고, 환경에 능동적으로 대처하면서도 동시에 환경의 영향을 받습니다. 어느 한쪽만을 보게 되면 세계에 대한 총체적이고 입체적인 이해가 부족해집니다.

내가 지금 세상을 보는 관점에 따라 세상은 달라집니다. 주변 조건에 매달려서 사느냐, 아니면 내가 처한 환경에 적극적으로 대응하며 내 인생의 주인으로 사느냐의 선택은 순전히 자신의 몫입니다.

주변 조건의 노예로 살지 않고 주인으로 살면 나도 좋아지고 남도 좋아집니다. 나도 변하고 세계도 변합니다. 내가 행복해지는 것과 세계가 좋아지는 것이 둘이 아닙니다.

늘 나로부터 출발해야 합니다. 나는 그대로 두고 밖을 바꾸겠다고 하면 세상은 바뀌지 않습니다.

## 31  知見不生分
### 지견을 내지 아니하니

중생이 상견相見에 집착함이 견고하여
타파하기 어려운 고로
부처님께서 금강심지金剛心智로써
그 정견情見을 타파하고
자기의 법신 본체를 보게 하시는 것이니라.

## 제삼십일 지견불생분
## 第三十一 知見不生分

須菩提 若人言 佛說我見人見衆生見壽者見 須菩提 於意云
수보리 약인언 불설아견인견중생견수자견 수보리 어의운

何 是人 解我所說義不 不也 世尊 是人 不解如來所說義
하 시인 해아소설의부 불야 세존 시인 불해여래소설의

何以故 世尊 說我見人見衆生見壽者見 卽非我見人見衆生
하이고 세존 설아견인견중생견수자견 즉비아견인견중생

見壽者見 是名我見人見衆生見壽者見 須菩提 發阿耨多羅
견수자견 시명아견인견중생견수자견 수보리 발아뇩다라

三藐三菩提心者 於一切法 應如是知如是見如是信解 不生
삼막삼보리심자 어일체법 응여시지여시견여시신해 불생

法相 須菩提 所言法相者 如來說卽非法相 是名法相
법상 수보리 소언법상자 여래설즉비법상 시명법상

"수보리여! 만일 어떤 사람이 말하되, 부처님이 아견·인견·중생견·수자견을 설했다고 한다면, 수보리여! 그대는 어떻게 생각하느냐? 그 사람은 내가 말한 뜻을 알았다 하겠느냐?"

"아닙니다, 세존이시여! 그 사람은 여래께서 말씀하신 뜻을 알지 못합니다. 왜냐하면 세존에서 말씀하신 아견·인견·중생견·수자견은 아견·인견·중생견·수자견이 아니라 그 이름이 아견·인견·중생견·수자견이기 때문입니다."

"수보리여! 아뇩다라삼먁삼보리심을 발한 자는 일체 법에 응당 이와 같이 알고, 이와 같이 보며, 이와 같이 믿고 이해하여 법상을 내지 아니할지니라. 수보리여! 여래가 말한 법상이라는 것은 곧 법상이 아니라 그 이름이 법상이니라."

### 이 빨간색 기둥은 무슨 색인가?

"수보리여! 만일 어떤 사람이 말하되, 부처님이 아견·인견·중생견·수자견을 설했다고 한다면, 수보리여! 그대는 어떻게 생각하느냐? 그 사람은 내가 말한 뜻을 알았다 하겠느냐?"

"아닙니다, 세존이시여! 그 사람은 여래께서 말씀하신 뜻을 알지 못합니다. 왜냐하면 세존께서 말씀하신 아견·인견·중생견·수자견은 아견·인견·중생견·수자견이 아니라 그 이름이 아견·인견·중생견·수자견이기 때문입니다."

"수보리여! 아뇩다라삼먁삼보리심을 발한 자는 일체 법에 응당 이와 같이 알고, 이와 같이 보며, 이와 같이 믿고 이해하여 법상을 내지 아니할지니라. 수보리여! 여래가 말한 법상이라는 것은 곧 법상이 아니라 그 이름이 법상이니라."

須菩提 若人言 佛說我見人見衆生見壽者見 須菩提 於意云何 是人 解我所說義不 不也 世尊 是人 不解如來所說義 何以故 世尊 說我見人見衆生見壽者見 卽非我見人見衆生見壽者見 是名我見人見衆生見壽者見 須菩提 發阿耨多羅三藐三菩提心者 於一切法 應如是知如是見如是信解 不生法相 須菩提 所言法相者 如來說卽非法相 是名法相

'저 사람은 나쁜 사람이다' 또는 '저 사람은 좋은 사람이다' 라고 할 때, 사람들은 '좋은 사람'이라는 불변의 실체가 있고

'나쁜 사람'이라는 불변의 실체가 있다고 여깁니다. 이것이 상을 짓는 것입니다.

어떤 사람이 술을 먹고 와서 내게 폭언을 하고 주먹을 휘두른다면 나는 그를 나쁜 사람이라고 생각하겠지요. 하지만 지금 그의 행동이 나한테 나쁜 영향을 미치므로 나는 그를 나쁜 사람이라고 생각하고 말하는 거지, 나쁜 사람이라는 본질적 실체가 존재하는 것은 아닙니다.

그 사람이 술을 깨고 집으로 돌아가 부인과 아이들에게 다정하고 자상한 가장 역할을 한다면 그들에게 그는 더없이 좋은 사람입니다. 그러면 그의 실체는 좋은 사람인가요, 나쁜 사람인가요? 우리는 대개 자기가 일으킨 생각이 객관적 실체라고 착각합니다. 이것이 상입니다.

여기 하얀 기둥이 있습니다. 그런데 태어날 때부터 붉은색 안경을 낀 사람은 기둥이 붉다고 믿습니다. 또 푸른색 안경을 낀 사람이라면 푸른색이라고 믿을 겁니다. 그 두 사람이 만나면 서로 기둥이 빨간색이니 푸른색이니 하고 다툴 게 뻔합니다. 이게 상을 짓고 상에 집착하는 중생계의 모습입니다.

그런데 이렇게 상에 집착하는 이유는 집착하고 싶어서 그러는 게 아니라 그것이 객관적인 사실이라고 믿기 때문입니다. 내 눈에 그렇게 보이는 것을 실제라고 착각하기 때문입니다.

기둥이 빨갛게 보이고 파랗게 보이는 것은 내 안경 색깔 때문입니다. 내 눈에 그렇게 보이고, 내가 그렇게 알고, 내가 그렇게 생각합니다. 실제 기둥 색깔이 빨간지 파란지는 알 수 없습니다. 기둥이 노랗다는 사람을 만나거나 분홍색이라는 사람을 만나도 그건 아니라고 단정해 말할 수 없습니다.

하지만 그렇다고 해서 내 눈에 분명히 빨간색으로 보이는데도 '아무 색깔도 안 보여. 그냥 다 아무것도 아니야'라고 생각하는 것도 진리가 아닙니다. 빨갛게 보이면 '지금 내 눈에 빨갛게 보이는구나' 하고 받아들이면 됩니다. 파랗다고 주장하는 사람을 만나면 '저 사람 눈에는 파랗게 보이는구나' 하고 인정하면 됩니다. 이건 누가 옳고 그르고의 문제가 아닙니다. 내 눈에 빨갛게 보이듯이 그의 눈에는 파랗게 보인다는 사실을 인정하면 대립과 갈등을 피할 수 있습니다.

사람들은 한번 상을 지으면 그 상에 매달려 집착합니다. 그리고 거기에 덧붙여 자기 견해를 만들어냅니다. 우리는 태양이 동쪽에서 떠서 서쪽으로 진다고 말합니다. 하지만 사실은 태양이 움직이는 게 아니라 지구의 자전 때문에 그렇게 보일 뿐이라는 것을 알고 있습니다.

하지만 옛사람들은 해가 땅 밑에서 솟아오르는 것이 객관적 사실이고 자신은 그 객관적 사실을 인식한다고 믿었습니다. 그래서 '해가 뜨고 진다'는 상에 자기 나름의 견해를 달게 됩니다. 해가 뜨고 지는 것은 '신이 불을 붙이고 불을 끄는 것'이라는 이유를 달고는 그것이 진리라는 견해를 일으킵니다.

상이 상 아닌 줄을 알아야 하듯이 견해가 견해 아닌 줄을 알아야 합니다. 아상·인상·중생상·수자상도 아상·인상·중생상·수자상이 아니고, 아견·인견·중생견·수자견도 아견·인견·중생견·수자견이 아닙니다.

### 상을 놓아야 한다는 상

세상에 존재하는 모든 사물은 다만 그것일 뿐입니다. 그런데 사람들은 다만 그것일 뿐인 세상에 자기 잣대를 들이대서 온갖 분별을 일으킵니다. 게다가 자기가 분별을 일으키고 있음을 알아차리지 못하고 오히려 자기가 일으킨 생각을 객관화시키고 절대화시킵니다. 자기가 평가한 가치가 그것의 실제 가치고 자기가 보기에 좋은 것이 실제로 좋은 것이라고 착각합니다.

하지만 그렇다고 해서 아무 생각도 내지 말아야 한다는 것은 아닙니다. 아예 아무 생각이 없어야 한다고 고집하는 것은 단멸상에 빠진 또 다른 집착입니다. 누구나 자기 나름대로의 생각이 있습니다.

내 눈에는 빨간색으로 보이고, 저 사람 눈에는 파란색으로 보입니다. 그것이 실상임을 알면 이제 나의 빨간색과 그의 파란색이 다툴 이유가 없습니다. 둘 중 하나로 결정해야 한다는 생각 때문에 매사가 시빗거리가 되는 것이지 '저 사람 눈에는 파랗게 보이는구나' 하고 생각하면 다툴 일이 없습니다.

또한 집착하지 말아야 한다는 데 집착하는 것 역시 상에 매달리는 어리석음입니다. 집착을 놓아야 한다는 견해를 일으키면 금방 괴로움이 생깁니다. 여태까지의 괴로움에다가 집착하지 말아야 한다는 분별까지 더해져 집착을 놓지 못하는 자기를 미워하게 되고 결국에는 좌절하게 됩니다.

상을 놓고 견해를 내려놓겠다고 불법을 배우더니 결국 '상을 놓아야 한다는 상'을 하나 더 보태고 있는 것은 아닌지 돌이켜 보아야겠습니다. 상을 놓았느니 못 놓았느니 하는 잣대를 가지고 세상을 돌아다니며 시비하고 있는 건 아닌지 말입니다. 법이라고 하는 상, 진리라고 하는 잣대까지 내려놓아야 일체를 다 내려놓은 자유의 삶으로 접어들 수 있습니다.

## 32 應化非眞分
### 상을 취하지 않으면 여여부동이라

상을 취하지 아니하면 여여부동하니라.
이 뜻을 깨치면 세계가 이 법을 설하고
티끌 티끌이 이 법을 설하고
중생 중생이 법을 설하고
삼세 일체가 다 법을 설하느니라.

## 제삼십이 응화비진분
## 第三十二 應化非眞分

須菩提 若有人 以滿無量阿僧祇世界七寶 持用布施 若有善
수보리 약유인 이만무량아승기세계칠보 지용보시 약유선

男子善女人 發菩薩心者 持於此經 乃至 四句偈等 受持讀
남자선여인 발보살심자 지어차경 내지 사구게등 수지독

誦 爲人演說 其福勝彼 云何爲人演說 不取於相 如如不動
송 위인연설 기복승피 운하위인연설 불취어상 여여부동

何以故 一切有爲法 如夢幻泡影 如露亦如電 應作如是觀
하이고 일체유위법 여몽환포영 여로역여전 응작여시관

佛說是經已 長老須菩提 及諸比丘比丘尼優婆塞優婆夷一
불설시경이 장로수보리 급제비구비구니우바새우바이일

切世間天人阿修羅 聞佛所說 皆大歡喜 信受奉行
체세간천인아수라 문불소설 개대환희 신수봉행

"수보리여! 만일 어떤 사람이 무량 아승기 세계에 가득한 칠보로써 보시할지라도, 만일 선남자 선여인이 보리심을 일으켜 이 경을 가지거나 내지 사구게 등을 수지 독송하여 다른 사람을 위하여 연설하면 그 복이 저보다 승하리라. 어떻게 다른 사람을 위하여 연설하는가? 상을 취하지 않으면 여여하여 동하지 않으리라. 왜냐하면

일체 유위법은 꿈과 같고 꼭두각시와 같고

물거품과 같고 그림자와 같으며,

또한 이슬과 같고 번개와 같으니

마땅히 이와 같이 관할지니라."

부처님께서 이 경 설하시기를 마치자 장로 수보리와 모든 비구 비구니와 우바새 우바이와 일체 세간 천인 아수라 들이 부처님의 말씀을 듣고 모두 크게 환희하여 믿고 받아들여 뜻을 받들어 행하였느니라.

## 눈을 떠 보면 다 꿈일 뿐

"수보리여! 만일 어떤 사람이 무량 아승기 세계에 가득한 칠보로써 보시할지라도, 만일 선남자 선여인이 보리심을 일으켜 이 경을 가지거나 내지 사구게 등을 수지 독송하여 다른 사람을 위하여 연설하면 그 복이 저보다 승하리라. 어떻게 다른 사람을 위하여 연설하는가? 상을 취하지 않으면 여여하여 동하지 않으리라."

須菩提 若有人 以滿無量阿僧祇世界七寶 持用布施 若有善男子善女人 發菩薩心者 持於此經 乃至 四句偈等 受持讀誦 爲人演說 其福勝彼 云何爲人演說 不取於相 如如不動

부처님은 6년 고행으로 깨달은 도를 세상에 전하는 데 평생을 바치셨습니다. 보리수나무 아래에서 마침내 깨달음을 얻었을 때 마왕이 나타나 그 좋은 법을 혼자만 간직하라고 유혹했지만 부처님은 마왕의 유혹을 단호히 뿌리쳤습니다. 모든 사람이 이 법을 알아 자유롭고 행복해지기를 바라는 마음이었지요. 그래서 부처님은 45년 동안 쉼 없이 이 법을 전하셨습니다.

이 법을 만나서 일어나는 환희심은 남과 경쟁하고 얻는 기쁨이 아닙니다. 남에게 이로움을 줌으로써 얻어지는 기쁨입니다. 하지만 불법을 전함으로써 이루는 공덕이 아무리 한량없다 해도 상에 머무르는 한 그것은 상대에게도 자신에게도 독이 되기 쉽습니다.

금강경 공부를 해보니까 마음이 기쁘고 행복해 혼자 알기에는 아깝다는 생각이 든 사람이 가까운 친구에게 전화를 걸어서 공부하러 같이 법당에 가자고 권하고 약속을 정했습니다. 그런데 공부하러 법당에 가는 날이 되었는데 친구가 오지 않습니다. "아, 미안해. 꼭 가려고 했는데 갑자기 급한 일이 생겼네. 다음에 꼭 갈게" 하는 겁니다.

그리고 그다음에도 그렇게 약속을 어기고, 또 그다음에도 똑같이 약속을 어기면 섭섭하다 못해 짜증이 솟아오릅니다. '내가 무슨 이익을 보려고 하는 것도 아니고, 너를 위해 이렇게 마음을 써주는데 이럴 수가 있나!' 하는 생각이 듭니다. 그런데 그런 마음이 드는 것은 '내가 너를 위해 법을 전하고 있다'는 상을 가지고 있기 때문입니다. 마음속에 상을 짓지 않는다면 열 번을 약속해서 열 번을 어긴다 해도 아무 섭섭함이 없고 마음이 한결같아서 흔들리지 않습니다.

부처님의 십대제자 가운데 설법說法 제일 부루나는 서방의 수로나국으로 법을 전하러 가겠다고 부처님에게 청을 올렸습니다. 그런데 수로나국 사람들은 난폭하다고 알려져 있었습니다.

"부루나여, 그 나라 사람들은 매우 사납다고 들었습니다. 그대가 가서 법을 설하면 그들은 고맙게 생각하기는커녕 비난하고 욕을 할 것입니다."

"부처님, 그들은 저를 비난하거나 욕할 뿐이지 때리지는 않을 것입니다."

"부루나여, 그들은 매우 사납다고 들었습니다. 그대가 법을 설하면 그들은 그대를 때릴지도 모릅니다."

"부처님, 그들은 저를 때릴지언정 죽이지는 않을 것입니다."

"부루나여, 그들은 매우 사납다고 들었습니다. 법을 전하는 그대를 죽일지도 모릅니다."

"부처님, 이 몸은 무상한 것입니다. 오늘 죽으나 내일 죽으나 죽기 마련입니다. 불법을 위해 쓰이고 죽는다면 아무 여한이 없습니다."

"부루나여, 그대는 인욕을 성취하였으니 수로나국의 난폭한 사람들 속에서도 머물 수 있을 것입니다. 수로나국으로 가서 제도받지 못한 자를 제도하고, 근심과 걱정으로 불안해하는 사람들을 평안하게 하며, 열반을 얻지 못한 사람을 열반에 이르게 하십시오."

법을 전하는 사람은 이처럼 어떤 상에도 머무름이 없어야 합니다. 전법은 오직 상대가 어리석음을 깨치는 기쁨을 맛보게 하기 위해서고, 그 기쁨은 다른 누가 아닌 내 삶을 가장 행복하고 기쁘게 만듭니다.

상을 취하지 않는 마음은 언제나 한결같아서 희로애락에 흔들리지 않습니다. 우리는 늘 상을 취하고 거기에 매달려 있으므로 상대의 행동에 섭섭해하고 괜한 짓을 했다고 후회하는 것입니다.

내가 상대를 위해 이런저런 일을 해준다는 상을 가지고 있으면 자꾸 그 대가를 바라게 되고, 바라는 그 마음이 채워지지 않으면 갈등이 생깁니다. 더군다나 상대가 원하는 걸 해주는 것도 아니고 자기 생각에 좋아 보이는 걸 해주면서 '내가 너를 위해 이렇게 애쓰고 있다'는 생각에 빠지면 갈등은 피하려야 피할 수가 없습니다. 내 보기에 좋은 것을 상대에게 강요하는 것은 사랑이 아니라 욕심입니다.

남편이 아내에게 옷을 한 벌 사주었는데, 상대가 별로 고마워하는 기색이 없으면 당장 섭섭해집니다.

"당신, 내가 사준 그 옷 왜 안 입어?"

"뭐, 당신이 좋아하니까 산 거지 나는 별로더라."

"아니, 기껏 사줬더니 겨우 한다는 소리가 그거야?"

이런 대화가 오가면 섭섭하고 밉고 원망스러운 마음이 일어납니다. 그럴 때 '아, 내가 욕심을 냈구나. 내가 아내를 위해 해줬다는 상을 지었구나. 그래서 자꾸 내 마음이 섭섭하구나' 하고 금방 알아차려야 합니다. 상을 만들고 거기에 집착했음을 알아차리면 섭섭함도 미움도 원망도 다 사라집니다.

"왜냐하면 일체 유위법은 꿈과 같고 꼭두각시와 같고 물거품과 같고 그림자와 같으며, 또한 이슬과 같고 번개와 같으니 마땅히 이와 같이 관할지니라."

何以故 一切有爲法 如夢幻泡影 如露亦如電 應作如是觀

  모든 것이 '꿈같고 꼭두각시 같고 물거품 같고 그림자 같다'는 제법이 무아인 실상, 고정된 실체가 존재하지 않음을 비유하는 말입니다. '이슬 같고 번개 같다'는 모든 것이 한순간에 불과한 무상의 실상을 비유합니다. 이를 『반야심경般若心經』에서는 오온이 모두 공하다고 했습니다. 모든 존재와 현상이 무아며 무상이므로 그 어디에도 집착할 바가 없습니다. 그렇게 모든 상이 상 아닌 줄 알면 존재의 참모습을 보게 되고 인생의 번뇌가 사라집니다.

  하지만 이런 이치를 공부하고도 막상 일상에서는 눈에 보이는 모습에 집착하고, 귀에 들리는 소리에 집착하고, 코에 맡아지는 냄새에 집착하고, 혀에 닿는 맛에 집착하고, 손에 느껴지는 감촉에 집착하고, 머리로 인식되는 알음알이에 집착하는 게 현실입니다. 이제는 그만 '눈 뜨는 공부'를 해야 합니다. 꿈속에서 아무리 좋은 일이 있었더라도 눈을 떠 보면 다 꿈일 뿐입니다. 좋은 일도 다 꿈같은 줄을 안다면 나쁜 일이야 말할 필요도 없습니다.

## 부처님, 제 일은 제가 하겠습니다

부처님께서 이 경 설하시기를 마치자 장로 수보리와 모든 비구 비구니와 우바새 우바이와 일체 세간 천인 아수라 들이 부처님의 말씀을 듣고 모두 크게 환희하여 믿고 받아들여 뜻을 받들어 행하였느니라.

佛說是經已 長老須菩提 及諸比丘比丘尼優婆塞優婆夷 一切世間天人阿修羅 聞佛所說 皆大歡喜 信受奉行

   금강경을 읽고 어리석음을 깨쳐서 부처의 길로 나아가겠다고 마음을 먹었다면 이제 그 마음이 실천으로 이어져야 합니다. 배운 이치를 내 몸으로 경험해야만 이 법이 내 것이 됩니다. 그것이 수행입니다.

   수행의 첫 단계는 깨달음, 견성見性입니다. 이치를 모른 채로는 아무리 열심히 행한다 해도 바른 길로 나아갈 수 없습니다. 그러나 아무리 이치를 잘 안다 해도 생활 속에서 연습을 되풀이하지 않으면 그 법은 내 삶을 바꾸는 힘이 되지 못합니다.

   시행착오를 거듭하는 가운데 '내가 이럴 때 분별심이 생기는구나!' '내가 여기에 걸리는구나!' 하고 자기 점검을 할 때라야 넘어진 그 자리에서 다시 일어날 수 있습니다. 책만 읽고 법문만 들어서는 같은 자리에서 맴돌 뿐입니다. 배우자, 자식, 부모,

직장동료, 친구와의 관계 속에서 체험을 통해 깨쳐야만 이 법이 진실로 나의 진리가 됩니다. 그것이 보림保任입니다.

보림은 깨달은 바를 생활 속에서 실험하고 경험함으로써 나를 닦아나가는 수행입니다. 초견성初見性이 성냥불이라면, 보림은 그 불꽃을 장작불로 옮겨 붙여 불을 키우는 과정과 같습니다. 세상 속을 다니면서 넘어지고 다시 일어나고, 일체 시 일체처에 이 법이 적용되는 모습을 경험해야만 이 법이 참으로 나에게 진리가 됩니다.

남에게 보이기 위한 공부를 하면 안 됩니다. 남이 뭐라고 하는 건 별로 중요하지 않습니다. 남을 위해 사는 것이 아닌데도 사람들은 늘 '그 사람은 뭘 먹었다, 뭘 입었다, 어디에 산다' 하는 것들에 신경 씁니다.

마찬가지로 재가불자들은 어느 스님이 더 수행이 깊은지 얘기하는 시간에 한 번이라도 더 자기의 호흡을 관하고 참회하고 경을 읽어야 합니다. 주변 사람들과 부딪치는 자신을 돌이켜보고 순간순간 일어나는 내 마음을 관찰해야 합니다.

진실로 부처님을 믿고 법을 따른다면 기도하는 마음 자세가 달라져야 합니다. 지금까지는 '부처님을 따르고 의지하면 무거운 내 짐이 좀 덜어지겠지' 하는 마음이었다면, 이제 금강경을 읽고 깨달음을 얻은 뒤에는 '부처님께서 이렇게 중생의 고통을 덜어주기 위해 깨우쳐주시는구나. 나도 부처님 하시는 일에 작은 힘이라도 보태서 다른 사람을 돌보며 살아야겠다' 하는 원력을 가져야 합니다.

부처님이 우리에게 진리의 가르침을 열어서 삶을 깨우쳐주신 것만 해도 한량없는 은혜건만 여기서 뭘 더 바라겠습니까? 시험에 합격하는 건 내가 열심히 공부하면 되는 일이고, 가난한 사람들을 돕는 것도 우리가 나서서 해결하면 될 일입니다. 부처님께 도와달라고 할 일이 아닙니다. '부처님, 그동안은 먹고사느라 정신이 없었지만 이제부터는 제가 그 은혜를 갚겠습니다' 하고 팔을 걷고 나서야 합니다. 그게 원력입니다.

부처님을 믿고 따른다는 건 그분을 닮아가려고 노력하는 것입니다. 평생을 길 위에서 사셨던 부처님의 삶과 비교해 보면 지금 우리의 삶은 부족함이 없습니다. 아무리 가난하고 곤궁하다 해도 부처님보다는 잘 먹고 잘 입고 잘 잡니다.

이제 금강경 공부를 마치면 부처님에게 내가 바라는 것을 이루어달라고 조르는 사람에서 부처님을 돕는 사람으로 바뀌어야 합니다. 도움을 청하는 비는 자에서 보살피는 자로 거듭나야 합니다.

'부처님, 저는 놔두시고 다른 사람을 돌봐주세요. 제 일은 제가 알아서 하겠습니다.' 적어도 이 정도는 되어야 합니다. 거기서 좀 더 나아가 '우리 가족은 제가 돌볼 테니 걱정 마세요' '우리나라 일은 저희가 알아서 하겠습니다' '인간 세상일은 저희가 알아서 하겠습니다' 이렇게 원이 조금씩 커져가야 합니다. 그렇게 도움을 구하는 사람에서 도움을 주려는 사람으로 바뀌는 과정이 중생에서 보살로 나아가는 길입니다.

금강경은 보살로 나아가고자 하는 사람을 위해 설해진 경입니다. 이 경을 통해 보살의 길을 걷는 불자가 많아지기를 기원합니다.

부록
金剛 般若波羅蜜經
금강반야바라밀경 전문

# 金剛般若波羅蜜經

## 제일 법회인유분 法會因由分

여시아문 일시 불 재사위국기수급고독원 여대비
如是我聞 一時 佛 在舍衛國祇樹給孤獨園 與大比

구중천이백오십인구 이시 세존 식시 착의지발 입
丘衆千二百五十人俱 爾時 世尊 食時 着衣持鉢 入

사위대성 걸식어기성중 차제걸이 환지본처 반사
舍衛大城 乞食於其城中 次第乞已 還至本處 飯食

흘 수의발 세족이 부좌이좌
訖 收衣鉢 洗足已 敷座而坐


## 제이 선현기청분 善現起請分

시 장로수보리 재대중중 즉종좌기 편단우견 우슬
時 長老須菩提 在大衆中 卽從座起 偏袒右肩 右膝

착지 합장공경 이백불언 희유세존 여래 선호념제
着地 合掌恭敬 而白佛言 希有世尊 如來 善護念諸

보살 선부촉제보살 세존 선남자선여인 발아뇩다
菩薩　善付囑諸菩薩　世尊　善男子善女人　發阿耨多

라삼먁삼보리심 응운하주 운하항복기심 불언 선
羅三藐三菩提心　應云何住　云何降伏其心　佛言　善

재선재 수보리 여여소설 여래선호념제보살 선부
哉善哉　須菩提　如汝所說　如來善護念諸菩薩　善付

촉제보살 여금제청 당위여설 선남자선여인 발아
囑諸菩薩　汝今諦聽　當爲汝說　善男子善女人　發阿

뇩다라삼먁삼보리심 응여시주 여시항복기심 유
耨多羅三藐三菩提心　應如是住　如是降伏其心　唯

연 세존 원요욕문
然　世尊　願樂欲聞


제삼 대승정종분大乘正宗分

불고수보리 제보살마하살 응여시항복기심 소유
佛告須菩提　諸菩薩摩訶薩　應如是降伏其心　所有

일체중생지류 약란생 약태생 약습생 약화생 약유
一切衆生之類　若卵生　若胎生　若濕生　若化生　若有

색 약무색 약유상 약무상 약비유상 비무상 아개영
色　若無色　若有想　若無想　若非有想　非無想　我皆令

입무여열반 이멸도지 여시멸도무량무수무변중생
入無餘涅槃　而滅度之　如是滅度無量無數無邊衆生

실무중생 득멸도자 하이고 수보리 약보살 유아상
實無衆生　得滅度者　何以故　須菩提　若菩薩　有我相

인상중생상수자상 즉비보살
人相衆生相壽者相　卽非菩薩


**제사** 묘행무주분 妙行無住分

부차수보리 보살 어법 응무소주행어보시 소위부
復次須菩提　菩薩　於法　應無所住行於布施　所謂不

주색보시 부주성향미촉법보시 수보리 보살 응여
住色布施　不住聲香味觸法布施　須菩提　菩薩　應如

시보시 부주어상 하이고 약보살 부주상보시 기복
是布施　不住於相　何以故　若菩薩　不住相布施　其福

덕 불가사량 수보리 어의운하 동방허공 가사량부
德　不可思量　須菩提　於意云何　東方虛空　可思量不

불야 세존 수보리 남서북방사유상하허공 가사량
不也 世尊 須菩提 南西北方四維上下虛空 可思量

부 불야 세존 수보리 보살 무주상보시복덕 역부여
不 不也 世尊 須菩提 菩薩 無住相布施福德 亦復如

시 불가사량 수보리 보살 단응여소교주
是 不可思量 須菩提 菩薩 但應如所敎住


### 제오 여리실견분 如理實見分

수보리 어의운하 가이신상 견여래부 불야 세존 불
須菩提 於意云何 可以身相 見如來不 不也 世尊 不

가이신상 득견여래 하이고 여래소설신상 즉비신
可以身相 得見如來 何以故 如來所說身相 卽非身

상 불고수보리 범소유상 개시허망 약견제상비상
相 佛告須菩提 凡所有相 皆是虛妄 若見諸相非相

즉견여래
卽見如來

## 제육 정신희유분 正信希有分

수보리 백불언 세존 파유중생 득문여시언설장구
須菩提 白佛言 世尊 頗有衆生 得聞如是言說章句

생실신부 불고수보리 막작시설 여래멸후 후오백
生實信不 佛告須菩提 莫作是說 如來滅後 後五百

세 유지계수복자 어차장구 능생신심 이차위실 당
歲 有持戒修福者 於此章句 能生信心 以此爲實 當

지시인 불어일불이불삼사오불 이종선근 이어무
知是人 不於一佛二佛三四五佛 而種善根 已於無

량천만불소 종제선근 문시장구 내지일념 생정신
量千萬佛所 種諸善根 聞是章句 乃至一念 生淨信

자 수보리 여래실지실견 시제중생 득여시무량복
者 須菩提 如來悉知悉見 是諸衆生 得如是無量福

덕 하이고 시제중생 무부아상인상중생상수자상
德 何以故 是諸衆生 無復我相人相衆生相壽者相

무법상 역무비법상 하이고 시제중생 약심취상 즉
無法相 亦無非法相 何以故 是諸衆生 若心取相 卽

위착아인중생수자 약취법상 즉착아인중생수자
爲着我人衆生壽者 若取法相 卽着我人衆生壽者

하이고 약취비법상 즉착아인중생수자 시고 불응
何以故 若取非法相 卽着我人衆生壽者 是故 不應

취법 불응취비법 이시의고 여래상설 여등비구지
取法 不應取非法 以是義故 如來常說 汝等比丘知

아설법 여벌유자 법상응사 하황비법
我說法 如筏喩者 法尙應捨 何況非法


### 제칠 무득무설분 無得無說分

수보리 어의운하 여래 득아뇩다라삼먁삼보리야
須菩提 於意云何 如來 得阿耨多羅三藐三菩提耶

여래 유소설법야 수보리언 여아해불소설의 무유
如來 有所說法耶 須菩提言 如我解佛所說義 無有

정법 명아뇩다라삼먁삼보리 역무유정법 여래가
定法 名阿耨多羅三藐三菩提 亦無有定法 如來可

설 하이고 여래소설법 개불가취 불가설 비법 비비
說 何以故 如來所說法 皆不可取 不可說 非法 非非

법 소이자하 일체현성 개이무위법 이유차별
法 所以者何 一切賢聖 皆以無爲法 而有差別

## 제팔 의법출생분 依法出生分

수보리 어의운하 약인 만삼천대천세계칠보 이용
須菩提 於意云何 若人 滿三千大千世界七寶 以用

보시 시인소득복덕 영위다부 수보리언 심다 세존
布施 是人所得福德 寧爲多不 須菩提言 甚多 世尊

하이고 시복덕 즉비복덕성 시고 여래설복덕다 약
何以故 是福德 卽非福德性 是故 如來說福德多 若

부유인 어차경중 수지내지사구게등 위타인설 기
復有人 於此經中 受持乃至四句偈等 爲他人說 其

복 승피 하이고 수보리 일체제불 급제불 아뇩다라
福 勝彼 何以故 須菩提 一切諸佛 及諸佛 阿耨多羅

삼먁삼보리법 개종차경출 수보리 소위불법자 즉
三藐三菩提法 皆從此經出 須菩提 所謂佛法者 卽

비불법
非佛法

## 제구 일상무상분 一相無相分

수보리 어의운하 수다원 능작시념 아득수다원과
須菩提 於意云何 須陀洹 能作是念 我得須陀洹果

부 수보리언 불야 세존 하이고 수다원 명위입류
不 須菩提言 不也 世尊 何以故 須陀洹 名爲入流

이무소입 불입색성향미촉법 시명수다원 수보리
而無所入 不入色聲香味觸法 是名須陀洹 須菩提

어의운하 사다함 능작시념 아득사다함과부 수보
於意云何 斯陀含 能作是念 我得斯陀含果不 須菩

리언 불야 세존 하이고 사다함 명일왕래 이실무왕
提言 不也 世尊 何以故 斯陀含 名一往來 而實無往

래 시명사다함 수보리 어의운하 아나함 능작시념
來 是名斯陀含 須菩提 於意云何 阿那含 能作是念

아득아나함과부 수보리언 불야 세존 하이고 아나
我得阿那含果不 須菩提言 不也 世尊 何以故 阿那

함 명위불래 이실무불래 시고 명아나함 수보리 어
含 名爲不來 而實無不來 是故 名阿那含 須菩提 於

의운하 아라한 능작시념 아득아라한도부 수보리
意云何 阿羅漢 能作是念 我得阿羅漢道不 須菩提

언 불야 세존 하이고 실무유법 명아라한 세존 약
言 不也 世尊 何以故 實無有法 名阿羅漢 世尊 若

아라한 작시념 아득아라한도 즉위착아인중생수
阿羅漢 作是念 我得阿羅漢道 卽爲着我人衆生壽

자 세존 불설아득무쟁삼매인중 최위제일 시제일
者 世尊 佛說我得無諍三昧人中 最爲第一 是第一

이욕아라한 세존 아부작시념 아시이욕아라한 세
離欲阿羅漢 世尊 我不作是念 我是離欲阿羅漢 世

존 아약작시념 아득아라한도 세존 즉불설수보리
尊 我若作是念 我得阿羅漢道 世尊 卽不說須菩提

시요아란나행자 이수보리 실무소행 이명수보리
是樂阿蘭那行者 以須菩提 實無所行 而名須菩提

시요아란나행
是樂阿蘭那行

### 제십 장엄정토분莊嚴淨土分

불고수보리 어의운하 여래석재연등불소 어법 유
佛告須菩提 於意云何 如來昔在燃燈佛所 於法 有

소득부 불야 세존 여래재연등불소 어법 실무소득
所得不 不也 世尊 如來在燃燈佛所 於法 實無所得

수보리 어의운하 보살 장엄불토부 불야 세존 하이
須菩提 於意云何 菩薩 莊嚴佛土不 不也 世尊 何以

고 장엄불토자즉비장엄 시명장엄 시고 수보리 제
故 莊嚴佛土者卽非莊嚴 是名莊嚴 是故 須菩提 諸

보살마하살 응여시생청정심 불응주색생심 불응
菩薩摩訶薩 應如是生淸淨心 不應住色生心 不應

주성향미촉법생심 응무소주 이생기심 수보리 비
住聲香味觸法生心 應無所住 而生其心 須菩提 譬

여유인 신여수미산왕 어의운하 시신위대부 수보
如有人 身如須彌山王 於意云何 是身爲大不 須菩

리언 심대 세존 하이고 불설비신 시명대신
提言 甚大 世尊 何以故 佛說非身 是名大身


### 제십일 무위복승분 無爲福勝分

수보리 여항하중 소유사수 여시사등항하 어의운
須菩提 如恒河中 所有沙數 如是沙等恒河 於意云

하 시제항하사영위다부 수보리언 심다 세존 단제
何 是諸恒河沙寧爲多不 須菩提言 甚多 世尊 但諸

항하 상다무수 하황기사 수보리 아금실언고여 약
恒河 尙多無數 何況其沙 須菩提 我今實言告汝 若

유선남자선여인 이칠보 만이소항하사수삼천대
有善男子善女人 以七寶 滿爾所恒河沙數三千大

천세계 이용보시 득복다부 수보리언 심다 세존
千世界 以用布施 得福多不 須菩提言 甚多 世尊

불고수보리 약선남자선여인 어차경중 내지수지
佛告須菩提 若善男子善女人 於此經中 乃至受持

사구게등 위타인설 이차복덕 승전복덕
四句偈等 爲他人說 而此福德 勝前福德


제십이 존중정교분尊重正敎分

부차수보리 수설시경 내지사구게등 당지차처 일
復次須菩提 隨說是經 乃至四句偈等 當知此處 一

체세간천인아수라개응공양 여불탑묘 하황유인
切世間天人阿修羅皆應供養 如佛塔廟 何況有人

진능수지독송 수보리 당지시인 성취최상제일희
盡能受持讀誦 須菩提 當知是人 成就最上第一希

유지법 약시경전소재지처 즉위유불 약존중제자
有之法 若是經典所在之處 卽爲有佛 若尊重弟子


## 제십삼 여법수지분 如法受持分

이시 수보리백불언 세존 당하명차경 아등 운하봉
爾時 須菩提白佛言 世尊 當何名此經 我等 云何奉

지 불고수보리 시경 명위금강반야바라밀 이시명
持 佛告須菩提 是經 名爲金剛般若波羅蜜 以是名

자 여당봉지 소이자하 수보리 불설반야바라밀 즉
字 汝當奉持 所以者何 須菩提 佛說般若波羅蜜 卽

비반야바라밀 시명반야바라밀 수보리 어의운하
非般若波羅蜜 是名般若波羅蜜 須菩提 於意云何

여래유소설법부 수보리백불언 세존 여래무소설
如來有所說法不 須菩提白佛言 世尊 如來無所說

수보리 어의운하 삼천대천세계소유미진 시위다
須菩提 於意云何 三千大千世界所有微塵 是爲多

부 수보리언 심다 세존 수보리 제미진 여래설비미
不 須菩提言 甚多 世尊 須菩提 諸微塵 如來說非微

진 시명미진 여래설세계비세계 시명세계 수보리
塵 是名微塵 如來說世界非世界 是名世界 須菩提

어의운하 가이삼십이상 견여래부 불야 세존 불가
於意云何 可以三十二相 見如來不 不也 世尊 不可

이삼십이상 득견여래 하이고 여래설삼십이상 즉
以三十二相 得見如來 何以故 如來說三十二相 卽

시비상 시명삼십이상 수보리 약유선남자선여인
是非相 是名三十二相 須菩提 若有善男子善女人

이항하사등신명 보시 약부유인 어차경중 내지수
以恒河沙等身命 布施 若復有人 於此經中 乃至受

지사구게등 위타인설 기복 심다
持四句偈等 爲他人說 其福 甚多


### 제십사 이상적멸분 離相寂滅分

이시 수보리 문설시경 심해의취 체루비읍 이백불
爾時 須菩提 聞說是經 深解義趣 涕淚悲泣 而白佛

언 희유세존 불설여시심심경전 아종석래 소득혜
言 希有世尊 佛說如是甚深經典 我從昔來 所得慧

안 미증득문여시지경 세존 약부유인 득문시경 신
眼 未曾得聞如是之經 世尊 若復有人 得聞是經 信

심청정 즉생실상 당지시인 성취제일희유공덕 세
心淸淨 卽生實相 當知是人 成就第一希有功德 世

존 시실상자 즉시비상 시고 여래설명실상 세존 아
尊 是實相者 卽是非相 是故 如來說名實相 世尊 我

금득문여시경전 신해수지 부족위난 약당내세후
今得聞如是經典 信解受持 不足爲難 若當來世後

오백세 기유중생 득문시경 신해수지 시인 즉위제
五百歲 其有衆生 得聞是經 信解受持 是人 卽爲第

일희유 하이고 차인 무아상무인상무중생상무수
一希有 何以故 此人 無我相無人相無衆生相無壽

자상 소이자하 아상 즉시비상 인상중생상수자상
者相 所以者何 我相 卽是非相 人相衆生相壽者相

즉시비상 하이고 이일체제상 즉명제불 불고수보
卽是非相 何以故 離一切諸相 卽名諸佛 佛告須菩

리 여시여시 약부유인 득문시경 불경불포불외 당
提 如是如是 若復有人 得聞是經 不驚不怖不畏 當

지시인 심위희유 하이고 수보리 여래설제일바라
知是人 甚爲希有 何以故 須菩提 如來說第一波羅

밀 즉비제일바라밀 시명제일바라밀 수보리 인욕
蜜 卽非第一波羅蜜 是名第一波羅蜜 須菩提 忍辱

바라밀 여래설비인욕바라밀 시명인욕바라밀 하
波羅蜜 如來說非忍辱波羅蜜 是名忍辱波羅蜜 何

이고 수보리 여아석위가리왕 할절신체 아어이시
以故 須菩提 如我昔爲歌利王 割截身體 我於爾時

무아상무인상무중생상무수자상 하이고 아어왕석
無我相無人相無衆生相無壽者相 何以故 我於往昔

절절지해시 약유아상인상중생상수자상 응생진한
節節支解時 若有我相人相衆生相壽者相 應生瞋恨

수보리 우념과거어오백세 작인욕선인 어이소세
須菩提 又念過去於五百世 作忍辱仙人 於爾所世

무아상무인상무중생상무수자상 시고 수보리 보
無我相無人相無衆生相無壽者相 是故 須菩提 菩

살 응리일체상 발아뇩다라삼먁삼보리심 불응주
薩 應離一切相 發阿耨多羅三藐三菩提心 不應住

색생심 불응주성향미촉법생심 응생무소주심 약
色生心 不應住聲香味觸法生心 應生無所住心 若

심유주 즉위비주 시고 불설보살심 불응주색보시
心有住 卽爲非住 是故 佛說菩薩心 不應住色布施

수보리 보살 위이익일체중생 응여시보시 여래설
須菩提 菩薩 爲利益一切衆生 應如是布施 如來說

일체제상 즉시비상 우설일체중생 즉비중생 수보
一切諸相 卽是非相 又說一切衆生 卽非衆生 須菩

리 여래 시진어자 실어자 여어자 불광어자 불이
提 如來 是眞語者 實語者 如語者 不誑語者 不異

어자 수보리 여래소득법 차법 무실무허 수보리
語者 須菩提 如來所得法 此法 無實無虛 須菩提

약보살 심주어법 이행보시 여인 입암 즉무소견
若菩薩 心住於法 而行布施 如人 入闇 卽無所見

약보살 심부주법 이행보시 여인 유목 일광명조
若菩薩 心不住法 而行布施 如人 有目 日光明照

견종종색 수보리 당래지세 약유선남자선여인 능
見種種色 須菩提 當來之世 若有善男子善女人 能

어차경 수지독송 즉위여래이불지혜 실지시인 실
於此經 受持讀誦 卽爲如來以佛智慧 悉知是人 悉

견시인 개득성취무량무변공덕
見是人 皆得成就無量無邊功德

## 제십오 지경공덕분 持經功德分

수보리 약유선남자선여인 초일분 이항하사등신
須菩提 若有善男子善女人 初日分 以恒河沙等身

보시 중일분 부이항하사등신 보시 후일분 역이항
布施 中日分 復以恒河沙等身 布施 後日分 亦以恒

하사등신 보시 여시무량백천만억겁 이신보시 약
河沙等身 布施 如是無量百千萬億劫 以身布施 若

부유인 문차경전 신심불역 기복승피 하황서사수
復有人 聞此經典 信心不逆 其福勝彼 何況書寫受

지독송 위인해설 수보리 이요언지 시경 유불가사
持讀誦 爲人解說 須菩提 以要言之 是經 有不可思

의불가칭량무변공덕 여래위발대승자 설 위발최
議不可稱量無邊功德 如來爲發大乘者 說 爲發最

상승자 설 약유인 능수지독송 광위인설 여래실지
上乘者 說 若有人 能受持讀誦 廣爲人說 如來悉知

시인 실견시인 개득성취불가량불가칭무유변불가
是人 悉見是人 皆得成就不可量不可稱無有邊不可

사의공덕 여시인등 즉위하담여래아뇩다라삼먁삼
思議功德 如是人等 即爲荷擔如來阿耨多羅三藐三

보리 하이고 수보리 약요소법자 착아견인견중생
菩提 何以故 須菩提 若樂小法者 着我見人見衆生

견수자견 즉어차경 불능청수독송 위인해설 수보
見壽者見 卽於此經 不能聽受讀誦 爲人解說 須菩

리 재재처처 약유차경 일체세간천인아수라 소응
提 在在處處 若有此經 一切世間天人阿修羅 所應

공양 당지차처 즉위시탑 개응공경작례위요 이제
供養 當知此處 卽爲是塔 皆應恭敬作禮圍繞 以諸

화향 이산기처
華香 而散其處


## 제십육 능정업장분 能淨業障分

부차수보리 선남자선여인 수지독송차경 약위인
復次須菩提 善男子善女人 受持讀誦此經 若爲人

경천 시인 선세죄업 응타악도 이금세인 경천고 선
輕賤 是人 先世罪業 應墮惡道 以今世人 輕賤故 先

세죄업 즉위소멸 당득아뇩다라삼먁삼보리 수보
世罪業 卽爲消滅 當得阿耨多羅三藐三菩提 須菩

리 아념과거무량아승기겁 어연등불전 득치팔백
提 我念過去無量阿僧祇劫 於燃燈佛前 得值八百

사천만억나유타제불 실개공양승사 무공과자 약
四千萬億那由他諸佛 悉皆供養承事 無空過者 若

부유인 어후말세 능수지독송차경 소득공덕 어아
復有人 於後末世 能受持讀誦此經 所得功德 於我

소공양제불공덕 백분 불급일 천만억분 내지산수
所供養諸佛功德 百分 不及一 千萬億分 乃至算數

비유 소불능급 수보리 약선남자선여인 어후말세
譬喻 所不能及 須菩提 若善男子善女人 於後末世

유수지독송차경 소득공덕 아약구설자 혹유인문
有受持讀誦此經 所得功德 我若具說者 或有人聞

심즉광란 호의불신 수보리 당지 시경의불가사의
心卽狂亂 狐疑不信 須菩提 當知 是經義不可思議

과보 역불가사의
果報 亦不可思議

## 제십칠 구경무아분究境無我分

이시 수보리백불언 세존 선남자선여인 발아뇩다
爾時 須菩提白佛言 世尊 善男子善女人 發阿耨多

라삼먁삼보리심 운하응주 운하항복기심 불고수
羅三藐三菩提心 云何應住 云何降伏其心 佛告須

보리 약선남자선여인 발아뇩다라삼먁삼보리심자
菩提 若善男子善女人 發阿耨多羅三藐三菩提心者

당생여시심 아응멸도일체중생 멸도일체중생이
當生如是心 我應滅度一切衆生 滅度一切衆生已

이무유일중생 실멸도자 하이고 수보리 약보살 유
而無有一衆生 實滅度者 何以故 須菩提 若菩薩 有

아상인상중생상수자상 즉비보살 소이자하 수보
我相人相衆生相壽者相 卽非菩薩 所以者何 須菩

리 실무유법 발아뇩다라삼먁삼보리심자 수보리
提 實無有法 發阿耨多羅三藐三菩提心者 須菩提

어의운하 여래어연등불소 유법 득아뇩다라삼먁
於意云何 如來於燃燈佛所 有法 得阿耨多羅三藐

삼보리부 불야 세존 여아해불소설의 불 어연등불
三菩提不 不也 世尊 如我解佛所說義 佛 於燃燈佛

소 무유법 득아뇩다라삼먁삼보리 불언 여시여시
所 無有法 得阿耨多羅三藐三菩提 佛言 如是如是

수보리 실무유법 여래득아뇩다라삼먁삼보리 수
須菩提 實無有法 如來得阿耨多羅三藐三菩提 須

보리 약유법 여래득아뇩다라삼먁삼보리자 연등
菩提 若有法 如來得阿耨多羅三藐三菩提者 燃燈

불 즉불여아수기 여어내세 당득작불 호 석가모니
佛 即不與我授記 汝於來世 當得作佛 號 釋迦牟尼

이실무유법 득아뇩다라삼먁삼보리 시고 연등불
以實無有法 得阿耨多羅三藐三菩提 是故 燃燈佛

여아수기 작시언 여어내세 당득작불 호 석가모니
與我授記 作是言 汝於來世 當得作佛 號 釋迦牟尼

하이고 여래자 즉제법여의 약유인 언 여래득아뇩
何以故 如來者 即諸法如義 若有人 言 如來得阿耨

다라삼먁삼보리 수보리 실무유법 불 득아뇩다라
多羅三藐三菩提 須菩提 實無有法 佛 得阿耨多羅

삼먁삼보리 수보리 여래소득 아뇩다라삼먁삼보리
三藐三菩提 須菩提 如來所得 阿耨多羅三藐三菩提

어시중 무실무허 시고 여래설일체법 개시불법 수
於是中 無實無虛 是故 如來說一切法 皆是佛法 須

보리 소언일체법자 즉비일체법 시고 명일체법 수
菩提 所言一切法者 卽非一切法 是故 名一切法 須

보리 비여인신 장대 수보리언 세존 여래설인신장
菩提 譬如人身 長大 須菩提言 世尊 如來說人身長

대 즉위비대신 시명대신 수보리 보살 역여시 약작
大 卽爲非大身 是名大身 須菩提 菩薩 亦如是 若作

시언 아당멸도무량중생 즉불명보살 하이고 수보
是言 我當滅度無量衆生 卽不名菩薩 何以故 須菩

리 실무유법 명위보살 시고 불설일체법 무아무인
提 實無有法 名爲菩薩 是故 佛說一切法 無我無人

무중생무수자 수보리 약보살 작시언 아당장엄불
無衆生無壽者 須菩提 若菩薩 作是言 我當莊嚴佛

토 시불명보살 하이고 여래설장엄불토자 즉비장
土 是不名菩薩 何以故 如來說莊嚴佛土者 卽非莊

엄 시명장엄 수보리 약보살 통달무아법자 여래설
嚴 是名莊嚴 須菩提 若菩薩 通達無我法者 如來說

명진시보살
名眞是菩薩

## 제십팔 일체동관분 一體同觀分

수보리 어의운하 여래유육안부 여시 세존 여래유
須菩提 於意云何 如來有肉眼不 如是 世尊 如來有

육안 수보리 어의운하 여래유천안부 여시 세존 여
肉眼 須菩提 於意云何 如來有天眼不 如是 世尊 如

래유천안 수보리 어의운하 여래유혜안부 여시 세
來有天眼 須菩提 於意云何 如來有慧眼不 如是 世

존 여래유혜안 수보리 어의운하 여래유법안부 여
尊 如來有慧眼 須菩提 於意云何 如來有法眼不 如

시 세존 여래유법안 수보리 어의운하 여래유불안
是 世尊 如來有法眼 須菩提 於意云何 如來有佛眼

부 여시 세존 여래유불안 수보리 어의운하 여항하
不 如是 世尊 如來有佛眼 須菩提 於意云何 如恒河

중소유사 불설시사부 여시 세존 여래설시사 수보
中所有沙 佛說是沙不 如是 世尊 如來說是沙 須菩

리 어의운하 여일항하중소유사 유여시사등항하
提 於意云何 如一恒河中所有沙 有如是沙等恒河

시제항하 소유사수 불세계여시 영위다부 심다 세
是諸恒河 所有沙數 佛世界如是 寧爲多不 甚多 世

존 불고수보리 이소국토중 소유중생 약간종심 여
尊 佛告須菩提 爾所國土中 所有衆生 若干種心 如

래실지 하이고 여래설제심 개위비심 시명위심 소
來悉知 何以故 如來說諸心 皆爲非心 是名爲心 所

이자하 수보리 과거심불가득 현재심불가득 미래
以者何 須菩提 過去心不可得 現在心不可得 未來

심불가득
心不可得


## 제십구 법계통화분 法界通化分

수보리 어의운하 약유인 만삼천대천세계칠보 이
須菩提 於意云何 若有人 滿三千大千世界七寶 以

용보시 시인 이시인연 득복다부 여시 세존 차인
用布施 是人 以是因緣 得福多不 如是 世尊 此人

이시인연 득복심다 수보리 약복덕유실 여래불설
以是因緣 得福甚多 須菩提 若福德有實 如來不說

득복덕다 이복덕 무고 여래설득복덕다
得福德多 以福德 無故 如來說得福德多

## 제이십 이색이상분 離色離相分

수보리 어의운하 불 가이구족색신견부 불야 세존
須菩提 於意云何 佛 可以具足色身見不 不也 世尊

여래 불응이구족색신견 하이고 여래설구족색신
如來 不應以具足色身見 何以故 如來說具足色身

즉비구족색신 시명구족색신 수보리 어의운하 여
卽非具足色身 是名具足色身 須菩提 於意云何 如

래 가이구족제상견부 불야 세존 여래 불응이구족
來 可以具足諸相見不 不也 世尊 如來 不應以具足

제상견 하이고 여래설제상구족 즉비구족 시명제
諸相見 何以故 如來說諸相具足 卽非具足 是名諸

상구족
相具足


## 제이십일 비설소설분 非說所說分

수보리 여물위여래작시념 아당유소설법 막작시
須菩提 汝勿謂如來作是念 我當有所說法 莫作是

념 하이고 약인언여래유소설법 즉위방불 불능해
念 何以故 若人言如來有所說法 卽爲謗佛 不能解

아소설고 수보리 설법자 무법가설 시명설법 이시
我所說故 須菩提 說法者 無法可說 是名說法 爾時

혜명수보리백불언 세존 파유중생 어미래세 문설
慧命須菩提白佛言 世尊 頗有衆生 於未來世 聞說

시법 생신심부 불언 수보리 피비중생 비불중생 하
是法 生信心不 佛言 須菩提 彼非衆生 非不衆生 何

이고 수보리 중생중생자 여래설비중생 시명중생
以故 須菩提 衆生衆生者 如來說非衆生 是名衆生


## 제이십이 무법가득분 無法可得分

수보리백불언 세존 불득아뇩다라삼먁삼보리 위
須菩提白佛言 世尊 佛得阿耨多羅三藐三菩提 爲

무소득야 불언 여시여시 수보리 아어아뇩다라삼
無所得耶 佛言 如是如是 須菩提 我於阿耨多羅三

먁삼보리 내지무유소법가득 시명아뇩다라삼먁삼
藐三菩提 乃至無有少法可得 是名阿耨多羅三藐三

보리
菩提

### 제이십삼 정심행선분淨心行善分

부차수보리 시법 평등 무유고하 시명아뇩다라삼
復次須菩提 是法 平等 無有高下 是名阿耨多羅三

먁삼보리 이무아무인무중생무수자 수일체선법
藐三菩提 以無我無人無衆生無壽者 修一切善法

즉득아뇩다라삼먁삼보리 수보리 소언선법자 여
卽得阿耨多羅三藐三菩提 須菩提 所言善法者 如

래설즉비선법 시명선법
來說卽非善法 是名善法


### 제이십사 복지무비분福智無比分

수보리 약삼천대천세계중 소유제수미산왕여시등
須菩提 若三千大千世界中 所有諸須彌山王如是等

칠보취 유인 지용보시 약인 이차반야바라밀경 내
七寶聚 有人 持用布施 若人 以此般若波羅蜜經 乃

지사구게등 수지독송 위타인설 어전복덕 백분 불
至四句偈等 受持讀誦 爲他人說 於前福德 百分 不

급일 백천만억분 내지 산수비유 소불능급
及一 百千萬億分 乃至 算數譬喩 所不能及

## 제이십오 화무소화분 化無所化分

수보리 어의운하 여등 물위여래작시념 아당도중
須菩提 於意云何 汝等 勿謂如來作是念 我當度衆

생 수보리 막작시념 하이고 실무유중생여래도자
生 須菩提 莫作是念 何以故 實無有衆生如來度者

약유중생여래도자 여래즉유아인중생수자 수보리
若有衆生如來度者 如來卽有我人衆生壽者 須菩提

여래설유아자 즉비유아 이범부지인 이위유아 수
如來說有我者 卽非有我 而凡夫之人 以爲有我 須

보리 범부자 여래설즉비범부 시명범부
菩提 凡夫者 如來說卽非凡夫 是名凡夫


## 제이십육 법신비상분 法身非相分

수보리 어의운하 가이삼십이상 관여래부 수보리
須菩提 於意云何 可以三十二相 觀如來不 須菩提

언 여시여시 이삼십이상 관여래 불언 수보리 약이
言 如是如是 以三十二相 觀如來 佛言 須菩提 若以

삼십이상 관여래자 전륜성왕 즉시여래 수보리백
三十二相 觀如來者 轉輪聖王 卽是如來 須菩提白

불언 세존 여아해불소설의 불응이삼십이상 관여
佛言 世尊 如我解佛所說義 不應以三十二相 觀如

래 이시 세존 이설게언 약이색견아 이음성구아 시
來 爾時 世尊 而說偈言 若以色見我 以音聲求我 是

인행사도 불능견여래
人行邪道 不能見如來


### 제이십칠 무단무멸분 無斷無滅分

수보리 여약작시념 여래 불이구족상고 득아뇩다
須菩提 汝若作是念 如來 不以具足相故 得阿耨多

라삼먁삼보리 수보리 막작시념 여래 불이구족상
羅三藐三菩提 須菩提 莫作是念 如來 不以具足相

고 득아뇩다라삼먁삼보리 수보리 여약작시념 발
故 得阿耨多羅三藐三菩提 須菩提 汝若作是念 發

아뇩다라삼먁삼보리심자 설제법단멸 막작시념 하
阿耨多羅三藐三菩提心者 說諸法斷滅 莫作是念 何

이고 발아뇩다라삼먁삼보리심자 어법 불설단멸상
以故 發阿耨多羅三藐三菩提心者 於法 不說斷滅相

## 제이십팔 불수불탐분 不受不貪分

수보리 약보살 이만항하사등세계칠보 지용보시
須菩提 若菩薩 以滿恒河沙等世界七寶 持用布施

약부유인 지일체법무아 득성어인 차보살 승전보
若復有人 知一切法無我 得成於忍 此菩薩 勝前菩

살소득공덕 하이고 수보리 이제보살 불수복덕고
薩所得功德 何以故 須菩提 以諸菩薩 不受福德故

수보리백불언 세존 운하보살 불수복덕 수보리 보
須菩提白佛言 世尊 云何菩薩 不受福德 須菩提 菩

살 소작복덕 불응탐착 시고 설불수복덕
薩 所作福德 不應貪着 是故 說不受福德


## 제이십구 위의적정분 威儀寂靜分

수보리 약유인언 여래 약래약거약좌약와 시인 불
須菩提 若有人言 如來 若來若去若坐若臥 是人 不

해아소설의 하이고 여래자 무소종래 역무소거 고
解我所說義 何以故 如來者 無所從來 亦無所去 故

명여래
名如來

## 제삼십 일합이상분―合理相分

수보리 약선남자선여인 이삼천대천세계 쇄위미
須菩提　若善男子善女人　以三千大千世界　碎爲微

진 어의운하 시미진중 영위다부 심다 세존 하이고
塵　於意云何　是微塵衆　寧爲多不　甚多　世尊　何以故

약시미진중 실유자 불 즉불설시미진중 소이자하
若是微塵衆　實有者　佛　卽不說是微塵衆　所以者何

불설미진중 즉비미진중 시명미진중 세존 여래소
佛說微塵衆　卽非微塵衆　是名微塵衆　世尊　如來所

설삼천대천세계 즉비세계 시명세계 하이고 약세
說三千大千世界　卽非世界　是名世界　何以故　若世

계실유자 즉시일합상 여래설일합상 즉비일합상
界實有者　卽是一合相　如來說一合相　卽非一合相

시명일합상 수보리 일합상자 즉시불가설 단범부
是名一合相　須菩提　一合相者　卽是不可說　但凡夫

지인 탐착기사
之人　貪着其事

## 제삼십일 지견불생분 知見不生分

수보리 약인언 불설아견인견중생견수자견 수보
須菩提 若人言 佛說我見人見衆生見壽者見 須菩

리 어의운하 시인 해아소설의부 불야 세존 시인
提 於意云何 是人 解我所說義不 不也 世尊 是人

불해여래소설의 하이고 세존 설아견인견중생견
不解如來所說義 何以故 世尊 說我見人見衆生見

수자견 즉비아견인견중생견수자견 시명아견인견
壽者見 卽非我見人見衆生見壽者見 是名我見人見

중생견수자견 수보리 발아뇩다라삼먁삼보리심자
衆生見壽者見 須菩提 發阿耨多羅三藐三菩提心者

어일체법 응여시지여시견여시신해 불생법상 수
於一切法 應如是知如是見如是信解 不生法相 須

보리 소언법상자 여래설즉비법상 시명법상
菩提 所言法相者 如來說卽非法相 是名法相


## 제삼십이 응화비진분 應化非眞分

수보리 약유인 이만무량아승기세계칠보 지용보
須菩提 若有人 以滿無量阿僧祇世界七寶 持用布

시 약유선남자선여인 발보살심자 지어차경 내지
施 若有善男子善女人 發菩薩心者 持於此經 乃至

사구게등 수지독송 위인연설 기복승피 운하위인
四句偈等 受持讀誦 爲人演說 其福勝彼 云何爲人

연설 불취어상 여여부동 하이고 일체유위법 여몽
演說 不取於相 如如不動 何以故 一切有爲法 如夢

환포영 여로역여전 응작여시관 불설시경이 장로
幻泡影 如露亦如電 應作如是觀 佛說是經已 長老

수보리 급제비구비구니우바새우바이일체세간천
須菩提 及諸比丘比丘尼優婆塞優婆夷一切世間天

인아수라 문불소설 개대환희 신수봉행
人阿修羅 聞佛所說 皆大歡喜 信受奉行

# 우리말 금강반야바라밀경

### 제일 법회인유분

이와 같음을 내가 들었사오니, 한때에 부처님께서 사위국 기수급고독원에서 비구 천이백오십 인과 함께 계셨습니다. 이때 세존께서는 공양 때가 되어 가사를 입으시고 발우를 들고 사위대성에 들어가셨습니다. 그 성안에서 차례로 걸식을 마치고 본래의 처소로 돌아와 공양을 드신 뒤 가사와 발우를 거두고 발을 씻으신 뒤 자리를 펴고 앉으셨습니다.

### 제이 선현기청분

그때 장로 수보리가 대중 가운데 있다가 자리에서 일어나 오른쪽 어깨를 드러내고 오른 무릎을 땅에 꿇으며 합장하고 공경하사 부처님께 여쭈었습니다.

"희유하십니다, 세존이시여! 여래께서는 모든 보살을 잘 두호하여 생각하시며 모든 보살을 잘 부촉하십니다. 세존이시여! 아뇩다라삼막삼보리심을 발한 선남자 선여인은 마땅히 어떻게 머물며 어떻게 그 마음을 항복받아야 합니까?"

부처님께서 말씀하셨습니다.

"갸륵하고 갸륵하다, 수보리여! 그대의 말과 같이 여래는 모든 보살을 잘 두호하여 생각하고 모든 보살을 잘 부촉하나니, 이제 자세히 들어라. 마땅히 그대를 위해 말하리라. 아뇩다라삼먁삼보리심을 발한 선남자 선여인은 마땅히 이와 같이 머무르며 이와 같이 그 마음을 항복받느니라."

"예 그렇습니다, 세존이시여! 원컨대 즐겁게 듣고자 하나이다."


### 제삼 대승정종분

부처님께서 수보리에게 말씀하셨습니다.

"모든 보살마하살은 이와 같이 그 마음을 항복받아야 한다. 존재하는 모든 중생의 종류, 즉 알로 나는 것, 태로 나는 것, 습기로 나는 것, 화하여 나는 것, 빛이 있는 것, 빛이 없는 것, 생각이 있는 것, 생각이 없는 것, 생각이 있는 것도 아니고 생각이 없는 것도 아닌 것을 내가 다 완전한 열반에 들게 제도하리라. 이와 같이 한량이 없고 수가 없고 가없는 중생을 제도하되 실로 제도를 받은 자가 하나도 없다. 왜냐하면 수보리여! 만일 보살이 아상, 인상, 중생상, 수자상이 있다면 그는 보살이 아니기 때문이다."


### 제사 묘행무주분

"또한 수보리여! 보살은 법에 머문 바 없이 보시를 행할지니, 이른바 색에 머물지 않고 보시하며 소리와 향기와 맛과 감촉과 법에 머물러 보시하지 않느니라. 수보리여! 보살은 마땅히 이렇게 보시하되 상에 머물지 않는다. 왜냐하면 만일 보살이 상에 머물지 않고 보시하면 그 복덕이 헤아릴 수 없기 때문이다. 수보리여! 그대는 어떻게 생각하느냐? 동쪽 허공을 가히 생각하여 헤아릴 수 있겠느냐?"

"없습니다, 세존이시여!"

"수보리여! 남서북방 사유상하 허공을 가히 생각하여 헤아릴 수 있겠느냐?"

"없습니다, 세존이시여!"

"수보리여! 보살이 상에 머물지 않고 보시하는 복덕 또한 이와 같아서 가히 생각하여 헤아릴 수 없다. 수보리여! 보살은 응당히 가르친 바와 같이 머물지니라."

### 제오 여리실견분

"수보리여! 그대는 어떻게 생각하느냐? 몸 형상으로 여래를 볼 수 있겠느냐?"

"없습니다, 세존이시여! 몸 형상으로 여래를 볼 수 없습니다.

왜냐하면 여래께서 말씀하신 몸 형상은 몸 형상이 아니기 때문입니다."

부처님께서 수보리에게 말씀하셨습니다.

"무릇 상이 있는 바는 다 허망하니

만일 모든 상이 상이 아님을 본다면

여래를 보리라."


### 제육 정신희유분

수보리가 부처님께 여쭈었습니다.

"세존이시여! 중생들이 이와 같은 말씀과 문장과 글귀를 듣고 실다운 믿음을 내겠습니까?"

부처님께서 수보리에게 말씀하셨습니다.

"그런 말을 하지 마라. 여래가 열반에 든 뒤 후오백세에 계를 지니고 복을 닦는 자 있으면 이 문장과 글귀에 능히 믿는 마음을 내 이로써 실다움을 삼을 것이니, 마땅히 알라. 이 사람은 한 부처님, 두 부처님, 삼·사·오 부처님에게 선근을 심은 것만이 아니라 저 한량없는 천만 부처님 처소에 이미 모든 선근을 심었으므로 이 문장과 글귀를 들으면 한 생각이라도 청정한 믿음을 낼 것이니라. 수보리여! 여래는 모든 것을 다 알고 다 보나니, 이 모든 중생이 이와 같은 한량없는 복덕을 얻으리라. 왜냐하면 이 모든 중생이 다시 아상과 인상과 중생상과 수자상이 없으며 법상이 없으며 또한 법이 아니라는 상도 없기 때문이다. 왜냐하면 만일 이 모든 중생이 마음에 상을 취하면 곧 나라 하는 것과 사람이라 하는 것과 중생이라 하는 것과 수자라 하는 것에 집착할 것이고, 만일 법이라 하는 상을 취하여도 곧 아와 인과 중생과 수자에 집착하는 것이기 때문이다. 왜냐하면 만일 법 아니라 하는 상을 취하여도 곧 아·인·중생·수자에 집착하는 것이기 때문이다. 그러므로 마땅히 법을 취하지 말며 법 아닌 것을 취하지도 말아야 한다. 그러한 뜻으로 여래는 항상 말하노니, 너희 비구는 나의 설법을 뗏목에다 비유한 것과 같이 알지니, 법도 응당 버려야 하거늘 하물며 법 아닌 것이랴!"

### 제칠 무득무설분

"수보리여! 그대는 어떻게 생각하느냐? 여래가 아뇩다라삼먁삼보리를 얻었느냐? 여래가 설한 법이 있느냐?"

수보리가 대답하였습니다.

"제가 부처님께서 말씀하신 뜻을 알기로는, 정한 법이 있음이 없음을 이름 하여 아뇩다라삼먁삼보리라 하며, 또한 정한 법이 있음이 없음을 여래께서 말씀하셨습니다. 왜냐하면 여래가 말씀하신바 법은 모두 가히 취할 수 없으며 설할 수 없고, 법이 아니며 법 아닌 것도 아니기 때문입니다. 왜냐하면 일체 현성이 다 무위법으로 차별이 있는 까닭입니다."


### 제팔 의법출생분

"수보리여! 그대는 어떻게 생각하느냐? 만일 어떤 사람이 삼천대천세계에 칠보로 가득 채워 보시한다면 이 사람이 얻는 복덕이 많지 않겠느냐?"

수보리가 대답하였습니다.

"매우 많습니다, 세존이시여! 왜냐하면 이 복덕이 복덕성이 아닌 까닭에 여래께서 복덕이 많다고 하셨기 때문입니다."

"만일 다시 어떤 사람이 이 경 가운데 내지 사구게 등을 받아 지니고 다른 사람을 위해 일러주면 그 복이 저 복보다 더 뛰어나리라. 왜냐하면 수보리여! 모든 부처님과 모든 부처님의 아뇩다라삼먁삼보리법이 다 이 경에서 나왔기 때문이다. 수보리여! 이른바 불법이라는 것은 불법이 아니니라."


### 제구 일상무상분

"수보리여! 그대는 어떻게 생각하느냐? 수다원이 '나는 수다원과를 얻었다'고 생각하겠느냐?"

수보리가 대답하였습니다.

"아닙니다, 세존이시여! 왜냐하면 수다원을 일러 흐름에 들어간다고 하지만 들어가는 바가 없으니 빛과 소리와 향기와 맛과 감촉과 법에 들어가지 않으므로 이름이 수다원입니다."

"수보리여! 그대는 어떻게 생각하느냐? 사다함이 '나는 사다함과를 얻었다'고 생각하겠느냐?"

수보리가 대답하였습니다.

"아닙니다, 세존이시여! 왜냐하면 사다함을 일러 한 번 왕래한다고 하지만 실로 왕래함이 없으므로 이름이 사다함입니다."

"수보리여! 그대는 어떻게 생각하느냐? 아나함이 '나는 아나함과를 얻었다' 고 생각하겠느냐?"

수보리가 대답하였습니다.

"아닙니다, 세존이시여! 왜냐하면 아나함을 일러 되돌아오지 않는다고 하지만 실로 되돌아오지 않음이 없으므로 이름이 아나함입니다."

"수보리여! 그대는 어떻게 생각하느냐? 아라한이 '나는 아라한도를 얻었다' 고 생각하겠느냐?"

수보리가 대답하였습니다.

"아닙니다, 세존이시여! 왜냐하면 실로 법이 있음이 없음을 일러 이름이 아라한이라 하기 때문입니다. 세존이시여! 만일 아라한이 '나는 아라한도를 얻었다' 고 생각한다면, 아·인·중생·수자에 집착한 것입니다. 세존이시여! 부처님께서 말씀하시되 제가 다툼이 없는 삼매를 얻은 사람 가운데 가장 제일이 됨이라 하시니, 이는 제일의 욕을 여읜 아라한입니다. 세존이시여! 저는 제가 욕을 여읜 아라한이라고 생각하지 않습니다. 세존이시여! 제가 만일 '내가 아라한도를 얻었다' 고 생각한다면 세존께서는 '수보리는 아란나행을 기꺼워하는 자' 라고 말씀하시지 않았을 것입니다. 수보리가 실로 행하는 바가 없으므로 수보리를 이름 하시되 '아란나행을 즐긴다' 고 하십니다."


### 제십 장엄정토분

부처님께서 수보리에게 말씀하셨습니다.

"그대는 어떻게 생각하느냐? 여래가 옛적에 연등불 계시던 처소에서 법을 얻은 바가 있느냐?"

"없습니다, 세존이시여! 여래께서 연등불 계시던 처소에서 실로 법을 얻은 바가 없습니다."

"수보리여! 그대는 어떻게 생각하느냐? 보살이 불국토를 장엄하느냐?"

"아닙니다, 세존이시여! 왜냐하면 불국토를 장엄하는 것은 곧 장엄이 아니라 그 이름이 장엄이기 때문입니다."

"그러므로 수보리여!

모든 보살마하살은

응당 이와 같이 청정한 마음을 내되,

색에 머물러 마음을 내지 말며,

소리와 향기와 맛과 감촉과 법에 머물러

마음을 내지 말지니,

마땅히 머무는 바 없이 그 마음을 낼지니라.

수보리여! 비유컨대 어떤 사람의 몸이 수미산왕만 하다면 그대는 어떻게 생각하느냐? 이 몸이 크다고 하겠느냐?"

수보리가 대답하였습니다.

"매우 큽니다, 세존이시여! 왜냐하면 부처님께서 몸이 아닌 것을 이름 하여 큰 몸이라고 말씀하셨기 때문입니다."


## 제십일 무위복승분

"수보리여! 항하의 모든 모래 수만큼이나 많은 항하가 있다면 그대는 어떻게 생각하느냐? 이 모든 항하의 모래 수는 많지 않겠느냐?"

수보리가 대답하였습니다.

"매우 많습니다, 세존이시여! 모든 항하만 해도 헤아릴 수 없이 많은데 어찌 하물며 그 모래이겠습니까?"

"수보리여! 내가 이제 진실한 말로 그대에게 말하노니, 만일 선남자 선여인이 그 모든 항하의 모래 수만큼의 삼천대천세계를 칠보로 가득 채워 보시한다면 그로써 얻는 복이 많지 않겠느냐?"

수보리가 대답하였습니다.

"매우 많습니다, 세존이시여!"

부처님께서 수보리에게 말씀하셨습니다.

"만일 선남자 선여인이 이 경 가운데 내지 사구게 등을 수지하여 다른 사람을 위해 설해 준다면 이 복덕이 앞의 복덕보다 더 뛰어나다."


## 제십이 존중정교분

"또한 수보리여! 이 경 설하심을 따라서 사구게만이라도 일러준다면 마땅히 알라. 이곳은 일체 세간, 천인, 아수라가 다 부처님의 탑묘와 같이 응당 공양할 것이다. 하물며 어떤 사람이 다 능히 수지하며 독송함이겠느냐! 수보리여! 마땅히 알라. 이 사람은 가장 제일 높은 희유한 법을 성취하리라. 만일 이 경전이 있는 곳은 부처님과 존경받는 제자들이 있는 것과 같으니라."


## 제십삼 여법수지분

그때 수보리가 부처님께 여쭈었습니다.

"세존이시여! 마땅히 이 경을 무엇이라 이름 하며, 저희가 어떻게 받들어 지녀야 하나이까?"

부처님께서 수보리에게 말씀하셨습니다.

"이 경 이름은 '금강반야바라밀'이니 이 이름으로 그대들은 마땅히 받들어 지녀야 하느니라. 왜냐하면 수보리여! 부처가 반야바라밀이라 말한 것은 반야바라밀이 아니라 그 이름이 반야바라밀이기 때문이다. 수보리여! 그대는 어떻게 생각하느냐? 여래가 법을 말한 바가 있느냐?"

수보리가 부처님께 말씀드렸습니다.

"세존이시여! 여래께서 말씀하신 바가 없습니다."

"수보리여! 그대는 어떻게 생각하느냐? 삼천대천세계에 있는 가는 티끌이 많다고 하겠느냐?"

수보리가 대답하였습니다.

"매우 많습니다, 세존이시여!"

"수보리여! 모든 가는 티끌은 여래가 가는 티끌을 말한 것이 아니라 그 이름이 가는 티끌이니라. 여래가 세계를 말한 것은 세계가 아니라 그 이름이 세계이니라. 수보리여! 그대는 어떻게 생각하느냐? 가히 삼십이상으로써 여래를 볼 수 있겠느냐?"

"없습니다, 세존이시여! 가히 삼십이상으로써 여래를 볼 수 없습니다. 왜냐하면 여래께서 말씀하신 삼십이상은 곧 상이 아니라 그 이름이 삼십이상이기 때문입니다."

"수보리여! 만일 선남자 선여인이 있어 항하의 모래 수 같은 몸과 목숨으로 보시하여도 만일 다시 어떤 사람이 이 경 가운데 내지 사구게 등을 받아 지녀 다른 사람을 위해 설한다면 그 복이 더 많으리라."


### 제십사 이상적멸분

그때 수보리가 이 경 설하심을 듣고 깊이 깨닫고는 감격해 눈물을 흘리고 울며 부처님께 말씀드렸습니다.

"희유하십니다, 세존이시여! 부처님께서 이와 같이 깊은 경을 말씀하심은 제가 옛적부터 얻은 혜안으로는 일찍이 이와 같은 경을 얻어 들은 적이 없습니다. 세존이시여! 만일 다시 어떤 사람이 이 경을 얻어 듣고 믿는 마음이 청정하여 곧 실상을 내면 마땅히 이 사람이 제일 희유한 공덕을 성취하였음을 알겠나이다. 세존이시여! 이 실상이라는 것은 곧 상이 아닌 까닭에 여래께서 그 이름을 실상이라고 말씀하십니다. 세존이시여! 제가 이제 이 경을 얻어 듣고 믿고 알아 받아 지니기는 어렵지 아니하지만, 미래 후 오백세에 어떤 중생이 이 경을 얻어 듣고서 믿고 이해하고 받아 지니면 이 사람은 곧 제일 희유한 사람이 될 것입니다. 왜냐하면 이 사람은 아상·인상·중생상·수자상이 없기 때문입니다. 왜냐하면 아상이 곧 상이 아니며, 인상·중생상·수자상이 곧 상이 아니기 때문입니다. 왜냐하면 일체 상을 여의면 곧 그 이름이 부처이기 때문입니다."

부처님께서 수보리에게 말씀하셨습니다.

"그렇다, 그렇다. 만일 다시 어떤 사람이 이 경을 얻어 듣고 놀라지 않고 겁내고 두려워하지 않는다면 이 사람은 심히 희유한 사람인 줄 알아야 한다. 왜냐하면 수보리여! 여래가 제일바라밀을 말함이 제일바라밀이 아니라 그 이름이 제일바라밀이기 때문이다. 수보리여! 인욕바라밀이 여래가 인욕바라밀을 말함이 아니라 그 이름이 인욕바라밀이니라. 왜냐하면 수보리여! 내가 옛적에 가리왕에게 신체를 베이고 끊김을 당할 때 내가 그때 아상이 없으며 인상이 없으며 중생상이 없으며 수자상이 없었느니라. 왜냐하면 내가 지나간 옛적에 마디마디 사지를 베이고 끊길 때에 만일 아상과 인상과 중생상과 수자상이 있었다면 응당 성내고 원망하는 마음이 생겼을 것이기 때문이다. 수보리여! 또 과거 오백세에 인욕선인이었을 때에도 아상이 없으며 인상이 없으며 중생상이 없으며 수자상이 없었느니라. 그러므로 수보리여! 보살은 응당 일체 상을 여의어 아뇩다라삼먁삼보리심을 일으키나니, 색에 머물러 마음을 내지 말며 소리와 향기와 맛과 감촉과 법에 머물러 마음을 내지 말지니, 마땅히 머무는 바 없는 마음을 내어야 한다. 만일 마음이 머물러 있으면 그것은 곧 머무름이 아니니, 이런 까닭에 보살의 마음은 색에 머물러 보시하지 않는다고 부처가 말하느니라. 수보리여! 보살은 일체중생의 이익을 위하여 응당 이와 같이 보시하느니라. 여래가 일체 모든 상을 말하는 것은 곧 상이 아니며 또 일체중생을 말하는 것도 곧 중생이 아니니라. 수보리여! 여래는 참된 말을 하는 자고, 실다운 말을 하는 자며, 여여한 말을 하는 자며, 미치광이의 말을 하지 아니하는 자며, 다른 말을 하지 않는 자이니라. 수보리여! 여래가 얻은 법에는 실다운 것도 없고 헛된 것도 없느니라. 수보리여! 만일 보살의 마음이 법에 머물러 보시를 행하면 마치 사람이 어두운 데에 들어가 아무것도 볼 수 없는 것과 같고, 보살의 마음이 법에 머무르지 않고 보시를 행하면 사람이 눈이 있어 광명이 비추어 여러 가지 모양을 보는 것과 같으니라. 수보리여! 미래세에 만일 선남자 선여인이 능히 이 경을 수지 독송하면 여래는 부처의 지혜로써 이 사람들을 다 알며 다 보나니, 모두 무량무변한 공덕을 성취할 것이니라."


### 제십오 지경공덕분

"수보리여! 만일 선남자 선여인이 초일분에 항하사만큼의 몸으로 보시하고 중일분에 다시 항하사만큼의 몸으로 보시하고 후일분에 또한 항하사만큼의 몸으로 보시하되, 이와 같이 한량없는 백천만억겁 동안 보시하여도 만일 다시 어떤 사람이 이 경을 듣고 신심으로 거스르지 않으면 그 복이 저 복보다 더 승하리라. 하물며 사경하고 수지 독송하여 다른 사람을 위해 해설해 줌이랴! 수보리여! 종요로이 말하건대 이 경은 생각할 수도 없고 헤아릴 수도 없는 한없는 공덕이 있느니라. 여래는 대승의 마음을 발한 자를 위해 말하며 최상승의 마음을 발한 자를 위해 말하느니라. 만일 어떤 사람이 능히 수지 독송하여 널리 다른 사람을 위해 설한다면 여래는 이 사람을 다 알며 다 보나니, 이 사람은 모두 헤아릴 수도 없고 칭할 수도 없으며 끝이 없는 불가사의한 공덕을 성취할 것이니라. 이와 같은 사람들은 여래의 아뇩다라삼먁삼보리를 짊어진 사람이니라. 왜냐하면 수보리여! 만일 작은 법을 즐기는 자는 아견과 인견과 중생견과 수자견에 집착함이니, 이 경을 듣고 받아들여 독송하며 다른 사람을 위해 해설하지 못하느니라. 수보리여! 만일 곳곳마다 이 경전이 있으면 일체 세간 천인 아수라가 응당 공양할 것이니, 마땅히 알아야 한다. 이곳은 곧 탑묘가 됨이라. 모두 응당 공경히 예를 짓고 주위를 돌며 온갖 꽃과 향을 뿌리리라."


### 제십육 능정업장분

"또한 수보리여! 선남자 선여인이 이 경을 수지 독송하면서도 만일 사람들에게 천대받는다면, 이 사람이 선세의 죄업으로 악도에 떨어져야 마땅하겠지만 금세의 사람들이 천대하는 것으로 선세 죄업이 소멸되어 아뇩다라삼먁삼보리를 얻으리라. 수보리여! 내가 과거 헤아릴 수 없이 긴 아승기겁을 생각하니, 연등불 이전 팔백사천만억 나유타 부처님을 만나 모두 공양하고 받들어 섬겨 그냥 지나침이 없었느니라. 만일 다시 어떤 사람이 이후 말세에 능히 이 경을 수지 독송하면, 내가 모든 부처님을 공양한 공덕으로는 그 공덕의 백 분의 일도 미치지 못하며, 천만억

분의 일 내지는 숫자로 헤아리는 어떤 비유로도 능히 미치지 못할 것이니라. 수보리여! 만일 선남자 선여인이 이후 말세에 이 경을 수지 독송하여 얻은 공덕을 내가 만일 갖추어 말하면, 혹 어떤 사람은 듣고 마음이 광란하여 여우같이 의심하고 믿지 않으리라. 수보리여! 마땅히 알아야 한다. 이 경의 뜻은 가히 생각할 수도 없고 과보 또한 불가사의하니라."


## 제십칠 구경무아분

그때 수보리가 부처님께 여쭈었습니다.

"세존이시여! 선남자 선여인이 아뇩다라삼먁삼보리의 마음을 발하였다면 어떻게 머물러야 하며 어떻게 그 마음을 항복시켜야 합니까?"

부처님께서 수보리에게 말씀하셨습니다.

"만일 선남자 선여인이 아뇩다라삼먁삼보리의 마음을 발하였다면 마땅히 이와 같은 마음을 낼지니라. '내가 마땅히 일체중생을 멸도하리라.' 하지만 일체중생을 멸도하기를 마침에 한 중생도 멸도를 얻은 자가 없느니라. 왜냐하면 만일 보살에게 아상과 인상과 중생상과 수자상이 있으면 보살이 아니기 때문이다. 왜 그런가 하면 수보리여! 실로 법이 있어서 아뇩다라삼먁삼보리심을 발한 것이 아니기 때문이다. 수보리여! 그대는 어떻게 생각하느냐? 여래가 연등불 처소에서 법이 있어 아뇩다라삼먁삼보리를 얻었느냐?"

"아닙니다, 세존이시여! 제가 부처님 말씀을 이해한 바로는 부처님께서 연등불 처소에서 법이 있어서 아뇩다라삼먁삼보리를 얻으신 것이 아닙니다."

부처님께서 말씀하셨습니다.

"그렇다, 그렇다. 수보리여! 실로 법이 있어서 여래가 아뇩다라삼먁삼보리를 얻음이 아니니라. 수보리여, 만일 법이 있어서 여래가 아뇩다라삼먁삼보리를 얻었다면 연등불께서 나에게 수기를 주시면서 '너는 내세에 마땅히 부처를 이루리니 이름을 석가모니라 하리라'고 하시지 않으셨을 것이다. 실로 법이 있어서 아뇩다라삼먁삼보리를 얻음이 아니기에 이러한 연고로 연등불께서 나에게 수기를 주시면서 '내세에 마땅히 부처를 이루리니 이름을 석가모니라 하리라'고 말씀하셨느니라. 왜냐하면 여래란 곧 모든 법이 여여하다는 뜻이니라. 만일 어떤 사람이 말하되 '여래께서 아뇩다라삼먁삼보리를 얻었다'고 하더라도 수보리여! 실로 법이 있어 부처가 아뇩다라삼먁삼보리를 얻음이 아니니라. 수보리여! 여래가 얻은 아뇩다라삼먁삼보리는 이 가운데에 실다움도 없고 공허함도 없다. 이러한 까닭에 여래가 말하기를 '일체 법이 다 불법'이라고 하느니라. 수보리여! 일체 법은 곧 일체 법이 아니므로 이름이 일체 법이니라. 수보리여! 비유컨대 사람의 몸이 큰 것과 같다."

수보리가 말하였습니다.

"세존이시여! 여래께서 몸이 크다고 말씀하심이 곧 큰 몸이 아니라 그 이름이 큰 몸입니다."

"수보리여! 보살 또한 이와 같아서 만일 '내가 마땅히 한량없는 중생을 멸도하리라' 하면 곧 보살이라 이름 할 수 없느니라. 왜냐하면 수보리여! 실로 법이 있음이 없기에 이름이 보살이니라. 이러한 까닭에 부처가 '일체 법에 아가 없으며 인이 없으며 중생이 없으며 수자가 없다'고 말하느니라. 수보리여! 만일 보살이 '내가 마땅히 불국토를 장엄하리라' 하면 곧 보살이라 이름 할 수 없느니라. 왜냐하면 여래가 말하는 불국토를 장엄한다는 것은 곧 장엄이 아니라 그 이름이 장엄이기 때문이다. 수보리여! 만일 보살이 무아법을 통달하였다면 여래가 그 이름을 참다운 보살이라 하느니라."

## 제십팔 일체동관분

"수보리여! 그대는 어떻게 생각하느냐? 여래에게 육안이 있느냐?"

"그렇습니다, 세존이시여! 여래에게는 육안이 있습니다."

"수보리여! 그대는 어떻게 생각하느냐? 여래에게 천안이 있느냐?"

"그렇습니다, 세존이시여! 여래에게는 천안이 있습니다."

"수보리여! 그대는 어떻게 생각하느냐? 여래에게 혜안이 있느냐?"

"그렇습니다, 세존이시여! 여래에게는 혜안이 있습니다."

"수보리여! 그대는 어떻게 생각하느냐? 여래에게 법안이 있느냐?"

"그렇습니다, 세존이시여! 여래에게는 법안이 있습니다."

"수보리여! 그대는 어떻게 생각하느냐? 여래에게 불안이 있느냐?"

"그렇습니다, 세존이시여! 여래에게는 불안이 있습니다."

"수보리여! 그대는 어떻게 생각하느냐? '항하에 있는 모래와 같이'라고 부처가 모래에 대해 말하였느냐?"

"그렇습니다, 세존이시여! 여래께서 이 모래를 말씀하셨습니다."

"수보리여! 그대는 어떻게 생각하느냐? 항하의 모든 모래 수만큼의 항하가 있고, 이 모든 항하의 모래 수만큼 불세계가 있다면 많다고 하겠느냐?"
"매우 많습니다, 세존이시여!"
부처님께서 수보리에게 말씀하셨습니다.
"저 국토 가운데 있는 중생의 갖가지 종류의 마음을 여래는 모두 아느니라. 왜냐하면 여래가 말한 모든 마음은 다 마음이 아니라 그 이름이 마음이기 때문이다. 왜냐하면 수보리여! 과거의 마음은 얻을 수 없으며, 현재의 마음도 얻을 수 없으며, 미래의 마음도 얻을 수 없기 때문이다."


### 제십구 법계통화분

"수보리여! 그대는 어떻게 생각하느냐? 만일 어떤 사람이 삼천대천세계에 칠보를 가득히 하여 보시하면 이 사람이 이 인연으로써 복 얻음이 많지 않겠느냐?"
"그렇습니다, 세존이시여! 그 사람은 이 인연으로써 복 얻음이 매우 많습니다."
"수보리여! 만일 복덕이 실로 있다면 여래가 복덕 얻음이 많다고 말하지 않으련만, 복덕이 없으므로 여래가 복덕이 많다고 말하느니라."


### 제이십 이색이상분

"수보리여! 그대는 어떻게 생각하느냐? 부처를 가히 구족 색신으로 볼 수 있겠느냐?"

"볼 수 없습니다, 세존이시여! 여래를 응당 구족한 색신으로써 보지 못합니다. 왜냐하면 여래께서 구족 색신이라 말씀하심이 곧 구족 색신이 아니라 그 이름이 구족 색신이기 때문입니다."

"수보리여! 그대는 어떻게 생각하느냐? 여래를 가히 구족 제상으로 볼 수 있겠느냐?"

"볼 수 없습니다, 세존이시여! 여래를 구족 제상으로써 보지 못합니다. 왜냐하면 여래께서 제상이 구족함을 말씀하심이 곧 구족이 아니라 그 이름이 제상 구족이기 때문입니다."


### 제이십일 비설소설분

"수보리여! 그대는 여래가 '내가 마땅히 말한 바 법이 있다'고 생각한다고 말하지 마라. 그렇게 생각하지 말지니, 왜냐하면 만일 어떤 사람이 '여래께서 설한 바 법이 있다'고 한다면 이는 곧 부처를 비방하는 것이니, 내가 말한 바를 알지 못하기 때문이다. 수보리여! 법을 말한다는 것은 법을 가히 말할 수 없는지라 이 이름이 법을 말함이니라."
그때 혜명 수보리가 부처님께 여쭈었습니다.
"세존이시여! 자못 중생들이 저 미래 세상에 이 법 설하심을 듣고 믿는 마음을 내겠습니까?"
부처님께서 말씀하셨습니다.
"수보리여! 저들은 중생이 아니요 중생이 아닌 것도 아니니라. 왜냐하면 수보리여! 중생 중생이라 하는 것은 여래가 중생을 말함이 아니라 그 이름이 중생이기 때문이다."


### 제이십이 무법가득분

수보리가 부처님께 여쭈었습니다.
"세존이시여! 부처님께서 아뇩다라삼먁삼보리를 얻으심은 얻은 바가 없는 것입니까?"
부처님께서 말씀하셨습니다.
"그렇다, 그렇다. 수보리여! 내가 아뇩다라삼먁삼보리 내지 작은 법도 가히 얻은 것이 없으므로 이 이름이 아뇩다라삼먁삼보리라 하느니라."


### 제이십삼 정심행선분

"또한 수보리여! 이 법은 평등하여 높고 낮음이 없으니 이 이름이 아뇩다라삼먁삼보리라고 하느니라. 아가 없고 인이 없고 중생이 없고 수자가 없음으로써 일체 선법을 닦으면 곧 아뇩다라삼먁삼보리를 얻으리라. 수보리여! 말한 바 선법이라는 것은 여래가 선법을 말함이 아니라 그 이름이 선법이니라."


### 제이십사 복지무비분

"수보리여! 만일 삼천대천세계 중에 있는 모든 수미산왕만한 칠보 더미를 어떤 사람이 가져다 보시하여도, 만일 어떤 사람이 이 반야바라밀경 내지 사구게 등을 수지 독송하며 다른 사람을 위하여 말한다면 앞의 복덕은 백 분의 일에도 미치지 못하며 백천만억 분의 일 내지 숫자를 헤아리는 비유로는 능히 미치지 못하느니라."

### 제이십오 화무소화분

"수보리여! 그대는 어떻게 생각하느냐? 그대들은 여래가 '내가 마땅히 중생을 제도한다'고 생각한다고 말하지 마라. 수보리여! 그렇게 생각하지 말지니, 왜냐하면 실로 여래가 제도한 중생이 없기 때문이다. 만일 중생이 있어 여래가 제도한 것이라 한다면 여래가 곧 아·인·중생·수자가 있음이니라. 수보리여! 여래가 '아가 있다'고 말하는 것은 곧 '아가 있는 것'이 아니거늘, 범부는 '아가 있다'고 하느니라. 수보리여! 범부라는 것은 여래가 범부를 말함이 아니라 그 이름이 범부니라."


### 제이십육 법신비상분

"수보리여! 그대는 어떻게 생각하느냐? 삼십이상으로써 여래를 볼 수 있겠느냐?" 수보리가 대답하였습니다.
"그렇습니다, 그렇습니다. 삼십이상으로써 여래를 볼 수 있습니다."
부처님께서 말씀하셨습니다.
"수보리여! 만일 삼십이상으로써 여래를 본다면 전륜성왕이 곧 여래이리라."

수보리가 부처님께 말씀드렸습니다.
"세존이시여! 제가 부처님이 말씀하신 바 뜻을 알기로는, 삼십이상으로써 여래를 보지 못합니다."
그때 세존께서 게송으로 말씀하셨습니다.
"만일 색으로써 나를 보려 하거나
음성으로써 나를 구한다면,
이 사람은 사도를 행함이라,
능히 여래를 보지 못하리라."


### 제이십칠 무단무멸분

"수보리여! 그대가 만일 '여래는 구족상이 아닌 것으로써 아뇩다라삼먁삼보리를 얻었다'고 생각한다면, 수보리여! '여래는 구족상이 아닌 것으로써 아뇩다라삼먁삼보리를 얻었다'고 생각하지 마라. 수보리여! 그대가 만일 '아뇩다라삼먁삼보리심을 발한 자는 모든 법에 단멸을 말하였다'고 생각한다면 이렇게 생각하지 마라. 왜냐하면 아뇩다라삼먁삼보리심을 발한 자는 법에 단멸상을 말하지 않기 때문이다."

### 제이십팔 불수불탐분

"수보리여! 만일 보살이 항하사 같은 세계에 가득한 칠보로써 보시할지라도 만일 다시 어떤 사람이 일체 법에 아가 없음을 알아 인욕을 성취하면 이 보살은 앞의 보살이 얻은 바 공덕보다 수승하리라. 왜냐하면 수보리여! 모든 보살은 복덕을 받지 않기 때문이다."

수보리가 부처님께 여쭈었습니다.

"세존이시여! 어찌하여 보살은 복덕을 받지 않습니까?"

"수보리여! 보살은 지은 바 복덕에 탐착하지 않으므로 복덕을 받지 않는다고 하느니라."


### 제이십구 위의적정분

"수보리여! 만일 어떤 사람이 말하기를, 여래가 오기도 하고 가기도 하고 앉기도 하고 눕기도 한다고 하면, 이 사람은 내가 말한 바 뜻을 알지 못함이니라. 왜냐하면 여래란 오는 바가 없으며 가는 바가 없으니 이름이 여래니라."

### 제삼십 일합이상분

"수보리여! 만일 선남자 선여인이 삼천대천세계를 빻아서 가는 티끌을 만들면 어떻게 생각하느냐? 이 티끌들이 많지 않겠느냐?"

"매우 많습니다, 세존이시여! 왜냐하면 만일 이 티끌들이 실제로 있는 것이라면 부처님께서 티끌들을 말씀하지 않으셨을 것입니다. 왜냐하면 부처님께서 티끌들이라고 말씀하신 것은 곧 티끌들이 아니라 그 이름이 티끌들이기 때문입니다. 세존이시여! 여래가 말씀하신 삼천대천세계는 곧 세계가 아니라 그 이름이 세계입니다. 왜냐하면 만일 세계가 실로 있다면 곧 일합상인 것이거늘 여래께서 말씀하신 일합상은 곧 일합상이 아니라 이름이 일합상입니다."

"수보리여! 일합상이라는 것은 곧 말할 수 없거늘, 다만 범부들이 이것을 탐착하느니라."


### 제삼십일 지견불생분

"수보리여! 만일 어떤 사람이 말하되, 부처님이 아견·인견·중생견·수자견을 설했다고 한다면, 수보리여! 그대는 어떻게 생각하느냐? 그 사람은 내가 말한 뜻을 알았다 하겠느냐?"

"아닙니다, 세존이시여! 그 사람은 여래께서 말씀하신 뜻을 알지 못합니다. 왜냐하면 세존께서 말씀하신 아견·인견·중생견·수자견은 아견·인견·중생견·수자견이 아니라 그 이름이 아견·인견·중생견·수자견이기 때문입니다."

"수보리여! 아뇩다라삼먁삼보리심을 발한 자는 일체 법에 응당 이와 같이 알고, 이와 같이 보며, 이와 같이 믿고 이해하여 법상을 내지 아니할지니라. 수보리여! 여래가 말한 법상이라는 것은 곧 법상이 아니라 그 이름이 법상이니라."


### 제삼십이 응화비진분

"수보리여! 만일 어떤 사람이 무량 아승기 세계에 가득한 칠보로써 보시할지라도, 만일 선남자 선여인이 보리심을 일으켜 이 경을 가지거나 내지 사구게 등을 수지 독송하여 다른 사람을 위하여 연설하면 그 복이 저보다 승하리라. 어떻게 다른 사람을 위하여 연설하는가? 상을 취하지 않으면 여여하여 동하지 않으리라. 왜냐하면

일체 유위법은 꿈과 같고 꼭두각시와 같고
물거품과 같고 그림자와 같으며,
또한 이슬과 같고 번개와 같으니
마땅히 이와 같이 관할지니라."
부처님께서 이 경 설하시기를 마치자 장로 수보리와 모든 비구 비구니와 우바새 우바이와 일체 세간 천인 아수라들이 부처님의 말씀을 듣고 모두 크게 환희하여 믿고 받아들여 뜻을 받들어 행하였느니라.